The White Mark where we did much of our thinking and dreaming
NETTLEBED
Nettlebed Creamery who make the cheese for our toasties
GTON
The Paddock where we pick our rosemary
WANTAGE
Wessex Mill
HOME
Home of wessex mill where we get our flour

Breadsong

KITTY & AL TAIT

BREADSONG
THE ORANGE BAKERY

Backen für die Seele

60 herzerwärmende Rezepte,
die unser Leben veränderten

CHRISTIAN

Für Albert und Aggie.

Und für Katie.

WIE DAS BACKEN UNSER LEBEN VERÄNDERTE 6

REZEPTE 148

WIE DAS BACKEN UNSER LEBEN VERÄNDERTE

KITTY Der erste Post, den ich auf meinem Instagram-Account veröffentlichte, trägt den Titel »Breadsong«. Es ist ein Kurzvideo von einigen Broten, die gerade aus dem Ofen kommen und deren Kruste sich knisternd und zischend ausdehnt. Wenn man sich ganz nah an Brote auf dem Abkühlgitter beugt – ohne sich dabei die Ohren zu verbrennen –, hören sich diese Geräusche wie ein entfernter Applaus an. Das ist die Magie des Brotes.

AL Kittys Filme und Fotos, die die Freude am Backen ausdrücken, erzählen die Geschichte der Orange Bakery. Als Kitty anfing, Brot zu backen, ahnte ich noch nicht, wo die Reise hingehen würde, doch ihr dabei zur Seite zu stehen, erschien mir als das einzig Richtige. Dieses Buch erzählt, wie es dazu kam, dass meine damals 14-jährige Tochter und ich eine Bäckerei eröffneten. Es geht um die Menschen, die uns geholfen haben, und um die Stadt, die es möglich gemacht hat. Die Zeichnungen sind von mir, die Rezepte stammen hauptsächlich von Kitty, aber die Geschichte ist unsere gemeinsame.

1

DER ANFANG

DIE BEIDEN FRAGEN, die mir immer wieder gestellt werden, sind die nach dem Wann und dem Warum. Bis heute bin ich mir nicht sicher, ob ich eine davon beantworten kann. Das Wann fällt mir leichter, weil es ein paar konkrete Ereignisse gibt. Eines davon ist die Feier anlässlich der goldenen Hochzeit meiner Eltern im Frühjahr 2018. Es war das erste Mal seit Langem, dass meine Familie komplett versammelt war. In der manchmal so komplexen Familiendynamik hatte Kitty eine beneidenswert einfache Rolle eingenommen. Sie war stets die lustige, quirlige Person mit den Sommersprossen und dem roten Haar, die immer ausgefallene Socken trug und alle zum Lachen brachte. Die Veränderung in ihr fand so schleichend statt, dass Katie, meine Frau, und ich nicht mitbekamen, wie sehr Kitty immer weniger sie selbst war. Für die anderen Familienmitglieder, die sie schon eine Weile nicht mehr gesehen hatten, war es ein Schock. Kitty schien so niedergeschlagen, abwesend, blass und traurig, dass uns sowohl meine Mutter als auch meine Schwester danach anriefen, um herauszufinden, ob es ihr denn gut gehe.

In den folgenden Wochen unternahmen wir alles, um herauszufinden, was mit unserem jüngsten Kind vor sich ging. Wir kümmerten uns so viel wie möglich um sie. Wir haben mit ihr gesprochen und ihr zugehört. Doch je mehr wir uns bemühten, desto stärker schien sie sich von uns zu entfernen, bis Katie schließlich völlig verzweifelt mit ihr zu unserem Hausarzt ging. Als Katie den Arzt um Hilfe bat, saß Kitty nur stumm da, weil es ihr unmöglich war zu beschreiben, was in ihr vorging. Der Arzt war besorgt und überwies uns für zusätzliche Unterstützung weiter. Wir waren immerhin erleichtert, dass wir etwas in Bewegung gesetzt hatten, und Kitty wirkte beruhigt, dass man ihr helfen würde. Eine Zeit lang hatten wir das Gefühl, dass alles besser wurde – doch wir konnten damals nicht ahnen, was noch auf uns zukommen würde.

Wir gingen zu unserem ersten Termin bei CAMHS, dem Kinder- und Jugendpsychiatrischen Dienst in Oxford, und es war uns sogar etwas peinlich, dass wir deren wertvolle Zeit verschwendeten. Doch für Kitty war jener Termin ein Wendepunkt. Nachdem sie im Gespräch mit der Psychologin ihre wahren Gefühle geschildert hatte, konnte sie nicht länger so tun, als ob alles »normal« wäre. Ihre hauchdünne tapfere Maske bekam plötzlich Risse, und Kitty wurde von Verzweiflung und Angst übermannt. Oft hatte sie aus heiterem Himmel Panikattacken, und sie traute sich nicht einmal mehr aus dem Haus. Im Juni war es Kitty nicht mehr möglich, in die Schule zu gehen, denn sie hatte große Schwierigkeiten, jeden Tag aufzuwachen und sich anzuziehen.

Rückblickend erkannten wir, dass wir seit einiger Zeit, vielleicht seit Monaten, Veränderungen bemerkt hatten. Wir hätten gern früher darauf reagiert, aber selbst heute noch können wir nachvollziehen, warum wir es nicht getan haben. Sie war lange Zeit Kind gewesen, doch langsam kam die Pubertät ins Spiel. Das bis dato noch nicht so ausgeprägte Selbstbewusstsein machte ihr nun schwer zu schaffen.

Allerdings hatten wir diese Erfahrung schon mit ihren älteren Geschwistern gemacht. Die Elternamnesie verdrängt viele der stressigeren Momente, aber uns war vage in Erinnerung geblieben, dass das Leben auch für Albert und Aggie mit 14 ziemlich schwierig war. Wir dachten, dass »pubertierender Teenager« vermutlich eine gnadenlose Phase war, die man für eine Weile einfach ertragen musste. In Kittys Leben gab es ja auch noch immer viele positive Dinge: Sie war beliebt und hatte gute Noten. Dadurch wirkte sie auf uns noch immer wie ein »glückliches« Kind. Es schien, als hüpfte sie buchstäblich durchs Leben.

Mit ihrem strahlenden Lächeln und schallenden Lachen stürmte Kitty jeden Morgen in die Zimmer und in unser Bett. Dann blieb das Stürmische ein wenig aus. Wir waren überzeugt, dass es bald zurückkommen würde.

Da war noch etwas, das uns davon abhielt, etwas in Sachen Kitty zu unternehmen. Das ist ein bisschen schwieriger zu erklären. Wir sind nicht unserem Bauchgefühl gefolgt, weil das Leben, wie so oft, voller Herausforderungen war. Wir waren mit Aggies Abiturprüfungen und Alberts Prüfungen für den Mittleren Schulabschluss konfrontiert und all dem, was damit zusammenhängt. Katie arbeitete hart in ihrem Job bei der Krebsstiftung Maggie‘s und fuhr mindestens viermal pro Woche die M40 nach London und zurück. Und ich stand an einem entscheidenden Punkt in meiner Karriere, da ich hoffte, sowohl meine Arbeit im Bereich Legasthenie an der Universität Oxford als auch meine Aufgaben bei Now Teach, einer gemeinnützigen Organisation, die ältere Menschen für den Lehrerberuf gewinnen will, ausbauen zu können. Ich hatte ein paar Jahre lang Teilzeit gearbeitet und weniger verdient, aber ich konnte für die Kinder da sein und Haushalt, Hunde, Schularbeiten mehr oder weniger am Laufen halten, als Katies Arbeitspensum zunahm. Sowohl in finanzieller als auch in persönlicher Hinsicht galt es für uns herauszufinden, wie es weitergehen sollte. Bis dahin lief alles einfach so vor sich hin in eine halbwegs richtige Richtung. Es ist nicht so, dass wir das, was direkt vor unseren Augen mit Kit passierte, bewusst ignoriert hätten. Wir haben lediglich blauäugig darauf gewartet, dass sich ein wenig freie Zeit finden würde, um es in Angriff zu nehmen. Doch schon bald wurden wir vor vollendete Tatsachen gestellt.

Das Warum ist praktisch unmöglich zu beantworten und wenn, dann eher von Kitty. Es ist wie ein verschwommenes Bild, das nur langsam an Schärfe gewinnt, und es gibt Dinge, die wahrscheinlich erst in ferner Zukunft deutlich werden. Alle möchten immer das Warum aufdecken, als ob man, um das Problem zu lösen, die Ursache verändern oder mit der Kraft der Logik beseitigen könnte. Und dann würde sicherlich alles gut werden.

Jeder wollte wissen, was der Auslöser war. Es gab keinen einzigen erkennbaren Grund, obwohl es vermutlich tausend kleine gab. Die Situation war womöglich aufgrund von bestimmten Genen unausweichlich gewesen. Die sozialen Medien waren ausnahmsweise mal nicht der Übeltäter. Kitty hatte gute Freunde, und es gab keinerlei Anzeichen von Mobbing. Sie war fleißig in der Schule, unserer hiesigen öffentlichen Sekundarschule, die nicht für akademischen Leistungsdruck bekannt war. Was auch immer der Auslöser war, irgendetwas hatte eine Kurzschlusswirkung ausgelöst. Irgendwie kam es mir so vor wie die Szene in Apollo 13, in der sich ein routinemäßiges Umlegen eines Schalters plötzlich zu einer ausgewachsenen Katastrophe entwickelt.

In nur wenigen Wochen veränderte sich unser Leben völlig. Es ist extrem schwer zu beschreiben, wie wahre Hoffnungslosigkeit aussieht.

Es ist nicht bloß eine übermäßige Traurigkeit, sondern vielmehr geht es dabei um den Verlust der elementarsten Tätigkeiten – Aufstehen, Essen, Waschen, ja sogar Schlafen –, und dieser Zustand ist erschreckend mitanzusehen. Kitty konnte nicht mehr klar denken, weswegen einer von uns die ganze Zeit bei ihr sein musste, Tag und Nacht, um ihr Sicherheit zu geben. Kittys Psyche war so brüchig, dass es nahezu unmöglich war, mit ihr vernünftig zu reden. Es war für uns alle beunruhigend und beängstigend, vor allem aber für Kitty. Besonders seltsam war, dass das Leben um uns herum normal weiterging. Die Menschen spazierten unsere Straße entlang, mit ihren Hunden an der Leine und ihren Kindern im Kinderwagen, und alle genossen die heiße Sommersonne, derweil wir im Haus darum kämpften, dass Kitty nicht vollständig zusammenbrach. Katie und ich haben uns am Ende eines jeden Tages gefragt, wie es dazu kommen konnte. Schließlich hörten wir jedoch auf, uns diese Frage zu stellen, und sprachen stattdessen darüber, wie wir es geschafft haben, den Tag zu überstehen.

ICH WAR MIR BEWUSST, dass meine Eltern versuchten, das alles zu verstehen. Ich wusste, dass sie das Gefühl hatten, sie hätten es irgendwie verhindern können, aber das wäre nicht möglich gewesen. Denn die Zeitspanne zwischen dem Okay und dem Nicht-okay war so kurz gewesen, dass ich glaube, dass es durch nichts hätte verhindert werden können. Mal fühlte ich mich zuversichtlich und sicher, mal war ich vollkommen gelähmt vor Angst und konnte mich nicht einmal mehr daran erinnern, wer ich früher einmal war.

Das war wie beim Jengaspielen: Ein einziges Klötzchen zu schnell, zu früh herausgezogen, und mein gesamter Turm kippte um.

Ich wollte meinen Eltern erklären, was los war, aber es war einfach unmöglich. Ich mochte einfach nicht mehr ich selbst sein, in welcher Form auch immer. Meine Gedanken schwirrten im Kreis, bis zu dem Punkt, an dem ich alles dafür getan hätte, sie zu stoppen. Auf der Hochzeitstagsfeier konnte ich kaum sprechen, weil ich so niedergeschlagen war. Ich wusste, dass das nicht normal war. Cousins und Cousinen, Kuchen, Teller mit Chips, Ansprachen von Verwandten, Herumalbern vor dem Rathaus – ich konnte nichts davon richtig wahrnehmen.

Wenn ich einen Grund nennen müsste – und ich habe mich so sehr bemüht, einen zu finden –, dann lag es zum Teil daran, dass ich mir meiner Persönlichkeit, so wie ich mich eigentlich bis dahin gesehen hatte, nicht mehr sicher war. Ich fühlte mich wie eine komplette Hochstaplerin, wie zu Beginn von Shrek, als Fiona sich nachts in einen Oger verwandelt und verstecken muss. Ich hatte Angst, dass ich vielleicht nicht diese perfekte, glückliche Person war, vielleicht war ich ein Oger, und ich wollte nicht, dass man diese Seite von mir sieht.

Schon in der Grundschule wollte ich immer der Wirbelwind sein – die Mutige, die ein bisschen frech war und auffiel. Ich trug ausgefallene, lustige, gestreifte Socken, die mir bis über die Waden reichten, und von meinem Bruder Albert weitergereichte Schulshorts. Ich liebte das Image, ein bisschen anders zu sein. Ich wollte nicht die Hübscheste sein oder die längsten Haare haben (lange Haare waren im Alter von sieben Jahren ALLES, was zählte). Im Grunde glich mein Haar einem roten Nest, das eine kleine Spatzenfamilie beherbergen konnte und das keine Haarbürste an sich ranließ. Ich wollte immer die Rollen übernehmen, die sonst niemand spielen wollte: das störrische Kamel beim Krippenspiel, immer nur Neville oder Ron, wenn wir auf dem Schulhof Harry Potter spielten, und die, die die Lehrer zum Lachen brachte. Ich gehörte nicht zu den klügsten Schülern. Ich war sogar eine Weile in der Nachhilfegruppe mit einem Jungen namens Neil. Ich mochte Neil sehr, auch wenn er jedes Sommerhalbjahr weg war, um mit seinem Vater auf der Isle of Wight Eis zu verkaufen, und ich geduldig auf seine Rückkehr im September warten musste.

Die Grundschule war mein Reich, und so war der Wechsel auf Watlingtons weiterführende Schule kein Problem. Sowohl Aggie als auch Albert gingen dorthin, und sie war nur einen kurzen Fußweg von unserem Haus entfernt. Sie lag direkt neben der Grundschule und war etwas schmuddelig, aber ich liebte sie. Ich machte alles mit – ich war oft die Kleinste und immer am Kichern. Beim Elternabend sagten die Lehrer: »Kitty hört nie auf zu lächeln.« (Obwohl ich keine guten Zähne für dieses Lächeln hatte – eine Zahnspange sollte in den nächsten Jahren eine große Rolle spielen.) Ich war wirklich glücklich.

In den ersten zwei Jahren auf der Sekundarschule habe ich hart gearbeitet. Durch schiere Entschlossenheit schaffte ich es, nicht das Schlusslicht der Klasse zu sein. Ich habe alles mitgemacht. Herr Rowe, unser Theaterlehrer, sagte, ich sei eine »Naturgewalt« und gab mir die Rolle der Oma in der Schulaufführung. In fünf Vorstellungen tanzte ich mit einem

Rollator umher, trug eine dicke schwarze Brille, ein orangefarbenes geblümtes Hemd, einen weiten Tweedrock und ein Haarnetz. Normalerweise wäre das sozialer Selbstmord gewesen, aber ich liebte das. Ich hatte überhaupt keine Hemmungen.

Es ist so schwierig zu erklären, aber als ich in die neunte Klasse kam, fragte ich meine Mutter ständig, wie lange die Schulzeit noch dauern würde. Ich hatte Panik, dass ich in diesem jahrelangen Strudel gefangen sein könnte. Für alle anderen schien das vollkommen in Ordnung zu sein, aber mir fiel es schwer zu verstehen, was das Ganze für einen Sinn hatte. Langsam begann ich, mich zurückzuziehen. Ich konnte nicht essen. Ich konnte nicht schlafen. Ich wollte zu Hause bleiben. Ich bekam Panikattacken, aber ich wollte es niemandem erzählen. Die Dementoren zogen mit schweren Stahlkoffern in mein Gehirn ein, und ihr Gewicht erdrückte mich.

Ich erinnere mich kaum noch an die ersten Tage des Sommers. Das Verlassen der Schule war beinahe das Einfachste. Ich habe mich einfach wegtreiben lassen. Es gab unzählige Tage, an denen ich mich verloren und unvollständig fühlte und gar nicht existieren wollte.

Wenn ich es schaffte aufzustehen, zog ich mir immer dieselbe orangefarbene Latzhose aus weichem Cord an.

Das Waschen meiner Haare empfand ich als so schmerzhaft, dass es eine geradezu unmögliche Aufgabe war. Ich habe kaum mitbekommen, was der Rest der Familie gemacht hat. Mama schlief nachts neben mir, Papa ging mit mir spazieren, Aggie und Albert blieben mit mir im Haus, ich war also nie allein – und doch fühlte ich mich so wahnsinnig einsam. Ich wollte mein Gehirn aus dem Kopf nehmen, es waschen und wieder einsetzen. Ich wusste, dass meine Mutter und mein Vater versuchten, Wege zu finden, um mir zu helfen. Unser Hausarzt hatte mich zum CAMHS am Rande von Oxford überwiesen. Irgendwie schafften sie es, mich zweimal pro Woche dorthin zu bringen. Jedes Mal, wenn ich dort war, schien es erdrückend heiß zu sein. Wir haben das Auto bei TK Maxx geparkt und mussten einen Platz mit verbrannter Erde überqueren, der mit Müll übersät war – zweimal haben wir eine riesige Ratte zwischen den Grasbüscheln gesehen. In der Klinik habe ich in einem kleinen Raum mit zwei netten Frauen gesessen; sie haben mit mir gesprochen, und ich habe genickt. Ich habe ein Rezept für Tabletten bekommen – wir nannten sie Flo –, und sie haben mir Methoden beigebracht, wie ich meine Panikattacken mit Atemübungen und kaltem Eis unter den Augen bekämpfen kann, und dennoch hatte ich Angst vor jedem Termin. Mama und Papa haben zu Hause zusätzlich eigene Therapieformen eingeführt. Papa malte mit mir, und Mama las mir Kurzgeschichten von Roald Dahl vor, in denen es um Morde mit Lammkeulen und um Babys, die sich in Bienen verwandeln, ging, doch mein Gehirn dröhnte, und ich konnte die Worte einfach nicht fassen. Schließlich gaben sie ihre Versuche auf. Die Tage vergingen wie im Flug.

WIR WAREN derart mit Kittys Situation beschäftigt, dass wir keine Kapazitäten mehr für etwas anderes zur Verfügung hatten. Wir konzentrierten uns voll und ganz darauf, für sie da zu sein. Das bedeutete aber, dass wir keine Kraft mehr hatten, um mit Dingen fertig zu werden, die eigentlich kein großes Problem sein sollten, aber durchaus zu einem wurden.

Der Tropfen, der das Fass zum Überlaufen brachte, hatte vier Beine und einen kurzen Stummelschwanz – Sibby.

Ein paar Monate, bevor wir realisierten, dass Kit krank war, hatten wir die spontane Entscheidung getroffen, uns einen weiteren Hund anzuschaffen. Unser älterer, leicht neurotischer, aber sehr sanftmütiger Terrier Sparky war das perfekte Familienmitglied. Er war verschmust und bemerkenswert gut erzogen, trottete ohne Leine bis zu den Geschäften und wartete geduldig vor deren Tür. Abgesehen von der peinlichen Angewohnheit, am Strand auf die Picknickkörbe anderer Menschen zu pinkeln, war er ziemlich friedfertig. Er verstand sich sogar mit den Katzen. Katzenmutter Smudge, die wir von einem Bauernhof bekamen, war zwar schön, aber unnahbar. Ihr Sohn Oddie hingegen kuschelte sich mit Sparky an das Ende des Sofas, und die beiden genossen lange Sonnenbäder zusammen. Was also könnte mit einem zweiten Terrier schon schiefgehen, dachten wir.

Die Antwort auf diese Frage war: leider alles. Und das hatten wir uns selbst zuzuschreiben. Sibby war ein etwas anderer Terriertyp, aber immer noch halb Parson Russell Terrier, wie Sparky. Wir haben alles Wichtige, was man eigentlich vor dem Aussuchen eines Hundes macht, nicht getan: Wir haben ihre Eltern nicht gesehen (beide waren richtige Arbeitshunde, die nicht im Haus leben wollten). Wir haben ihr Training nicht in Angriff genommen, weil wir überzeugt waren, dass sie Sparkys gute Angewohnheiten quasi durch Osmose übernehmen würde. Es gelang uns nie, sie davon abzuhalten, unsere Katzen zu jagen und durch das Haus zu schleichen, um sie aufzuspüren. Als Ergebnis hatten wir diesen wilden Hund, der im Garten Schützengräben grub, der bei Paketlieferungen aus der Haustür stürmte, sobald sich der kleinste Spalt auftat, und der beim Gassigehen alles daran setzte, sich aus Halsband und Leine zu befreien. Wenn sie entwischte, verschwand sie wie eine Rakete in der Ferne. An einem guten Tag dauerte diese Misere 20 Minuten. An den schlimmsten Tagen dauerte es über eine Stunde, bis wir sie wiederfanden, und unsere Stimmen waren schließlich heiser vom Rufen.

Zu unserem heißen, beängstigenden Sommer gehörten also auch ein Hund, den wir nicht kontrollieren konnten, Oddie, der zur Geisterkatze wurde und sich bloß zum Fressen hereinschlich, und Smudge, die beschloss, ihre Enttäuschung über unseren Neuankömmling kundzutun, indem sie auf jedes Bett pinkelte. Es wäre am einfachsten gewesen – und vermutlich wäre das auch mein Instinkt gewesen –, mich völlig zu verschließen, mich in unsere Welt zurückzuziehen, egal wie fremd sie mir vorkam, bis es Kitty irgendwie besser ging. Manchmal war ich kaum in der Lage, die Ereignisse des Tages zu verstehen, geschweige denn sie jemand anderem zu erklären. Katie allerdings war, und das nicht zum ersten Mal, viel mutiger als ich. Sie sprach mit Familie, Freunden und Nachbarn ganz offen darüber. Das Reden half ihr, Dinge zu verarbeiten.

Niemand konnte verstehen, wie sich unsere quirlige, aufgeweckte Kitty, die sie von klein auf kannten, so schnell verändert haben konnte, und sie wollten ihr helfen. Peter, der freundliche, etwas zugeknöpfte Mann in den Siebzigern, der in den Bungalow zwei Häuser weiter eingezogen war, erwies sich als besonders einfühlsam. Er hatte in jungen Jahren eine Tochter verloren, und sein Mitgefühl und seine Fürsorglichkeit waren unheimlich wertvoll. Lucy und Robin, unsere allerersten Freunde in Watlington, waren eine konstante, urteilsfreie Stütze. Ihnen konnten wir auch das Schlimmste, was wir durchmachten, anvertrauen. Aber auch andere, die nicht zu unserem unmittelbaren Freundeskreis gehörten, waren sehr hilfsbereit: Lehrer, Kittys Freunde, die Briefe durch unsere Tür schoben, manchmal auch ganz x-beliebige Menschen.

Kit war im hiesigen Kindergarten gewesen, in der Grundschule und jetzt in der Sekundarschule, wir hatten somit ein großes Netzwerk. Watlington ist angeblich die kleinste Stadt in England. Sie hat eine lange, gewundene Hauptstraße, mit einem Rathaus aus dem 17. Jahrhundert an einem Ende und dem Kriegerdenkmal am anderen Ende. Es ist keine Stadt, in die man reist, um was zu sehen, aber es ist eine Stadt, in der Familien aufwachsen. Daher verfügt Watlington über einen echten Gemeinschaftsgeist, der von Mitgefühl und Fürsorge geprägt ist. Diese Erfahrung sollten wir in den nächsten Jahren wieder und wieder machen.

2

DAS ERSTE BROT

EINES TAGES hat Papa ein Brot gebacken. Ich saß auf dem Küchenhocker und war völlig gedankenlos, während Papa in einer Schüssel Mehl, Wasser und Salz zu einem Teig verrührte. Der sah klebrig, blass und matschig aus – ein bisschen so, wie sich mein Gehirn anfühlte. Papa legte das Geschirrtuch aus der Grundschulzeit (das mit den Gesichtern meiner Klassenkameraden bedruckt war) über die Schüssel und stellte diese in ein Regal. Am nächsten Tag, als ich es endlich aus meinem Zimmer nach unten geschafft hatte, stand die Schüssel bereits wieder auf dem Küchentisch. Ich hob das Geschirrtuch hoch, um zu gucken, ob der Teig genauso unansehnlich aussah wie am Abend zuvor. Nun glich er jedoch der Mondoberfläche.

Der Teig blubberte sachte vor sich hin, und mit jeder geplatzten Blase kam eine neue zum Vorschein. Er lebte.

ICH WÜNSCHTE, ich könnte mich an das erste Mal erinnern, als Kitty und ich zusammen ein Brot gebacken haben. Eigentlich war es nur eine weitere Beschäftigungsmöglichkeit, die ich mit Kitty ausprobiert hatte, um ihr eine Ablenkung zu bieten. Fernsehen taugte nichts, denn sie konnte sich nicht länger als ein paar Minuten konzentrieren. Wir hatten mal mit Gartenarbeit angefangen, aber nach dem Aussuchen und Einpflanzen von ein paar Blumen gab es nicht viel zu tun – außer Sibby dabei zuzusehen, wie sie alles wieder ausgrub. Außerdem hatten wir uns in verschiedenen Handarbeiten versucht, das war allerdings ebenfalls nicht von Erfolg gekrönt. Das Nähen sorgte kurzzeitig für Begeisterung, doch unsere Ambitionen übertrafen unsere Fähigkeiten bei Weitem. Danach malten wir, und als auch das nicht fruchtete, nahm ich einen größeren Malerpinsel und strich mit den Farben ein paar Wände an. Mir gingen die Alternativen aus. Brotbacken stand zwar ziemlich weit unten auf der Liste, machte mir aber Spaß, also probierten wir es schließlich aus.

Gemessen daran, wie lange ich schon Brot backte, war das Qualitätsniveau meiner Brote erschreckend niedrig. Seit meiner Studienzeit hatte ich immer mal wieder Brot gebacken. Ich absolvierte sogar einmal einen Kurs, ein Geschenk meiner Geschwister zu meinem 40. Geburtstag. Trotzdem traf die 10000-Stunden-Regel von Malcolm Gladwell scheinbar nicht auf mich zu. Je mehr Mühe ich mir gab, desto ungleichmäßiger schienen meine Brote zu sein. Sie waren schön fest und schmackhaft, aber nicht besonders ansehnlich, nicht einmal für den Rest der Familie.

Brote backte ich normalerweise im Urlaub, wenn ich dafür genügend Zeit und etwas Hefe fand, oder gelegentlich an Wochenenden. In dem Kurs, den ich belegt hatte, wurde mir empfohlen, mit einem sehr nassen Teig zu arbeiten – was allerdings dazu führte, dass ich nie weiter kam als bis zu dem Punkt, an dem der Teig an unserer Holzarbeitsplatte festklebte.

So sehr ich mich auch bemühte, nach zehn Minuten Kneten und Schaben des Teiges sah die Küche katastrophal aus.

Die Kinder zeigten sich ab und zu ebenso begeistert wie ich, wenn ein Brot frisch aus dem Ofen kam, aber dann lagen die halb aufgegessenen Brote verlassen im Brotkasten und entwickelten sich allmählich zu Steinen, die von etwas, das weich, weiß, in Scheiben geschnitten und in einer Plastikverpackung war, verdrängt wurden.

Eines Tages hat mir jemand die Backmethode von Jim Lahey empfohlen, bei der das Brot nicht geknetet werden muss und folglich auch nicht viel Chaos entsteht. Man mischt einfach Mehl, Wasser, Salz und ein winziges Stückchen Hefe (höchstens ¼ Teelöffel) in einer Schüssel zusammen und lässt das Ganze über Nacht stehen. Anfangs sieht der Teig aus wie Tapetenkleister, aber dann beginnt er zu gären, und am nächsten Morgen findet man eine leicht saure, blubbernde Masse vor. Es genügt, den Teig zu einer groben Kugel zu formen, ihn auf Backpapier zu legen und ihn gehen zu lassen. Anschließend wird er in einer gusseisernen Auflaufform gebacken, die man vorher etwa 30 Minuten lang bei höchster Temperatur in den Ofen schiebt.

Im Vergleich zu meinen üblichen Brotbacksteinen sah das Endprodukt mit dieser Methode halbwegs professionell aus und schmeckte ganz anders als alles, was ich

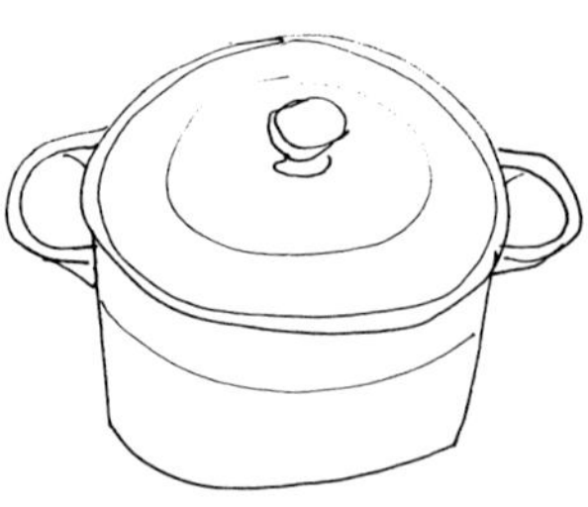

bisher zustande gebracht hatte. Diese Brote fanden in der Familie großen Anklang und wurden schnell aufgegessen. Ich zeigte Kitty diese knetfreie Variante. Ich weiß nicht mehr, zu welcher Tageszeit es war, was wir an diesem Morgen gemacht hatten oder wie das Gespräch darauf gekommen war. Es war jedenfalls nicht geplant. Ich fragte Kitty einfach, ob sie Lust hätte, es selbst zu versuchen. Hellauf begeistert war sie nicht. Ich erinnere mich jedoch daran, dass sie ganz interessiert aussah, als wir das Brot aus dem Ofen holten – und das hatte es schon lange nicht mehr gegeben. Ich ahnte nicht, wie wichtig dieser Moment war und der, als Kitty mich fragte, ob wir das Brot noch einmal backen könnten.

ICH WAR NOCH NIE eine gute Köchin oder Bäckerin gewesen. Rezepte waren nicht mein Ding, ich habe einfach alles Mögliche zusammengewürfelt, was ich mochte. Die einfachsten Dinge sind mir misslungen, wie mein Bananenbrot, das in der Mitte zusammenfiel, und meine Cupcakes, die einem den Mund austrockneten, weil ich den Teelöffel Natron mit einem Esslöffel verwechselt hatte. Ich entstamme auch nicht einer kulinarisch talentierten Familie. Meine Mutter kann zwei Gerichte zubereiten: »Hundefutter«, das ist Hackfleisch mit Reis, und Käserisotto, das ist – Überraschung! – Risotto mit Käse. Papa ist ein viel besserer Koch, aber sein Standardrepertoire besteht lediglich aus Eintopfgerichten. Wurstauflauf mit Ofenkartoffeln gab es oft.

Aber Papas Brotbackkünste waren anders. Er zeigte mir, wie er den Teig herstellte, ihn gehen ließ, formte und ihn dann zum Backen in die Auflaufform gab.

Wenn er den Deckel anhob, kam ein wunderschön knisternder, fast schon singender Laib zum Vorschein, der mir Gänsehaut bescherte.

Es war wie ein Zauber. Aus etwas so Unscheinbarem war auf einmal etwas so Meisterhaftes geworden. So wie das Mädchen, das Stroh zu Gold spinnen konnte, konnte auch ich Wunder vollbringen. Also tat ich es wieder und wieder und wieder.

UNSERE FAMILIE isst unglaublich gerne Brot, aber unser Verbrauch konnte unmöglich mit Kittys Backtempo mithalten. Als Kitty nach zwei Wochen anfing, mit Vollkornmehl und Weißmehl zu experimentieren, türmten sich allmählich die Brote in unserem Brotkasten. Katie schlug vor, unsere Nachbarn zu fragen, ob sie ein Brot haben möchten. Wir wohnen in einer Einbahnstraße mit 15 unterschiedlichen Häusern, in denen große und kleine Familien leben, aber auch ein paar alleinstehende ältere Menschen. Da wir sie alle kannten, machten wir uns auf den Weg, um sie zu fragen (oder besser gesagt zu bitten), ob sie frisches Brot haben wollten. Alle, die wir antrafen, wollten eines, und so ging Kit nach Hause, um die Teige vorzubereiten.

Am nächsten Tag haben wir fünf Brote gebacken, die wir noch warm in Pergamentpapier eingewickelt und zu unseren Nachbarn gebracht haben. Sie schenkten uns denselben wohlwollenden Blick, der auch Kindern entgegengebracht wird, die vor den Schultoren üppig glasierte Cupcakes verkaufen, um Spenden für einen guten Zweck zu sammeln. Wir waren völlig überrascht, als Juliet, die ein paar Häuser weiter wohnte, uns erzählte, dass ihre Kinder das Brot nur so verschlungen hätten, sodass sie uns fragte, ob sie ein weiteres Brot bestellen könnte.

Diese ersten Wochen vergingen wie im Flug. Wir starteten sehr früh in den Tag und waren abends geistig und körperlich erschöpft. Oft gingen wir schlafen, wenn es draußen noch hell war. Wir hatten weiterhin das Gefühl, Teil eines sonderbaren Experiments zu sein. Sibby zerstörte unablässig unsere traurigen Blumenbeete. Katie und ich wechselten uns damit ab, bei Kitty zu sein, und wurden dabei von Aggie und Albert unterstützt.

Doch es stellte sich ein Hauch von Routine ein.

Kitty bereitete vor dem Schlafengehen mehrere Teige vor, die wir dann am Morgen formten, ausbackten, einpackten und in unserer Straße auslieferten. Es gab Augenblicke – etwa wenn sie den Teig zu einer Kugel formte, wenn sie den Deckel von der Auflaufform abhob oder wenn sie ein noch warmes, verpacktes Brot überreichte –, da lächelte sie ein richtiges Lächeln. Ein Lächeln, das nicht von den Gedanken, die ihr im Kopf herumspukten, getrübt wurde. Ein ehrliches Lächeln und kein aufgesetztes, das sie glaubte zeigen zu müssen.

ICH LEBTE für dieses kleine tägliche Backzeitfenster. Das Problem war, dass ich nur eine begrenzte Brotmenge zubereiten konnte. Unser Ofen hatte lediglich eine begrenzte Heizleistung, und es dauerte zwei Stunden, bis jeder Laib fertig war. Ich hätte noch viel mehr Teig machen können, hatte aber keinen Platz, um ihn zu backen. Ich brauchte mehr Backöfen. Juliet war die Erste, die eine Bestellung aufgab. Sie hatten gerade einen beeindruckenden neuen Heißluftofen angeschafft, der vier Auflaufformen auf einmal fassen konnte und viel höhere Temperaturen als unser Ofen erreichte. Juliet bot mir an, ihren Ofen zu benutzen, und ich solle mich jederzeit melden, wenn ich ihn bräuchte.

Es gab eine feste Routine.

Ich wartete, bis sie abends in der Küche fertig waren, und huschte dann rüber auf die andere Straßenseite.

Da dies gegen 21 Uhr war, hatte ich normalerweise meinen flauschigen Pyjama an und warf mir einen Mantel über, damit ich danach direkt ins Bett gehen konnte. Mit zwei aufeinandergestapelten alten Auflaufformen stapfte ich durch das Hintertor, über die Seitengasse, in die Küche, grüßte die Hunde Coco und Boris und schob die Formen leise in den Ofen, um die Familie nicht zu stören, falls sie im Nebenzimmer fernsah. Ich wiederholte diese Tour, da ich am Morgen vier Auflaufformen erwärmen musste, aber ich konnte immer nur zwei auf einmal tragen. Die Hunde mussten natürlich noch einmal begrüßt werden. Zurück zu Hause, mischte ich Mehl, Wasser und Salz in einem großen Eimer und ging anschließend schlafen.

Am nächsten Morgen um sieben Uhr schöpfte ich den gesamten blasigen Teig aus dem Eimer, gab ihn auf den Küchentisch, bestaubte ihn mit Mehl und formte ihn zu vier groben Kugeln. Jeden Teigling legte ich auf einem Stück Backpapier in eine Glasschüssel und spannte eine Duschhaube darüber. (Bald gingen uns die Schüsseln aus, weshalb ich alles benutzte, was auch nur annähernd rund war – unsere immer leere Obstschale musste herhalten und einmal habe ich sogar meinen Fahrradhelm benutzt.) Der Teig musste dann zwei Stunden lang gehen. In der Zwischenzeit schaltete Juliet nach dem Aufwachen den Ofen ein, damit die Auflaufformen heiß wurden. Juliet und ihr Mann Rick waren bereits mit den Hunden in ihre Gärtnerei gefahren und hatten Iris und Noah auf dem Weg dorthin an der Schule abgesetzt, als ich um neun Uhr mit den Teigschüsseln zu ihrem Haus zurückkam.

Ich nahm die heißen Auflaufformen vorsichtig aus dem Ofen, nahm die Deckel ab und legte die Teigkugeln samt Backpapier hinein.

Dabei versuchte ich, so gut es ging, mir nicht die Arme an den Eisenformen zu verbrennen, was allerdings trotzdem häufig passierte.

Ich ging kurz nach Hause und 30 Minuten später wieder zurück, um die Deckel abzunehmen, damit der Dampf entweichen konnte, und wiederum versuchte ich, Hautverbrennungen zu vermeiden. Fertig war ich damit aber noch immer nicht. Die Brote mussten noch weitere 15 Minuten ohne Deckel backen, damit sich eine goldbraune Kruste bildete. In dieser Zeit saß ich dort auf dem Küchentisch, las Posts über Posts von Bäckern auf Instagram über Rezepte, Tipps und Experimente.

Die Brote aus Juliets Heißluftofen waren viel besser als die aus unserem alten Ofen. Der Teig ging bei der höheren Temperatur rasch auf und war in der Hälfte der Zeit fertiggebacken. Die Nachfrage in unserer Straße nach meinem Brot stieg sprunghaft an, und so kauften wir im Watlingtoner Charity-Shop noch mehr Auflaufformen. Außerdem fragte ich Charlotte und Phillip, die zwei Häuser weiter wohnten, ob ich ihren Ofen ebenfalls benutzen dürfte.

Jeden Abend zog ich wie eine stille Elfe in meinem kuscheligen Pyjama von Haus zu Haus und brachte Auflaufformen zu den Öfen.

Am nächsten Tag pendelte ich zwischen den Küchen hin und her, brachte Teiglinge, nahm Deckel ab, holte Brot raus und hinterließ eine kleine Spur aus Mehl und Backpapier. Inzwischen backte ich acht Brote täglich. Obwohl wir die Brote in unserer Straße austeilten, blieben immer noch welche übrig. Ich wollte für sie ein Zuhause finden.

Wir stellten eine Liste mit allen Personen auf, die wir in Watlington gut kannten (etwa drei Viertel der Einwohner), und legten ihnen einen Laib frisches Brot in einer braunen Papiertüte vor die Tür. In jede Tüte legten wir einen handgeschriebenen Zettel, auf dem Papas Nummer stand. Die Brottüten landeten überall: beim Friseur, beim Metzger, bei den ehemaligen Lehrerhäusern, dem Pflegeheim oben auf dem Hügel, der Feuerwache, dem Haus von Iggy, dem Postboten, den Häusern unserer Freunde und solchen Häusern, die uns einfach gut gefielen. Einen Tag lang hörten wir nichts. Wir machten uns Sorgen, dass die Leute sich veräppelt fühlten. Dann kamen die ersten Rückmeldungen. »Tolles Brot. Ich hätte gern noch eines. Wie viel schulde ich dir?« Die Zahl der Bestellungen stieg auf zehn Brote pro Tag.

Das war die Geburtsstunde unseres Abo-Service.

3

FERGUSON

KATIE FING im September wieder an zu arbeiten. Albert ging zurück zur Schule. Mit dem Abitur in der Tasche reiste Aggie nach Ghana, um mit ihrer Cousine Daisy zu arbeiten, die dort lebte. Damit waren Kit und ich allein. Katie und ich wollten auf keinen Fall so weitermachen wie im Sommer, als wir mit unserer Arbeit und der Betreuung von Kitty vollauf ausgelastet waren. Aus finanzieller Sicht war es für mich viel sinnvoller, ganztags zu Hause zu sein. Ich hatte sowohl Oxford als auch Now Teach mitgeteilt, dass ich bis auf Weiteres mit der Arbeit aufhören musste. Beide Organisationen reagierten sehr verständnisvoll und hilfsbereit und boten mir Alternativen an, aber es gab nur diese eine Möglichkeit.

Es war unmöglich abzuschätzen, wann Kit wieder gesund sein würde. Sie brauchte uns, und wir wollten uns uneingeschränkt weiter um sie kümmern.

Im Nachhinein frage ich mich, warum ich mich nicht noch viel verzweifelter fühlte, als ich es war: Ich war 50 Jahre alt, hatte einen knapp vierstelligen Kontostand und war nun arbeitslos. Wir haben nie viel darüber geredet. Wenn nicht einer von uns zu Hause bei Kitty geblieben wäre, dann wäre sie höchstwahrscheinlich komplett zusammengebrochen, es blieb uns also keine andere Wahl. Wir haben unsere Hypothek aufgestockt, und meine Karriere fand ein abruptes Ende.

Anfangs war ich Kitty wahrscheinlich keine große Hilfe, außer dass ich einfach nur da war. Die meiste Zeit geriet ich in verbale Sackgassen, weil ich glaubte, ich könnte ihr die Traurigkeit ausreden, in der sie gefangen war. Endlose Metaphern und Analogien wurden zu meinem Mittel der Wahl, um ihr möglichst viel Zuversicht und Orientierungshilfe zu geben. Manchmal hatte ich das Gefühl, dass es fruchtete, aber obwohl sie außerordentlich wortgewandt (und manchmal sogar knallhart) war, wenn sie sich zu dem äußerte, was in ihr vorging, waren Gespräche als Therapie ziemlich sinnlos. Ihr Gehirn hatte nur die Energie, zu senden und nicht zu empfangen.

Ich hatte mal etwas über die Kraft der Amygdala gelesen. Sie befindet sich in dem, was man mitunter auch unser Reptiliengehirn nennt (den Hirnstamm), und ist das älteste Bauteil unserer Gehirn-Hardware. Ihre Aufgaben sind recht simpel, wenn auch sehr leistungsstark. Die Amygdala ist der Ausgangspunkt für die gesamte Kampf-oder-Flucht-Reaktion auf eine wahrgenommene Angst. Sie hat die Fähigkeit, alles Vernünftige und Rationale, was der viel modernere und ausgeklügeltere präfrontale Kortex zu leisten versucht, völlig außer Kraft zu setzen. Das Zuhören und das Auswerten erfordern eine präfrontale Verarbeitung. Kitty hingegen war so sehr davon eingenommen, mit den ständigen Ängsten und der Vorstellung, dass ihre Amygdala ihr Gehirn übernehmen könnte, fertigzuwerden, dass sie einfach nicht zuhören konnte. Das war sehr frustrierend, sodass sowohl für mich als auch für Kitty das Backen eine Atempause bedeutete.

Nachdem wir Jim Laheys knetfreie Methode für das Übernacht-Brot beherrschten, wollten wir beide unbedingt unser Repertoire erweitern. James Mortons Buch *Brilliant Bread* war das erste, das wir zur Hand nahmen. James war ein schottischer Doktorand, der bei The Great British Bake Off mitgemacht hatte, der einzigen Fernsehsendung, die Kitty verfolgen konnte, ohne dass ihre Gedanken in dunkle Gefilde abschweiften. Er hatte einen bodenständigen Charme, der zu seinen Shetlandpullovern passte, und das Buch war die passende Ergänzung dazu: eine bunte Mischung von Rezepten, die den Spagat zwischen Ehrgeiz und Machbarkeit schafften. Wir haben James' Focaccia und seinen süßen Teig ausprobiert, wir sind an seinen English Muffins gescheitert (was nicht seine Schuld war), aber haben seine Pitas mit Bravour hinbekommen. Allerdings gab es ein ganzes Kapitel in seinem Buch, das für uns unerreichbar schien: der Sauerteig. Ich hatte in der Vergangenheit schon ein- oder zweimal versucht, einen Sauerteig-Starter herzustellen, und das Ergebnis waren gruselig aussehende Einmachgläser mit einer düsteren, dunkelgrauen Flüssigkeit, die sich von einem trüben, hellgrauen Boden trennte – wie einer dieser Glasleuchttürme voller Sand aus der Alum Bay. Die Gläser standen wochenlang im Kühlschrank rum, bevor sie weggeschmissen wurden. Kitty und ich haben dieses Kapitel übersprungen, weil es uns zu anspruchsvoll erschien.

Das Wort »Sauerteig« im Namen eines Produkts verleiht diesem automatisch eine gewisse Wertigkeit und vermeintliche Unverfälschtheit, wodurch das Produkt ein besonderes Geschmackserlebnis verspricht.

Sauerteig-Pizza, Sauerteig-Knäckebrot, Sauerteig-Brotstangen – das sind die edlen, gehobenen Varianten, für die man dann auch gleich einen doppelten Preis verlangen kann. Und dann gibt es da noch das eigentliche Sauerteigbrot. Als ich noch in Oxford gearbeitet hatte, kaufte ich mir regelmäßig ein halbes Sauerteigbrot in einem Feinkostgeschäft in einer Seitenstraße nahe dem Wochenmarkt. Es fühlte sich an wie eine Eintrittskarte, die mir den Zugang zu all den Rezepten ermöglichte, die man in den Samstagszeitungen oder auf den Speisekarten der Gaststätten liest: Shakshuka, Panzanella, perfekt pochierte Eier.

Ich kam mir dabei so richtig erwachsen vor. Und doch erinnert Sauerteig immer auch ein wenig an des Kaisers neue Kleider. Meine kostbare Ware aus dem Oxford Deli schmeckte zwar säuerlich genug, um sich von »normalem« Brot zu unterscheiden, war aber oftmals etwas trocken. Als die Supermärkte allmählich auch Sauerteigbrot anboten, probierte ich verschiedene Brote aus und fand Gefallen daran, aber ich war nie ein Fan davon. Doch dann gab es einen Moment in jenem Sommer, der mir vor Augen führte, was das Besondere an Sauerteig ist.

Ende August hatte uns die Eintönigkeit unseres Lebens in Watlington übermannt, und wir beschlossen, mit Kitty für eine Nacht nach London zu fahren, um bei Katies Schwester Alice zu übernachten. Während Kit zusammen mit ihren Cousinen einen Film schaute, gingen Katie und ich zum ersten Mal seit Wochen zusammen aus, nur wir beide. Wir spazierten zu einem kleinen Restaurant gleich um die Ecke. Zwar rechneten wir mit dem unvermeidlichen Anruf, der uns zurückeilen lassen würde, nahmen uns aber fest vor, wenigstens eine Stunde gemeinsam zu verbringen. Das Restaurant war voller Menschen, die sich jünger und cooler fühlten als wir, aber das war uns gleichgültig. Wir ignorierten die Menüvorschläge und bestellten stattdessen Brot und Aufschnitt nebst einer Flasche Wein, fest entschlossen, uns rasch zu betrinken.

Wir bekamen einen Korb mit dem leckersten Brot, das ich je gegessen hatte, mit einer beinahe angebrannten Kruste und einem Inneren, das bissfest, weich und sauer zugleich war.

Ich fragte die Kellnerin, woher das Brot sei. Ich weiß nicht mehr, was genau sie antwortete, abgesehen davon, dass es Sauerteigbrot war. So konnte es also schmecken. Ich bewahrte ein Stück für Kitty auf, obwohl ich es ein paar Tage später steinhart und mit Flusen bedeckt in meiner Jackentasche fand. Jenes Sauerteigbrot war – und bleibt – mein Maßstab für gutes Brot.

In den nächsten Wochen dachte ich immer wieder an das Brot, das ich in jener Nacht gegessen hatte. Schließlich schlugen wir das Kapitel über Sauerteig in James Mortons Buch *Brilliant Bread* auf. Wir mussten dieses Mysterium entschlüsseln. Nach den früheren Versuchen wollte ich nicht einmal mehr versuchen, eine Starterkultur anzusetzen. Stattdessen erkundigten wir uns nach einer Fertigvariante. Das erste Produkt, das wir online fanden, war von der Hobbs House Bakery in Gloucestershire.

Der Starter der Hobbs House Bakery kam in einem hübschen Einmachglas zusammen mit einer handbedruckten Broschüre, die den Prozess der Sauerteigherstellung beschreibt. Der Starter sah deutlich gesünder aus als alles, was ich bisher hergestellt hatte. Sofort begannen wir damit zu backen.

Unser erstes Sauerteigbrot war deutlich flacher als unser übliches Übernacht-Brot – eher eine Art Frisbee als ein Bauernbrot.

Allerdings hatte das Brot bereits einen viel ausgeprägteren Geschmack, der uns sehr gut gefiel.

Das Besondere am Sauerteig ist, dass bei der Gärung des Teiges zwei Dinge eine Rolle spielen. Zum einen die natürliche Hefe, die sich von der Stärke des Mehles ernährt und Kohlendioxid freisetzt, das für das Aufgehen und die Bläschen im Brot sorgt. Und dann gibt es noch ein Bakterium (ähnlich wie die »guten« Bakterien, von denen man bei Joghurt hört), das Milchsäure erzeugt. Dieses Bakterium gibt dem Sauerteig seinen »sauren« Namen.

Wir feilten an unserer Knettechnik und fragten uns, ob dies der Schwachpunkt sein könnte, weshalb unsere Sauerteigbrote so flach waren. Fortschritte machten wir jedoch nur langsam. Das von uns befolgte Rezept hat für nur ein Brot den Großteil der Starterkultur benötigt (zu diesem Zeitpunkt wussten wir noch nicht, dass man den Starter ganz einfach vermehren kann), und so konnten wir immer nur mit jeweils einem Brot experimentieren.

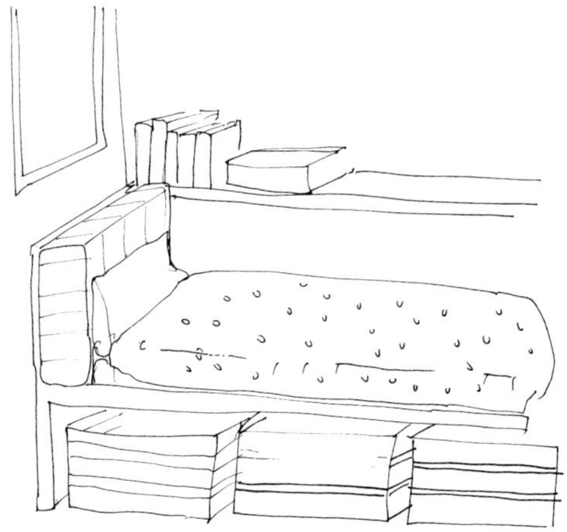

DEN SAUERTEIG-HYPE habe ich nicht wirklich verstanden.

Was ich aber begriffen habe, war, dass Sauerteigbrot an der Spitze der Brotpyramide thronte. Ich musste die Technik also meistern.

Ich verliebte mich nicht in den Geschmack des Brotes, sondern in die Starter. Den ersten, der von der Hobbs House Bakery per Post kam, nannte ich Ferguson. Er war mein Baby. Ihn am Leben zu halten und zu pflegen, wurde mein Job. Ferguson brauchte jeden Morgen jeweils 100 Milliliter warmes Wasser und Mehl. Wenn er das alles verdaut hatte, musste man die Hälfte von ihm wegkippen, und er musste wieder gefüttert werden. Er mochte es warm, aber nicht zu warm.

Ich stand nachts auf, um nachzusehen, ob Ferguson noch lebte. In einer Nacht nahm ich meine Bettdecke mit nach unten, legte mich auf die breite, gepolsterte Bank in der Küche und schlief dort. In der folgenden Nacht machte ich es wieder so, ebenso in der nächsten Nacht, der übernächsten und so weiter. Zu wissen, dass ich für Ferguson da war, ließ mich besser schlafen und befreite mich von vielen Gedanken, die in meinem Schlafzimmer festsaßen und mir das Gefühl gaben, unnütz und einsam zu sein. Ferguson jedoch bewirkte, dass ich mich gebraucht und für ihn verantwortlich fühlte. Meine Familie ignorierte stillschweigend, dass ich nun auf der Küchenbank schlief. Das wurde genauso akzeptiert wie nicht zur Schule zu gehen oder jeden Tag das gleiche Outfit zu tragen. Mein Geist fühlte sich dadurch wohler, und das war alles, was sie sich wünschten.

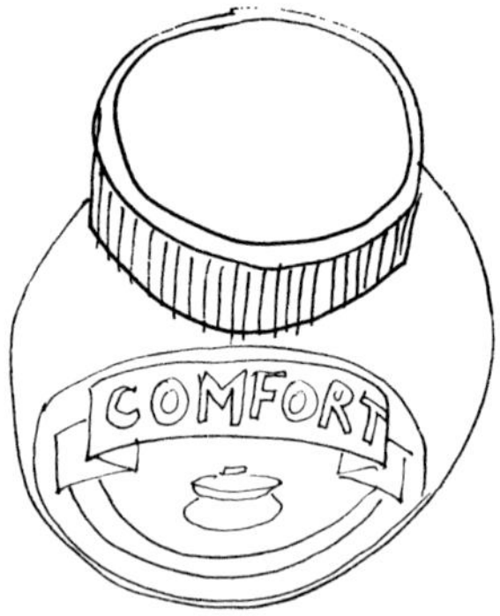

WIR WAREN NOCH NICHT mutig genug, andere Menschen unsere Sauerteigbrote kosten zu lassen, also konzentrierten wir uns auf die wachsende Zahl der Abonnements für die Übernacht-Brote (siehe Seiten 152–155). Neben dem Weißbrot boten wir nun auch ein Vollkornbrot an, das wir großspurig Pain de Campagne nannten, und Kittys Marmite-Brot mit dem Namen Comfort. Damit hatte sie zum ersten Mal etwas selbst kreiert. Das Rezept für das Comfort ist zwar simpel – ein über Nacht gebackenes Weißbrot mit einem ordentlichen Teelöffel Marmite (ein Hefeextrakt-Brotaufstrich), das dem Wasser beigemischt wird –, aber es war genial. Der Salzgehalt vom Marmite verlieh der Krume (wie wir später lernten, nennen Bäcker das Innere des Brotes so) eine ganz andere Note, und in der fertig gebackenen Kruste kam der Marmite-Geschmack so richtig zur Geltung. Es war im wahrsten Sinne des Wortes ein richtiges Wohlfühlbrot.

Jeder, der auf unserer Abonnementliste stand, wohnte in einem Umkreis von einer Meile. Also luden wir die Brote, nachdem sie etwas abgekühlt waren, in unsere Fahrradkörbe und lieferten sie aus. Das war eine große Sache für Kitty (und für mich, um ehrlich zu sein, auch). Ich war anfangs ein wenig besorgt, wie Kitty das alles nach unserem sehr einsamen Sommer bewältigen würde, aber sie machte das mit Bravour.

Die Menschen waren begeistert von ihrem Brot. Und wenn Kitty einem dankbaren Kunden ein warmes Brot überreichte, löste das Glücksgefühle in ihr aus.

DER ABO-SERVICE gab mir das nötige Selbstvertrauen, um vor die Tür zu gehen, denn ich wollte unbedingt wissen, was die Leute von meinem Brot hielten. Ich malte mir aus, wie sie morgens Scheiben mit Butter und Marmelade aßen, und das spornte mich an, in die Pedale meines blauen Fahrrads zu treten, dessen Bremsen ich ziemlich stark drücken musste. Je mehr ich rausging, desto sicherer fühlte ich mich in Watlington. Ich wusste, wohin ich fahren und wen ich bei jeder frühmorgendlichen Auslieferungsrunde sehen würde. Das spielte sich üblicherweise so ab: Zunächst traf ich Bob, der mit seinem Handwagen und seinem Hund Sadie die Straßen von Watlington im Auge behielt. Er rief »Kitty, Kitty, Kitty«, wenn ich vorbeifuhr, und ich antwortete »Bob, Bob, Bob«. Maggie, die auf dem Weg zu ihrer Arbeit in der Apotheke und die Leiterin meiner damaligen Pfadfindergruppe war, sowie Darren von der Erzeugergemeinschaft mit seinem riesigen roten Bart winkten mir jedes Mal zu. Ich radelte an der kleinen weißen Bibliothek vorbei, an Biggles, dem Friseur, dem Kriegerdenkmal mit den Namen der fünf Harman-Brüder, dem Haus meines Onkels Hugh mit der gelben Sonne auf der Eingangstür und dem Haus von Herrn Rawstrom mit dem Puzzletisch am Fenster. Calnan's, die Metzgerei, machte gerade auf, und Angela, die Gemüsehändlerin, richtete sich auf dem Platz vor dem Rathaus ein. Es gab ein Haus, wo immer der Kopf eines kleinen Jungen am Fenster auftauchte, wenn er hörte, dass ich mein Fahrrad draußen abstellte. Er rannte dann sofort zur Haustür. Ich klopfte, er öffnete, und ich reichte dem braunhaarigen Knirps die warme Tüte.

Er huschte anschließend mit dem Brot in die Küche und quietschte vor Freude. Das fühlte sich richtig gut an.

Als Nächstes brauchten wir einen Namen. Dad und ich dachten zuerst an »Breadheads«, aber dann brachte Mum »The Orange Bakery« ins Spiel, wegen der bequemen orangefarbenen Cord-Latzhose, die ich immer trug und in der ich mich sicher fühlte. Nach einigen Wochen war die Hose so mit Teigflecken übersät wie der mit Seepocken überzogene Rumpf eines alten Schiffes, bis meine Mutter mich letztlich zwang, sie zu waschen. Die Latzhose war für uns so etwas wie das dritte Teammitglied. So wurde also aus uns die Orange Bakery.

Papa hatte eine alte Schachtel mit Buchstabenstempeln. Er klebte die entsprechenden Buchstaben mit Klebeband aneinander, damit wir den Namen »The Orange Bakery« mit schwarzer Tinte stempeln konnten. Darunter habe ich mit einer aufgeschnittenen Kartoffel die Form einer Orange aufgestempelt. Damit fand ich zu einer Kunst zurück, die ich mochte – dem Kartoffeldruck. Wir kauften online braune Papiertüten und verbrachten Sonntagabende damit, 50 Tüten auf einmal zu bedrucken.

Damit war unser Logo geboren.

Ich liebte die Übernacht-Brote, doch sie reichten mir nicht mehr. Da ich Ferguson die Aufmerksamkeit schenken wollte, die er verdiente, musste ich endlich das Sauerteig-Backen meistern. Ich habe immer wieder an den Broten gefeilt, aber ich konnte die Frisbeeform nicht verbessern. Die Bilder der Sauerteigbrote auf Instagram, von denen ich so fasziniert war – schön, dunkel und prall –, schienen für mich unerreichbar zu sein. Das Vorbild von allen war eine Bäckerei namens Tartine. Sie wurde vor 20 Jahren von einem Paar namens Chad Robertson und Elisabeth Prueitt (er backte das Brot, sie das Gebäck) in San Francisco gegründet und verkaufte unvergleichliches Brot. Klar, dass jeder Bäcker auf der Welt so sein wollte wie sie. Auf ihrer HomeSeite stand sogar ein Kommentar aus der *Vogue*: »Frisch aus dem Ofen hat jeder Laib eine Kruste aus blasigem Mahagoni und ein Inneres, das so zart und wunderbar saftig ist, dass es im Licht glänzt.«

Diese Bäckerei war die Beyoncé der Brotwelt.

Ich habe mir das erste Buch der Tartine (und das zweite) gekauft und es immer und immer wieder gelesen.

KITTY BLÄTTERTE im Tartine-Buch und zeigte mir diese herrlichen Brote mit dunkler Kruste, die an der Grenze zum angebrannten Zustand waren, aber beim Aufschneiden eine außergewöhnliche Krume offenbarten, die eher einer Mondlandschaft als einer Scheibe Brot glich. »Das ist genau das, was ich machen will«, sagte Kit. Ich dachte an unsere flachen, braunen Sauerteigbrote und bezweifelte, dass sie sich jemals in etwas so köstlich Aussehendes wandeln könnten, aber Kitty sagte bloß: »Wir können auch so ein Brot machen.«

Es war eine Sache, über diese erstaunlichen Brote zu lesen, aber wir haben schnell realisiert, dass wir sie in natura sehen mussten. Natürlich konnten wir nicht extra dafür nach Kalifornien fliegen, doch wir konnten zumindest professionelle Bäckereien aufsuchen, die etwas Ähnliches wie das Brot von der Bäckerei Tartine herstellten. Kitty fand heraus, dass es in London eine ganze Reihe hervorragender Bäckereien gab, die die gleiche Art von Brot wie das von Chad verkauften und oftmals in engem Austausch miteinander standen – darunter Bäcker, die eine Zeitlang in der Tartine gearbeitet hatten. Das Problem war bloß, dass diese Bäckereien von uns aus gesehen auf der anderen Seite der Stadt lagen, abgelegen in Spitalfields oder

Hackney. Kit hatte große Schwierigkeiten, sich längere Zeit in einem engen Raum zu befinden, ohne dass ihre Angstgefühle überhandnahmen, weshalb eine lange Autofahrt für sie nach wie vor unmöglich war. Allerdings entdeckte Katie eine kleine Bäckerei, October 26, die in der Nähe von Shepherd's Bush im Westen Londons lag. Sie kam eines Tages auf dem Rückweg von der Arbeit daran vorbei und berichtete uns ein wenig darüber. Die Bäckerei wurde von einer Frau namens Raluca ganz allein betrieben, die eine Auswahl an Sauerteigbroten und einige Gebäcke in ein paar kleinen Öfen im hinteren Teil des Ladens herstellte. Für Kit schien die Fahrzeit machbar zu sein, sodass sie die Bäckerei auf Instagram ausfindig machte und eine lange Nachricht schickte. Als sie daraufhin keine Antwort erhielt, reagierte sie zum Glück nicht allzu enttäuscht.

An einem Montagmorgen machten wir uns auf den Weg zu dieser Bäckerei. Kitty hat sich auf der Fahrt mit einem Artikel über Chad Robertson auf meinem Kindle abgelenkt, den sie online in der *New York Times* gefunden hatte. Sie kannte bereits jedes Wort auswendig. Wir hatten eines von Kittys Marmite-Broten, das Comfort, mitgebracht, das sie am frühen Morgen gebacken hatte.

Kitty drückte das Brot auf ihrem Schoß an sich wie einen kleinen Mops.

»Glaubst du, sie wird es mögen?«, fragte Kitty nervös. »Ja, sie wird es lieben.«

Raluca war etwa Mitte 30, klein und schlank, das Haar mit einem Haargummi zurückgebunden. Eine Auswahl an dunkelbraunen Sauerteigbroten lag in einer Wandauslage, und auf der Theke standen Zimtschnecken und einige Madeleines. Kittys Blick fiel jedoch sofort auf die etwas chaotische Szenerie dahinter. Zwei kleine Kammeröfen standen auf einigen Holzpaletten. Daneben stapelten sich riesige 25-Kilogramm-Mehlsäcke, und ein paar hohe Kühlschränke vervollständigten das Bild. Dies war keine makellose Sci-Fi-Küche. Dies war Low-Fi. Realisierbar. Nachahmbar.

Wir warteten, bis der vorige Kunde gegangen war, bevor wir uns vorstellten. »Ah, ja. Kitty, natürlich«, sagte sie entschuldigend. »Es tut mir leid. Ich hatte vorgehabt, dir zu antworten, aber ich hatte einfach so viel zu tun. Also, sag mal, warum willst du Bäckerin werden?« Ich weiß nicht mehr genau, was Kitty ihr erzählte, aber ich erinnere mich an den Klang ihrer Stimme, an den Enthusiasmus und die Leidenschaft, die sie dabei ausstrahlte. Ich war unheimlich stolz auf sie, dass sie alles so wortgewandt wiedergeben konnte.

Ich erinnere mich besser an die Antwort von Raluca: »Ich war ursprünglich im Marketing tätig, aber als ich meine Tochter bekam, fing ich an zu backen. Und als ich dann entlassen wurde, dachte ich mir, ich könnte doch ein Geschäft daraus machen. Ich wusste, wie man einen Businessplan aufstellt, fand einen Laden, kaufte meine Öfen und hatte plötzlich eine richtige Bäckerei.« Sie schaute sich um. Im ersten Moment dachte ich, es sei der schwärmerische Blick von jemandem, dessen Traum in Erfüllung gegangen ist, aber ich glaube, sie hatte ein paar lange Tage hinter sich, denn sie redete unverblümt und ehrlich weiter.

»Manchmal stehe ich um vier Uhr morgens auf, sitze auf diesen Säcken, trinke meinen Kaffee, während ich darauf warte, dass die Öfen warm werden, und frage mich, was für ein Monstrum ich da geschaffen habe. Wenn du schöne Nägel haben oder ein Kleid tragen möchtest, kannst du den Job vergessen. Das hier ist ein anstrengendes Leben. Bis ich die Mehlsäcke vom Bürgersteig bis hierher getragen habe, habe ich schon eine halbe Tonne geschleppt. Ich muss mein Brot verkaufen und gleichzeitig die Brote für den nächsten Tag vorbereiten, das ist wirklich harte Arbeit. Ich bin sicher, dass du eine sehr gute Bäckerin bist, und das hier sieht herrlich aus«, sagte sie und hielt unser Brot hoch. »Aber ich möchte es auch nicht beschönigen.«

Als ein weiterer Kunde eintrat, war uns klar, dass wir sie nicht länger aufhalten sollten. (Es war unglaublich, dass sie alles – Backen, Servieren, Saubermachen – selbst erledigte.) Großzügigerweise befüllte sie eine Tüte mit einer Auswahl ihrer Backwaren und schenkte sie Kitty. »Es war wirklich schön, dich kennenzulernen«, sagte sie und lächelte Kit an. »Viel Glück.« Wir verabschiedeten uns und gingen schweigend in den nahe gelegenen Park. Wir setzten uns auf eine Bank. Ich bereitete mich auf die tiefe Enttäuschung vor, die Kitty empfunden haben musste. Doch statt Tränen in ihren Augen sah ich eiserne Entschlossenheit, ein Blick, den ich von nun an immer öfter sehen sollte.

»Ich mache mir nichts aus lackierten Nägeln oder Kleidern«, sagte Kit. »Ich will eine halbe Tonne schleppen und um vier Uhr morgens aufstehen. Ich mag keinen Kaffee. Daran werde ich arbeiten. Aber das ist das Leben, das ich mir vorstellen kann zu leben.«

»Das ist genau das, was ich will. Ich will stark sein.«

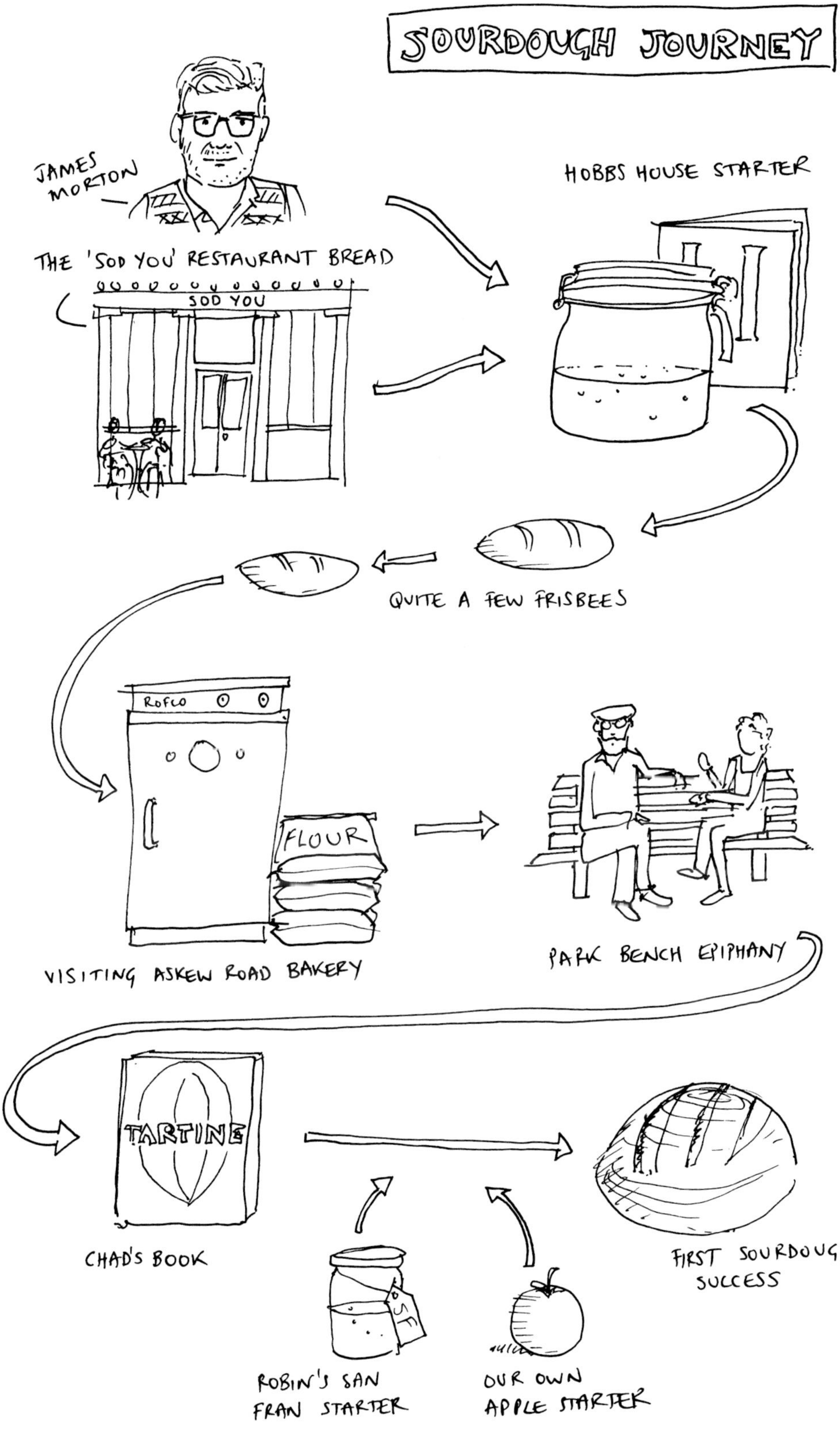
SOURDOUGH JOURNEY
JAMES MORTON
THE 'SOD YOU' RESTAURANT BREAD
SOD YOU
HOBBS HOUSE STARTER
QUITE A FEW FRISBEES
ROFCO
FLOUR
VISITING ASKEW ROAD BAKERY
PARK BENCH EPIPHANY
TARTINE
CHAD'S BOOK
SF
ROBIN'S SAN FRAN STARTER
OUR OWN APPLE STARTER
FIRST SOURDOUGH SUCCESS

4

RUTH, DER ROFCO

ICH KAM VON dem Ausflug zur Bäckerei mit einem klaren Ziel zurück. Ich schaute Ferguson an. Gemeinsam würden wir das Sauerteig-Handwerk meistern. Dafür brauchte ich Chad. Nicht seine Bücher, seine Instagram-Posts oder seine Artikel – ich brauchte ihn. Nach ein paar Stunden am Computer fand ich Chads Adresse in San Francisco heraus. (Wenn ich mit der Bäckerei scheitere, arbeite ich als Detektivin.) Ein Brief ist viel schwieriger zu ignorieren als eine E-Mail, also habe ich einen aufgesetzt. Ich schrieb ihn mit der Hand und darin stand im Wesentlichen:

Dein Buch ist der Grund, warum ich jeden Morgen aufstehe. Wie kann ich so gutes Brot backen wie deines? Vielen Dank!

Kitty Tait, 14 Jahre, Watlington, England

Aber über drei Seiten.

Chad führt ein Unternehmen, das Hunderte von Mitarbeitern hat, und ist wahrscheinlich einer der meistbeschäftigten Menschen in San Francisco. Ich habe keine Antwort erhalten. Ich schrieb ihm noch einmal, und diesmal fügte ich ein handgezeichnetes Bild von einem meiner misslungenen Sauerteigbrote bei.

Tagelang habe ich jedes Wort von Chads Büchern aufgesogen. Ich nahm eine meiner alten Schulsocken und schnitt sie auf, um in jeder freien Minute seine Art des Teigfaltens zu üben. Chads Technik ist anders als alle anderen. Ausgangspunkt ist seine Philosophie, nach der der Teig lebendig ist. Man behandelt ihn mit absolutem Respekt. Man klopft nicht auf ihn ein, und man knetet ihn nicht. Man schlägt ihn nicht und bearbeitet ihn nicht mit den Fäusten. Man faltet ihn und liebt ihn.

Eine gängige Theorie in der Welt des Brotbackens ist, dass man dem Teig zeigen muss, wer der Boss ist. Wenn man an die Brotherstellung denkt, stellt man sich einen Franzosen mit riesigem Bizeps in einer kleinen Bäckerei vor, der auf den Teig einklopft und ihn schlägt. Ich habe das versucht, aber ständig ein schlechtes Gewissen gehabt und mich bei dem Teig entschuldigt. Ich habe Chad und seine Bücher wegen seiner Philosophie geliebt: Je mehr Respekt man dem Teig gegenüber hat, desto besser wird das Brot.

Ich war schon immer eine Kümmerin.

Als ich noch ganz klein war, kümmerte ich mich darum, dass alle meine Teddybären wohlauf waren und kein einziger im Spielzeugschrank zurückblieb. Mit fünf Jahren lernte ich, wie man heiße Schokolade macht, und sobald jemand im Haus irgendwie traurig war, tauchte ich mit einer Tasse davon auf, ob derjenige es wollte oder nicht. Ich hatte Sorge, dass Menschen (und oft auch Dinge) einsam sein könnten. Ich war so in Sorge darüber, dass Ferguson ganz allein war, dass ich nachgeschlagen habe, wie man aus einem Apfel eine andere Starterkultur macht – diese nannte ich übrigens Muriel. Auf Seite 187 ist eine Zeichnung von Papa abgebildet, wie man diesen Starter macht.

Ich versuchte mich unermüdlich an Chads Rezepten und langsam sahen meine Brote richtig aus. Ich fütterte Ferguson und Muriel jeden Morgen mit ein wenig warmem Wasser und Mehl. Sobald beide fröhlich blubberten, schüttete ich je zwei Drittel von ihnen in etwas Mehl und Wasser, wartete einen Moment, bis sich alle Zutaten besser kennengelernt hatten, und gab dann Salz dazu. Das Salz ist wie der lautstarke Freund auf der Party, der zwar ziemlich nervt, aber ohne den es keinen Spaß macht. Salz hasst Hefe und verlangsamt ihre Aktivität, daher sollte es erst dazugegeben werden, wenn das Mehl, das Wasser und die natürliche Hefe des Starters Zeit hatten, sich zu verbinden. Nach Chads Methode habe ich den Teig vier Stunden lang jede Stunde gewendet, bis er prall und aufgegangen war. Anschließend legte ich ihn auf den Tisch und teilte ihn in zwei Portionen. An dieser Stelle kam mir die Übung mit den Socken zugute: Zuerst legte ich den Teig wie eine Schildkröte auf den Rücken und faltete dann die Seiten zur Mitte hin wie einen Briefumschlag. Danach habe ich den Teig mit etwas Mehl bestaubt und ihn in seine Behausung, den Gärkorb, gelegt. Dann kam er in den Kühlschrank.

Anfangs habe ich nicht verstanden, wozu diese Phase nötig ist. Ich hatte das Gefühl, als quälte ich meinen warmen, blubbernden Teig, doch dieser lange Kälteschlaf gibt dem Teig Zeit, ein intensiveres Aroma und einen säuerlichen Geschmack zu entwickeln. So haben die Zutaten die Chance, ihren zauberhaften Charme zu entfalten. Der Teig wird dadurch auch etwas fester und lässt sich vor dem Backen viel leichter einschneiden. Die Einschnitte ermöglichen dem Brot, sich ausreichend auszudehnen, wenn es im Ofen aufgeht, und sie verhindern das, was ich »die Wulst« nenne – wenn das Brot nicht genug Raum zum Ausdehnen hat, kann es an einer unerwarteten Stelle aufreißen. Ein gut platzierter Einschnitt kann dem Laib eine Art Flosse zaubern, die das Brot wie einen wohlgenährten Hai aussehen lässt.

Da wir jeden einzelnen Arbeitsschritt befolgten, sah die Krume nach dem Aufschneiden der Brote ganz anders aus. Groß und rund und ein Geflecht aus herrlichem Gluten.

Chads Methode der Teigpflege war so, als würde man sich um ein Baby kümmern. Es gab keine Stunde am Tag, in der ich nicht an die Bedürfnisse meines Teiges dachte. In welchem Stadium befand er sich? Musste er gefüttert werden? War er bereit für ein

Nickerchen? Oder sollte er geweckt werden? Ich war also völlig auf den Prozess des Brotbackens fokussiert.

Ich hatte damit eine klare Tagesstruktur und wusste, dass ich kontinuierlich gebraucht werden würde. Ich musste morgens aufstehen, um Ferguson und Muriel zu füttern. Nach dem Mittagessen musste ich da sein, um den Teig zu wenden. Abends musste ich da sein, um den Teig ins Bett zu bringen. Ich durfte nicht nachlässig werden oder die Konzentration verlieren, weil der Teig mich brauchte.

Papa machte sich Sorgen, dass die neuen Brote noch nicht bereit für den Verkauf waren, aber ich musste wissen, ob wir zumindest auf dem richtigen Weg waren. Ich arbeitete und arbeitete, bis ich eine Charge hatte, mit der ich richtig zufrieden war: 20 pralle, weiße Sauerteigbrote mit dunkelbrauner Kruste, scharfen Flossen und einer honigwabenähnlichen Krume. »Wir schaffen das«, sagte ich zu ihnen, während ich sie vorsichtig halbierte und in die Tüten mit den üblichen Broten für unsere Abonnenten legte. Ich fügte eine Notiz hinzu. »Das ist mein Sauerteigbrot. Wollte mal wissen, ob es dir schmeckt. Vielen Dank.« Ich hätte gern noch mehr hinzugefügt: »Gefällt dir die Krume? Wie findest du die Kruste? Magst du den sauren Geschmack?« Aber Papa meinte, nicht jeder würde sich so sehr für Brot interessieren wie ich.

Das Warten darauf, was die Leute von meinem Sauerteigbrot hielten, war schrecklich.

Warten ist mir ein Gräuel, denn man kann es nicht beschleunigen.

Als ich einen ganzen Tag lang keine Reaktion bekam, befürchtete ich, dass die Brote niemandem gefallen hatten. Dann traf ich zufällig (na ja, ich gab vor, sie zufällig zu treffen) eine unserer Abonnentinnen, Susan Fotherby, die gerade aus dem Regionalmarkt der Erzeugergemeinschaft kam. Ich erkundigte mich beiläufig, wie ihr das halbe Brot geschmeckt habe. »Ich habe es leider nicht probieren können«, sagte sie. »Will war zu Hause und hat alles alleine verputzt.«

Alles würde gut werden. Ich ging nach Hause, um es Ferguson und Muriel zu erzählen.

NUN MUSSTEN WIR also auch Sauerteigbrote anbieten, denn jeder einzelne Abonnent, dem Kitty einen halben Laib gebracht hatte, wollte mehr. Ich wäre zufrieden gewesen, mit der kleinen Anzahl von Abonnements, die wir bereits hatten, weiterzumachen, aber wann immer Kit von jemandem angesprochen wurde, der Brot wollte, sagte sie stets Ja.

Kits nächtliche Streifzüge mit den Auflaufformen dauerten immer länger. Die allmorgendliche Logistik, welcher Teig in welchen Ofen und wann wieder heraus musste, war für mich ein Rätsel. Kit schien jedoch alles im Griff zu haben, aber die Situation erschien mir nicht dauerhaft tragbar. Katie und ich machten uns Sorgen, dass wir die Hilfsbereitschaft – ganz zu schweigen von den Stromrechnungen – unserer Nachbarinnen Juliet und Charlotte ausnutzen würden. Wir mussten einen anderen Weg finden.

Kitty war uns, wie immer, bereits einen Schritt voraus. Sie hatte sich über die Öfen der Marke »Rofco« schlaugemacht. Wir hatten sie in der Bäckerei October 26 in Shepherd's Bush gesehen, und seither war Kit damit beschäftigt, mehr über diese Backöfen herauszufinden. Eine kleine belgische Firma stellte diese kompakten Kammeröfen her, von denen der größte zwölf Brote auf einmal fassen konnte. Für uns, die bisher gerade mal vier Brote in Juliets Ofen bekommen hatten, war das der Inbegriff von Industrialisierung. Wie immer hatte ich allerdings so meine Bedenken.

Unser Haus ist ein altes Haus. Es wurde im 16. Jahrhundert mit einem zentralen Raum und einem großen Schornstein gebaut und nach und nach erweitert. Jeder Bauleiter hatte offenbar die Vorgabe bekommen, keine Fläche eben und keine Wand gerade auszurichten. Wenn man eine Murmel in der obersten Etage des Hauses platzieren würde, würde sie von selbst nach unten rollen. Das Haus hat seltsam geformte Türrahmen, unerwartete Balken und breite Risse zwischen den Dielen. Mit uralten Heizkörpern, die bestenfalls leicht warm werden, herrscht im Winter eine eisige Kälte in den Zimmern. Die Elektrik wurde über Jahrzehnte hinweg zusammengeflickt – einige der Steckdosen sind nach wie vor diese winzigen dreipoligen –, und wenn die Heizung im Bad eingeschaltet wird, fliegt ständig die Sicherung raus. Dass unser simpler Sicherungskasten einen zusätzlichen Stromanstieg zur Versorgung eines Industrieofens verkraften würde, hielt ich nicht nur für illusorisch, sondern auch für katastrophal. Außerdem gab es in der Küche absolut keinen Platz. Was dann geschah, war wie ein Muster, das sich immer wiederholte. Meine Vorsicht wurde durch Kittys schiere Entschlossenheit und Katies Optimismus, dass alles schon irgendwie klappen würde, ausgehebelt.

Ende Oktober fuhren Aggie, Albert und ich für eine Woche in das schottische Hochland in den Urlaub. Kitty und Katie blieben mit den Hunden zu Hause, da die Reise für Kit zu weit war. Es wäre ein zu großer Orts- und Routinewechsel gewesen, den sie nicht hätte bewältigen können. Es war zwar ungewohnt, einen getrennten Familienurlaub zu machen, aber ich brauchte dringend eine Auszeit, und ich spürte, dass sowohl Aggie als auch Albert etwas Abstand benötigten.

Die bittere Wahrheit war: Obwohl das Brotbacken uns sehr half, gelang es uns nur bedingt, die verquere Realität zu verkraften, in der wir steckten.

Katie und ich mussten uns weiterhin um Kitty kümmern. Die Bedürfnisse der restlichen Familie mussten eine Zeit lang hintangestellt werden. Obwohl das nicht zu ändern war, bereitete das Katie und mir permanent ein schlechtes Gewissen. Albert zog sich in sein Zimmer zurück, und Aggie, die gerade aus Ghana zurückgekehrt war, hatte eine emotionale Zeit zu bewältigen. Es war für beide sehr schwer gewesen, aber für Aggie ganz besonders. Die jüngere Schwester, der sie bis dahin sehr nahe gestanden hatte, hatte sich verändert. Kit empfand viele Dinge als eine derartige Belastung, dass Aggie für einige Zeit in das Haus ihres Onkels zog, um Kit genügend Freiraum zu geben, was unglaublich großherzig von ihr war. Obwohl das Haus von Hugh gleich um die Ecke war und wir jederzeit dort vorbeischauen konnten, war ihr Auszug für uns alle sehr schmerzhaft gewesen. Die Schottlandreise war unsere Chance, einiges aufzuholen. Also fuhren Aggie, Albert und ich nach Glasgow mit einem Mietwagen, der sich nach unseren vielen alten, klapprigen Fahrzeugen wie eine Wohltat anfühlte. Wir brauchten zwar eine halbe Stunde, um herauszufinden, dass er sich auf Knopfdruck starten ließ, aber danach genossen wir die Vorteile von beheizten Sitzen.

Das weiße Cottage lag abgeschieden am Rande eines Sees. Es hatte winzige Fenster, einen uralten Herdofen und dicke Tweeddecken auf allen Betten. Das Wasser musste über einen Wasserhahn auf dem Hügel hinter der Hütte aufgedreht werden und kam als dickflüssige braune Brühe heraus. Es gab kein WiFi. Wir machten lange, kalte Spaziergänge bei strömendem Regen, begegneten niemandem und kehrten ins Cottage zurück, um Schokokekse zu essen und in der winzigen Stube vor dem heißesten Ofen der Welt Karten zu spielen. Am letzten Abend trauten wir uns endlich, im See zu schwimmen, der wirklich so kalt war, wie er aussah. Ich kann mich nicht erinnern, dass wir über irgendetwas Besonderes geredet hatten, aber zum ersten Mal seit Langem war es eine Woche, in der ich mich nicht völlig überfordert fühlte.

Auf dem Weg nach Hause scrollte Aggie durch Instagram und blieb bei Kittys neuestem Post hängen. Kit hatte den Account angelegt, als die Orange Bakery ins Leben gerufen wurde, und es fiel ihr erstaunlich leicht. Da es um Brot und Backen ging, dachte sie nicht allzu sehr darüber nach, was sie auf Instagram veröffentlichte, und freute sich einfach, wenn jemandem ihre Beiträge gefielen, ohne sich selbst an den Klicks zu messen. Der letzte Beitrag war ein Clip, der das hintere Ende unserer Küche zeigte, wo wir normalerweise aßen. Oder vielmehr eine Neugestaltung davon. Kitty hatte die Regale mit den Rezeptbüchern und dem üblichen Gerümpel, das sich im Laufe der Zeit ansammelt, ausgeräumt und durch Mehltüten und andere Zutaten ersetzt. Der runde Küchentisch war verschwunden und durch ein viel längeres, rechteckiges, zusammenklappbares Modell ersetzt worden, das im Gartenhaus gestanden hatte und nun mit mehligen Gärkörben eingedeckt war. In der Ecke, wo früher ein Schrank gestanden hatte, war mit Malerkrepp ein Quadrat aufgeklebt und darin ein A4-Blatt mit der Aufschrift »ROFCO«. Ich hielt an einer Tankstelle an und schrieb Katie eine Textnachricht: »Unsere Küche?« »Nur ein paar Optimierungen«, schrieb sie zurück.

Als wir nach Hause kamen, amüsierten sich Aggie und Albert darüber, dass unsere komplette Küche nun eine Backstube war. Das gemeinsame Essen am Küchentisch war ein wichtiger Teil unseres Familienlebens gewesen, auch wenn es manchmal chaotisch und streitlustig zuging. Katie und ich hatten uns insgeheim sehr darüber gefreut, dass wir es irgendwie geschafft hatten, diese Routine über die schwierigen Teenagerjahre hinweg aufrechtzuerhalten. So wie alles andere auch, war das nun Vergangenheit. Aber die Erleichterung, dass Kit etwas hatte, das sie von der Depression ablenkte, die sie immer noch überwältigen konnte, ließ eine Zukunft mit dem Essen auf unserem Schoß vor dem Fernseher machbar erscheinen.

Der Verlust des Küchentisches machte mir nicht so viel aus, wie ich dachte, aber die Rofco-Idee gefiel mir immer noch nicht. Es fühlte sich zu endgültig an, sich auf etwas einzulassen, das kurzlebiger sein könnte und sein sollte.

Die gute Nachricht für mich war, dass es verdammt schwer war, einen Rofco zu bekommen; die Warteliste war so lang wie ein Baguette.

Die schlechte Nachricht für mich war jedoch, dass Kit nicht gerne wartet. Durch ihre gründlichen Nachforschungen hatte sie eine Bezugsquelle ausfindig gemacht – Martin von Beckett's Bakery Engineers. Sie freundete sich mit ihm an, und er führte ihren Namen weit oben auf seiner Liste, sodass sie bei einem verfügbaren Rofco sofort zuschlagen konnte. Kit war schon immer eine echte Sparfüchsin und hatte durch jahrelanges Geburtstags- sowie Weihnachtsgeld und jetzt auch noch Einnahmen vom Brotverkauf fast genug, um diese Anschaffung zu realisieren. Außerdem besitzt sie eine unglaubliche Überzeugungskraft und hatte die Woche, in der ich weg war, damit verbracht, Katie zu erklären, warum der Rofco B40 der perfekte Ofen für Mikrobäcker ist. Schließlich willigte Katie ein, Kit das fehlende Geld zu geben. Als ich zurückkam, war bereits alles unter Dach und Fach.

Martin hatte einen nagelneuen Rofco aufgetrieben, der in einer Woche eintreffen sollte, und Kit hatte die Lieferung zu uns vereinbart. Meine Aufgabe war es, unseren hiesigen Elektriker, Simon, zu bitten, unsere Elektrik so umzurüsten, dass ich keine schlaflosen Nächte darüber haben würde, ob das Haus wohl abbrennen könnte.

Schon war der Ofen da. Er sah aus wie ein großer, grauer Roboter mit einem gläsernen Auge.

Katie schaute etwas perplex drein, als er vor der Haustür abgeladen wurde, doch Kitty neben ihr strahlte. Irgendwie schafften wir es durch den schmalen Flur, drei Stufen hinauf und um die Ecke in die Küche. (Dinge durch unser Haus zu bekommen oder nicht, gehört zum roten Faden in diesem Buch.) »Wir haben jetzt einen richtigen Ofen, Papa«, sagte Kitty, während sie sich vor lauter Begeisterung auf ihn setzte. Ich konnte ihre Freude nicht gänzlich teilen. Heimlich recherchierte ich, ob es einen Markt für gebrauchte Rofcos gab, für den Fall, dass er für uns ein zu großes Ungetüm werden würde.

Ein Teil von Kittys umfassender Rofco-Recherche (die wahrscheinlich auch die Ernährungsgewohnheiten des Ingenieurs, der das Gerät entworfen hatte, und den Herstellungsprozess der Schrauben, die es zusammenhielten, umfasste) war die Suche nach anderen Bäckereien, die diese Öfen verwendeten. Dabei stieß sie auf etwas sehr Interessantes: jemanden, der in seinem Haus in Gloucestershire Backkurse gab und einen Rofco benutzte. Das war die perfekte Gelegenheit. Wir würden sehen, wie der Ofen in einer gewöhnlichen Küche funktioniert, und von einem Experten lernen, wie man ihn richtig bedient.

Danielle war eine faszinierende Frau. Nachdem ihre Kinder aus dem Haus waren, hatte sie beschlossen, ihr Hobby, das Backen, zum Beruf zu machen. So ließ sie ihren Mann zu Hause zurück, der sich um die Katze kümmern musste, und machte sich auf den Weg in die Normandie, wo sie eine Ausbildung zur Bäckerin machte und anschließend Vollzeit in einer Bäckerei arbeitete. Als Danielle zu ihrer Katze und ihrem Mann zurückkehrte, begann sie mit ihren Backkursen.

Einzig die Autofahrt nach Gloucestershire war ein Problem. Die längste Fahrt, die Kitty bisher bewältigt hatte, war die zur Bäckerei in West London. Im Auto konnte sie große Panik bekommen, und wir hatten schon ein oder zwei katastrophale Fahrten hinter uns, bei denen Kitty die Tür öffnete und ausstieg (einmal sogar, während wir noch fuhren, wenn auch langsam), weil sie die Beengtheit einfach nicht ertragen konnte. Wir probierten also eine Entspannungs-App aus und versuchten es mit Atemtechniken, bis Kitty zugab, dass sie das nicht leiden kann, und wir aufhörten. Wir beschlossen schließlich, es einfach zu wagen.

Danielle sagte uns, wir sollten zehn Gärkörbe mit Teig zum Backen mitbringen, und so saß Kitty im Auto, umgeben von kleinen Körben. Wir haben anderthalb Stunden lang über Brot geredet, und hatten – Gott sei Dank – keinen Verkehr. Ehe wir uns versahen, fuhren wir an Bristol vorbei und das Severn-Mündungsgebiet hinauf in Richtung Gloucester. Wir waren zu früh dran, weshalb ich eine Seitenstraße hinunter zum Kanal nahm, um eine Verschnaufpause für Kit und eine Kaffeepause für mich einzulegen.

Wir haben Shipton Mill eher zufällig entdeckt. Die Gebäude, die uns gegenüber am Kanal entlang lagen, hatten etwas ausgesprochen Unheimliches an sich. In der Mitte ragte ein riesiger, weißer Turm im Stil des Brutalismus auf, flankiert von langen, niedrigen viktorianischen Lagerhäusern. Von den Dächern ragten Schächte und Rohre. Die triste, graue Industriekulisse stand im Kontrast zu den bunt bemalten Kanalbooten, die auf unserer Seite vertäut waren. Das Seltsamste war, dass weder Menschen noch irgendwelche Aktivitäten zu sehen waren. Man hörte zwar Geräusche wie Klirren, Surren oder gelegentlich einen dumpfen Schlag, aber es sah aus wie eine Geisterstadt.

Nach der Kaffeepause stiegen wir wieder ins Auto und fuhren zu Danielles Haus. Es war ihr Mann, der zuerst an der Tür war, nicht die Katze, und er schaute genauso überrascht drein wie Danielle, als sie dazukam. »Oh, aber es ist Dienstag«, sagte sie. Ich lächelte idiotisch, um das Entsetzen zu kompensieren, das sich hinter mir auf Kittys Gesicht breitgemacht haben musste. »Wir sind am Donnerstag verabredet«, beendete sie ihren Satz. »Oh, aber …«

Wie hatte ich es geschafft, das durcheinanderzubringen? Ich hatte meine Tochter bei mir, die ihre Riesenangst überwunden hatte, um jetzt hier zu sein.

Außerdem hatte ich einen Rücksitz voller Teig, der weiter vor sich hin gärte, und keine Ahnung, was ich jetzt tun sollte.

Ich versuchte es mit Betteln. »Ich habe offensichtlich meine Termine nicht im Griff«, sagte ich, »es tut mir furchtbar leid, ich schätze, dass wir nicht …?« »Wir fahren nach Cheltenham, um uns mit jemandem zum Mittagessen zu treffen. Das ist unmöglich, leider, tut mir leid«, beantwortete sie meine halbe Frage mit einem mitfühlenden Blick. »Kein Problem«, sagte ich, »wir werden Donnerstag wiederkommen.«

Ich lotste Kitty zum Auto, und wir fuhren aus der Einfahrt auf die Hauptstraße.

Ich spürte, dass Kitty kurz davor war zu explodieren.

Ich entdeckte ein Fußwegschild auf der anderen Straßenseite. Ich hielt an, sie öffnete die Tür und rannte durch ein Tor auf die Wiese, wobei ihr die Tränen über das Gesicht liefen.

Ich kann mich nicht mehr erinnern, worüber wir auf diesem trostlosen Marsch gesprochen haben. Ich erinnere mich hingegen gut daran, dass der Boden so lehmig war, dass die Sohlen meiner Schuhe (in diesem Fall völlig unpassende Wildlederschuhe) ein Kilogramm mehr auf die Waage brachten. Ebenso erinnere ich mich an Kits Wut, Frustration und völlige Resignation darüber, dass wir wieder den ganzen Weg nach Hause fahren und diese Tour in 48 Stunden wiederholen mussten. Ich konnte nichts tun, und es war herzzerreißend, das mitanzusehen.

Diese Ängste so unverstellt und direkt zu sehen, machte mir klar, wie bemerkenswert es war, dass sie das die meiste Zeit über aushielt. Sie waren niemals ganz weg, aber das Backen konnte sie eindämmen, bis sie kaum noch wahrnehmbar waren. Wir schmissen den Teig demonstrativ in einen nahe gelegenen Mülleimer und stiegen wieder ins Auto.

Eigentlich wollte ich gar nicht nach Bristol fahren, aber ich hatte meine Abfahrt verpasst, und da hatte ich plötzlich einen Geistesblitz. Einer der Instagram-Feeds, die Kitty am meisten gefielen, stammte von einer Bäckerei namens Hart's, die im Bahnhof Temple Meads ihren Sitz hat. »Lass uns dorthin fahren«, schlug ich vor. Kitty nickte.

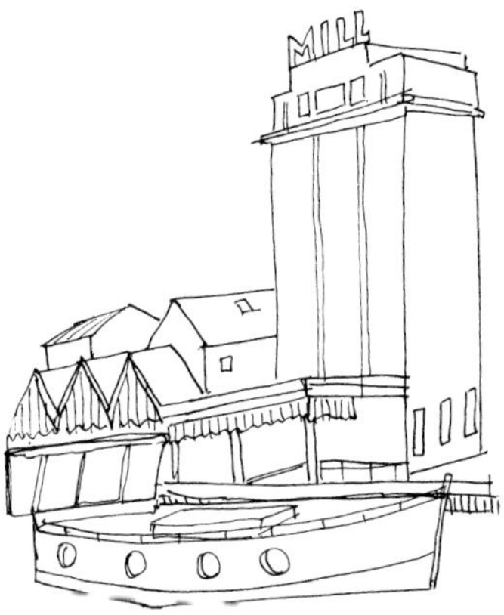

ICH HASSTE ES, dass meine Nerven so schwach waren, aber als Danielle gesagt hatte, dass es der falsche Tag war, kamen all die Dämonen, die zuvor ruhig genug gewesen waren, um mich die Reise machen zu lassen, wieder zum Vorschein. Ich kann mich nicht an den matschigen Fußweg erinnern, nur an die explosionsartige Angst in meinem Kopf und an Dad, der bemüht war, mich wieder ins Auto zu setzen. Ich merkte nicht einmal, dass wir nach Bristol abgebogen waren, bis wir vor dem Bahnhof standen.

Papa parkte das Auto und hielt meine Hand, bis wir schließlich ausstiegen und die Hart's Bakery aufsuchten. Wir reihten uns in die Warteschlange ein, hinter Eltern mit Kinderwagen, Studenten mit Fahrradhelmen und schick gekleideten Pendlern, die auf die Uhr schauten, um den Zug zu ihrem nächsten Termin nicht zu verpassen.

Die Bäckerei war das Coolste, was ich je in meinem Leben gesehen hatte.

Lange Holztische voller Menschen, die Sauerteigbrot in ihre Suppe tunkten, Schinkensandwiches aßen und Käsekuchen genossen.

Die Angestellten hinter dem Tresen hatten Piercings und kurze Ponys; einer von ihnen trug die Latzhose von Lucy & Yak, die ich auch trug. Das Beste war jedoch, dass ich hinter dem Tresen die Bäcker sehen konnte, die gerade Brot aus den Öfen holten. Ich hörte sie leise murmeln, und mein Gehirn – erschöpft von dem schrecklichen Trip – entspannte sich ein wenig. Ich fühlte mich behaglich und wie zu Hause. Alles war so anders. Die Speisekarte war gespickt mit völlig anderen Aromen und Ideen, wie Fenchel-Walnuss-Brot, Würstchenpasteten mit einer Prise Zatar und Lasagne-Pastete. Ein prall gefüllter gegrillter Käse-Toastie wurde an uns vorbeigetragen, die Seiten knusprig und etwas angeröstet.

Ich sehnte mich danach, auf der anderen Seite der Theke zu stehen, mit tätowierten Armen das Brot in der Hand zu halten, ein gestreiftes Oberteil zu tragen und mein Haar mit einem breiten Haarband zurückzunehmen.

Zum ersten Mal überhaupt erlebte ich eine Welt, in die ich vollkommen passte. Eine Welt, in der meine Ängste keine Rolle spielten.

ZWEI TAGE SPÄTER fuhren wir erneut zu Danielle. Kit bewältigte die Reise, indem sie sich Folgen von *Desert Island Discs* anhörte, in denen Menschen auftraten, die sie gut fand. Ich meine, wir haben zwei Toms gehört – Hanks und Jones. Wir diskutierten darüber, was wir als Luxusartikel und welches Buch wir aussuchen würden. Kitty entschied sich für Ferguson als ihr Luxusgut, was sie auf die einsame Insel mitnehmen würde, und Tartine als ihr Buch – wenig überraschend. Ich wünschte mir einen lebenslangen Vorrat an Käse und das Buch *The Tiger Who Came to Tea*, weil es mich an unsere Küche aus meiner Kindheit erinnert. Wir luden unsere Gärkörbe aus, und Danielle führte uns in die Funktionsweise des Rofco ein. Während unsere Brote backten, kochte sie uns Karottensuppe zum Mittagessen. Sie war eine ausgesprochen gründliche und kompetente Lehrerin, sodass wir mit der Überzeugung nach Hause fuhren, unsere neue Investition auch tatsächlich sinnvoll nutzen zu können.

Auf dem Rückweg hielten wir an der Shipton Mill an, um Mehl zu kaufen. Auch an dem Tag war kaum jemand zu Gesicht zu bekommen, aber wir fanden ein kleines, quadratisches Büro im Innenhof. Eine Mittzwanzigerin nahm unsere Bestellung für ein paar Mehlsäcke auf, und wir folgten ihrer Anweisung, mit dem Auto zu einer Lagerhalle zu fahren. Die Plastikvorhänge flatterten. Die Frau kam aus dem Lagerhaus, einen 25-Kilo-Sack Mehl mühelos auf den Schultern tragend.

Ich wusste, dass Kitty die Leichtigkeit bewunderte, mit der die Frau die Mehlsäcke hin- und herschleppte, und wie sehr sie sich wünschte, so zu sein – es ging ihr nicht nur um die Kraft, sondern auch um die Sinnhaftigkeit. Ich konnte richtiggehend spüren, wie sich Kittys Schultern bei der Vorstellung, wie gut sich diese Säcke anfühlen würden, aufrichteten.

WIEDER ZU HAUSE, starrte ich auf unseren Rofco, der immer noch sauber war und glänzte, aber dank Danielle etwas weniger angsteinflößend aussah. Ich tat das, was ich immer tat: Ich kümmerte mich um ihn und gab ihm als Erstes einen Namen. Ruth. Als ich Ruth anschaltete und die Backofentür öffnete, roch es nach Chemikalien und nagelneuen Schuhen.

Ich gab die ersten Teiglinge hinein und beobachtete sie beim Aufgehen durch die kleine Luke. Damals hatte ich noch Mühe, zehn Minuten fernzusehen, aber dem Brot fast eine Stunde lang beim Backen zuzusehen, war gar kein Problem.

Langsam verwandelten sich die blassen Teige in pralle, goldene Brote. Als ich sie aus dem Ofen holte, knisterten und zischten sie munter vor sich hin.

Am Ende der Woche war Ruth von Teig benetzt und wurde sehr geliebt.

Ich konnte jetzt zwölf Brote auf einmal backen, und die Anfragen stiegen rasant an. Jedes Mal, wenn ich im Regionalmarkt der Erzeugergemeinschaft war – meine orangefarbene Latzhose war mit Mehl bedeckt, und getrockneter Teig haftete an meinen Converse-Schuhen –, wurde ich gefragt: »Bist du die Bäckerin? Wie komme ich an eines deiner Brote?« Ich kam mir vor wie der Drogenbaron von Watlington. Ich kritzelte die Kontaktdaten der Leute auf kleine Zettelchen und schickte ihnen Textnachrichten mit den Brotsorten, die sie bestellen konnten, und an welchen Wochentagen sie verfügbar waren. Mit meinem blauen Fahrrad konnte ich die vielen zusätzlichen Lieferungen nicht bewältigen, also holten Papa und ich einen alten weißen Schrank aus der Garage, stellten ihn neben unser Haus und strichen das Innere der Tür mit Tafellack an. Auf die Tafel schrieben wir die Namen der Kunden und das Regal, in dem ihr Brot lag, damit sie sich die Brote selbst abholen konnten. Es war im Grunde ein primitiver Drive-Through. Jedes Mal, wenn ein Auto anhielt und die Schranktür geöffnet wurde, bellten Sparky und Sibby. Sibby bellte dann noch weitere 20 Minuten lang und hörte gerade dann auf, wenn der nächste Kunde bereits im Anmarsch war.

Wir nannten ihn den Zauberschrank, weil die Leute oft Dinge für uns darin hinterließen. Notizen und Zeichnungen, Schachteln mit Eiern und einmal eine Tüte voll mit etwas, das ich nicht einmal kannte – es waren Quitten. Juliet hat manchmal Blumen aus ihrer Gärtnerei dagelassen. Man wusste nie genau, was man am Ende des Tages beim Öffnen der Tür vorfinden würde.

5

HACKE MEHR HOLZ

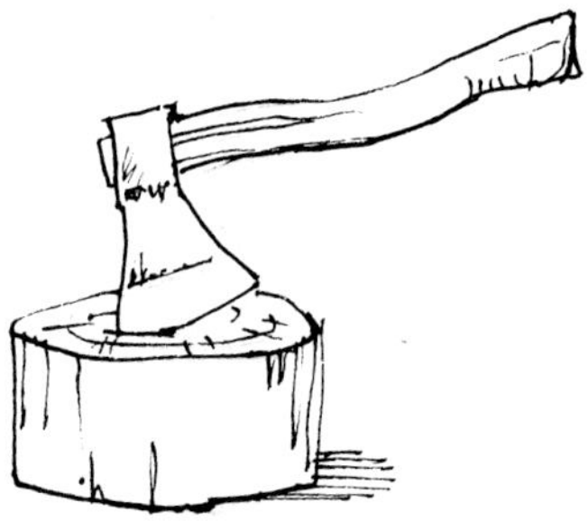

WENN ES MIR richtig schlecht ging, hatten Mama und Papa unter anderem den Versuch unternommen (um ehrlich zu sein, glaube ich eher, um sich selbst eine Pause zu gönnen), mich mit einem Nachbarn namens Sarge auf kleine Ausflüge zu schicken. Er wusste, dass ich krank war, und kam mit seinem alten roten Transporter vorbei, um mir etwa eine Grotte in der Umgebung oder einige Ferkel zu zeigen. Meine Mutter sagte: »Danke.« Bevor ich zu viel darüber nachdenken konnte, nahm ich auf dem Beifahrersitz Platz. Sarge, ein Mittsechziger, wohnte ganz in unserer Nähe und kannte sich bestens in unserer ländlichen Gegend aus. Er hatte sehr ausgeprägte Meinungen, darunter Abneigungen gegen Reihenpflanzungen von Narzissen und Häuser mit Sicherheitstoren an ihren Einfahrten, und er redete unaufhörlich über Leute, die keine Ahnung vom Landleben hatten. Dem zuzuhören, fand ich ganz entspannend.

Sarge nahm mich fortan regelmäßig zu Ausflügen mit. Er erklärte mir, was »Hexenbesen« sind (mehrere Zweige, die in Bäumen zu einem Bündel zusammenwachsen), zeigte mir Pilze, die kreisförmig wachsen, und welche Häuser, seiner Meinung nach, durch schlechte Baumaßnahmen am meisten ruiniert worden waren. Da ich nur zuhören musste, fühlte ich mich gut dabei. Und Sarge tat so, als würde er gar nicht mitbekommen, dass ich mich auf die Hände setzen musste, um mich im Fahrzeug sicher zu fühlen.

Bei einem dieser Ausflüge nahm mich Sarge mit zu den Schweinen seiner Freunde Andrew und Eilidh. Sie lebten in einer Wassermühle in Cuxham, die sie gerade renovierten. Die beiden zeigten sich unbeeindruckt davon, dass Sarge mit einer 14-Jährigen auftauchte, die offensichtlich in einer anderen Welt lebte und nicht ganz bei der Sache war.

Sie zeigten mir ihre beiden Schweine, und Andrew erzählte mir von seiner legendären Wurstproduktion. Eilidh indessen tat so, als hörte sie nicht zu, da sie ihre schnuffigen Freunde so sehr mochte.

Ich sah sie daraufhin erst wieder, als Eilidh sich wegen des Sauerteigbrots meldete. Sie hatte davon gehört und wollte einen Laib haben. Ich war so stolz, als sie erzählte, dass das Brot ihr schmeckte. Sie sind beide hervorragende Köche und betreiben einen Cateringservice, der Speisen zubereitet, die Heinrich VIII. vermutlich gerne gegessen hatte – Fasanenpasteten, Schottische Eier mit Wildfleisch und Trifles mit Rhabarber und Ingwer.

Jeden Monat öffnen sie die Frontfenster ihrer Wassermühle, und die Leute stehen Schlange, um ihre großartigen Leckereien zu kaufen: Beutel mit hausgemachtem Griebenschmalz, Päckchen mit Lachs in Roter Bete, Schüsseln mit warmem Sticky Toffee Pudding, haufenweise Puddingtörtchen, Tabletts mit würzigen Eccles Cakes. Diese riesige, herrliche Auswahl ist innerhalb von Stunden ausverkauft.

Eilidh rief an und fragte, ob ich meine Sauerteigbrote auch bei ihnen verkaufen wolle. Ich sagte zu.

Drei Wochen später, an einem Samstag, betrat ich das fantastische Chaos in ihrer Küche und bewunderte, wie sie dampfende Bleche mit Bärlauch- und Spargelquiches sowie würzige Schweinepasteten aus ihren Öfen holten. Meine 20 schlichten Sauerteigbrote sahen beim Anblick dessen beinahe ängstlich aus in ihrer Kiste. Es war das erste Mal, dass ich Brot nicht im Rahmen des Abo-Service verkaufte, aber alles klappte gut. Um 10.30 Uhr war mein Brot ausverkauft. Andrew war begeistert: »Na, das lief doch gar nicht so schlecht.«

EILIDH UND ANDREW WAREN ES auch, die uns ermutigten, einen Weihnachtsverkauf zu machen. Wir glaubten ihrer Beurteilung, dass unser Sauerteigbrot richtig gut war. Sie schlugen vor, dass die Leute an Heiligabend zu uns kommen und ihre Brote abholen könnten, vorausgesetzt, wir könnten genügend Brote herstellen und eine Art Vorbestellungssystem anbieten, wie sie es tun. Wir müssten um vier Uhr morgens aufstehen, um genug Teig zu produzieren, aber mithilfe von vielen Berechnungen auf Zetteln haben wir ermittelt, dass wir an einem einzigen Tag 60 Brote plus ein paar Focaccias und ein paar Baguettes in den Ofen schieben und backen könnten.

Die Bestellungen waren einfach zu bekommen; das Schwierige war, so viel Teig herzustellen.

Das war weitaus mühsamer, als wir dachten. Zu jenem Zeitpunkt mischten wir noch alles von Hand. Kit und ich tauchten unsere Arme in riesige Eimer und mischten das gesamte Wasser unter das Mehl. Am Ende taten uns die Arme weh.

Um 14 Uhr an Heiligabend waren wir mit dem letzten Backdurchlauf fertig. Wir sahen uns um. Die Küche war ein einziges Chaos. In jeder Ecke klebte Teig – sogar Sibby hatte etwas in ihrem schwarzen, struppigen Fell –, aber wir hatten reihenweise Papiertüten fertig gepackt, die darauf warteten, abgeholt zu werden. Bis zur Tea Time waren alle Tüten weg, und es kamen noch mehr Menschen auf gut Glück vorbei – wir hätten fünfmal so viel verkaufen können.

»Weißt du«, sagte Andrew, als er seine Brote gegen Abend abholte, »vielleicht solltest du über einen Pop-up-Verkauf nachdenken. Die Qualität muss natürlich stimmen, und das ist nicht immer einfach, aber ich glaube, ihr könntet es schaffen. Ich meine, sieh dir das an.« Er deutete auf die leeren Verpackungen, die in unserem Wohnzimmer verstreut lagen. »Die Nachfrage ist da.«

Seine Worte blieben uns im Gedächtnis und begleiteten uns durch ein aus vielerlei Gründen schwieriges Weihnachtsfest. Ohne das Backen – wir hatten Kitty überredet, sich zwei Wochen freizunehmen – spielte ihr Kopf erneut verrückt. Sie gab sich unglaublich viel Mühe, sich die Feiertage dadurch nicht vermiesen zu lassen, aber ihre Ängste waren präsent, und unser Weihnachtsfest und der Jahreswechsel waren getrübt. Aggie und Albert waren sich bewusst, dass unsere Situation weit von der Normalität entfernt war, und mich beeindruckte es ungemein, wie sie die Entbehrung unserer üblichen Traditionen mit Fassung trugen.

FÜR MICH WAR Weihnachten bloß eine Zeit, die ich irgendwie unbeschadet überstehen musste. Als es endlich Januar war, konnte ich nur daran denken, wieder zu backen. Und eines Tages passierte es. Chad Robertson folgte mir auf Instagram. Ich schickte ihm sofort eine Nachricht.

»Heute Morgen bin ich auf meiner Matratze neben meinem Brotbackofen aufgewacht und entdeckte, dass du mir nun folgst. Ich dachte, ich würde träumen. Ich denke an nichts anderes als an Sauerteig, und ich tue auch nichts anderes. Er hat etwas Magisches, aber nur, wenn man ihn mit Respekt behandelt. Eines Tages möchte ich für dich arbeiten. Ich spare all mein Geld, um nach Kalifornien zu kommen.«

Heute liest sich das für mich, als hätte die Nachricht ein brotbesessenes Aschenputtel geschrieben. Ich fragte mich, ob er wohl eine Zeit lang damit verbrachte, nervös an der Tür seiner Bäckerei in San Francisco nach einer kleinen, rothaarigen Stalkerin Ausschau zu halten. Ich habe ihm schließlich noch fünf Bilder von meinem Brot geschickt. Tut mir leid, Chad.

Erstaunlicherweise kam zwei Wochen später eine persönliche Nachricht zurück.
Sie war kryptisch.

»Sei fleißig und lege eine Pause ein, um deine Axt zu schärfen – dann hackst du noch schneller und mehr Holz als alle anderen, bis du die Axt wieder schärfen musst.«

Ich las Chads Nachricht wieder und wieder, um zu entschlüsseln, was sie bedeutete. Der Teil, den ich verstanden hatte, war »sei fleißig«, aber erst viel später habe ich die Aussage über das Schärfen der Axt kapiert. Die Kernaussage war, dass wir mehr leisten müssen.

Als ich klein war, hatten wir eine großartige Babysitterin namens Harriet. Sie trug leuchtend blauen Lidschatten, erlaubte uns, das Malzeug quer über den Tisch zu verteilen und legte eine Matratze auf die Treppe, auf der wir hinunterrutschen konnten. Harriet hatte mit ihrer Familie in der High Street gewohnt. Ihr Vater besaß den hiesigen Pub, und ihre Mutter (eine weitere Katie – davon gibt es viele in Watlington) unterrichtete Pilates in einem kleinen Studio neben dem Haus. Das Studio hatte tief hängende Balken und einen weiß gestrichenen Boden. Pilates-Katie war eine Weile in Kanada, um Verwandte zu besuchen, und bot uns sofort den Raum an, als wir sie fragten, ob wir dort Pop-up-Verkaufstage für unsere Backwaren abhalten könnten. Es war die perfekte Lösung.

Ich erstellte daraufhin eine Liste. Nutellakringel, Zimtschnecken und schottisches Gebäck namens Rowies. (Das war unsere Variante von Croissants, die wir uns noch nicht so recht zutrauten, buttrig, geschichtet und köstlich, wenn auch nicht ganz so hübsch wie ihre französischen Verwandten.) Und, natürlich, Brot. Marmite und Käse, Kartoffeln und Chorizo und Focaccia mit Rosmarin und Meersalz. Das erste Pop-up war für Ende Januar geplant. Ich konnte zwar das Brot backen, hatte aber keine Ahnung, wie ich die Leute dazu bringen sollte, zu kommen. Meine Cousine Daisy brachte uns auf eine geniale Idee.

DIE IDEE des »Yarn Bombing« ist super. Man strickt oder häkelt bunte Stücke und wickelt sie um Baumstämme, webt sie durch Geländer oder Ähnliches. Es ist wie flauschiges Graffiti, das die Aufmerksamkeit auf sich zieht und sich in das Unterbewusstsein schleicht. Dann werden Plakate in denselben Farben erstellt, um Werbung für die Sache zu machen, die man bekannt machen will. In Daisys Fall war das ein Theaterstück, das ihre Universität veranstaltet hatte, als sie noch Studentin war. Auch im Dorf meiner Eltern hatte ich schon Yarn Bombing gesehen. Eines Morgens fanden die Menschen plötzlich kleine gehäkelte Blumen an ihren Türklinken, und zu Ostern hing ein ganzer Baum voller kleiner gestrickter Eier. Wir überlegten, ob wir das Gleiche machen könnten. Die Farbe stand ja schon fest – Orange, natürlich. Jetzt mussten wir nur noch Stricken lernen.

Katies Schwägerin Lucy, die in Edinburgh lebt, sandte uns innerhalb weniger Tage, nachdem wir mit ihr über unsere Yarn-Bombing-Aktion gesprochen hatten, ein wunderschönes orangefarbenes Strickstück. In nur einer Stunde hatte sie es fertig gestrickt, also sollten wir doch sicher auch ein paar Meter anfertigen können. Wir waren verzweifelt. Keine einzige YouTube-Anleitung oder Privatstunde mit uns bekannten Strickerinnen konnte uns das Geheimnis des Strickens vermitteln. Es war und bleibt für mich ein absolutes Rätsel.

Allerdings hatten wir für unsere Strickaktion bereits eine Unmenge an orangefarbener Wolle besorgt, die in einem Korb ganz oben in einem Regal stand, weit weg von Sibby, deren neue Leidenschaft es war, weiche Bälle zu zerfetzen. Die Lösung kam schließlich von Katie: Bommel.

Für mein eher tristes, aber schnell zu beeindruckendes Gehirn sind Bommel auch irgendwie magisch, wenn auch in kleinerem Maßstab als das Stricken. Gewissermaßen verwandeln sich Wollfäden, die um ein paar Pappscheiben gewickelt werden, in kleine fluffige Kugeln. Die kann man in fünf Minuten vor dem Fernseher herstellen. Nachdem Kitty etwa 50 davon gemacht hatte, postete sie ein Bild auf Instagram und bat um Hilfe. Plötzlich wurden wir mit wunderschönen Bommeln jeglicher Größe – allesamt orangefarben – überflutet, die im Zauberschrank lagen.

NUN MUSSTEN WIR die Bommel aufhängen. Mama war deswegen nervös. Wollten die Einwohner von Watlington, die so nett zu uns gewesen waren, wirklich, dass 500 orangefarbene Bommel die Stadt überfluten? Wir anderen haben sie überstimmt, aber dennoch hatten wir wohl auch etwas Sorge, denn wir beschlossen, die Bommel in der Woche vor dem Pop-up-Verkauf spät abends aufzuhängen. Albert, Aggie und ich gingen mit je einer großen Kiste los und hängten sie überall auf. An Laternenpfählen, Bänken, Straßenschildern, Türklopfern, an den Schultoren, bei den öffentlichen Toiletten, an Fahrradständern und an dem Eisenring, an dem die Hunde vor dem Regionalmarkt angebunden wurden. Wir kamen um 22 Uhr zurück, und ich ging summend ins Bett, während Mama nervös an den Vorhängen zupfte.

Am nächsten Morgen ging ich mit Sparky raus, der einen Bommel am Halsband trug. Bob rief wie üblich »Kitty, Kitty, Kitty«, und dann fragte er: »Bist du dafür verantwortlich?« Ich versuchte, seinen Gesichtsausdruck zu deuten. Bob ist der Pate von Watlington, und mit seinem Hund Sadie und seinem Handwagen zum Müllsammeln regiert er die Straßen. »Ja«, antwortete ich nervös. »Dann gib Sadie auch einen«, sagte er. Ich nahm Sparky den Bommel ab und befestigte ihn an Sadies Halsband. Wenn Bob auf unserer Seite war, würde alles gut werden. Ein kleines, dick eingemummeltes Kind ging an uns vorbei – »45, 46 ...« – es zählte die Bommel. Überhaupt waren alle so angetan davon, dass sich sämtliche Geschäfte bereit erklärten, die Bommel in ihre Fenster zu hängen, was dazu führte, dass in vielen Häusern dasselbe getan wurde. Watlington sah aus, als ob es von einem Orangen-Tsunami überschwemmt worden wäre.

Papa fand ein riesiges Holzrad in einem Müllcontainer und malte es orange an. Es sah aus wie ein riesiger Bommel und trug die Aufschrift ORANGE BAKERY POP-UP! Wir rollten das Rad die High Street hinunter und stellten es vor dem Pilates-Studio auf. Wir waren bereit. Oje.

Papa hatte zugesagt, an diesem Freitag ein paar Unterrichtsstunden für eine Schule in der Nähe zu übernehmen, die unter Personalmangel litt, also war ich am Tag vor dem Pop-up-Verkauf mit den Vorbereitungen auf mich allein gestellt. Ich backte die Brote für die regulären Abos und hatte Eimer um Eimer mit blubberndem Teig vorbereitet, der darauf wartete, am nächsten Tag gebacken zu werden. Meine Mutter arbeitete von zu Hause aus und fragte ab und zu: »Kann ich helfen?« Normalerweise spülte sie dann ein paar teigige Löffel ab, bevor ihr Telefon wieder klingelte. Eine Freundin von ihr schaute auf einen Kaffee vorbei und blieb in der Küche, als Mama mit einem klingelnden Telefon in der Hand verschwand. »Das ist ja unglaublich. Kann ich dir bei irgendetwas helfen?« »Du könntest einfach das Salz in den Teig geben und es hineindrücken«, sagte ich, während meine Hände tief in einem anderen Teigeimer steckten. Sie tat, worum ich sie bat, trank dann ihren Kaffee aus, gab es auf, auf Mama zu warten, und ging.

20 Sekunden später starrte ich die weiße Dose an, aus der sie das Salz genommen hatte.

Es war Zucker.

Wir hatten weder die Salz- noch die Zuckerdose markiert, weil wir genau wussten, welche von den beiden welche war. Mir wurde ganz flau im Magen.

ICH KAM um 18 Uhr von der Arbeit nach Hause und versuchte mit Kitty, den gesüßten Teig wieder säuerlich zu machen. Wir sind um Mitternacht ins Bett gegangen, um dann um 4.30 Uhr aufzustehen und mit dem Backen zu starten. Ich bin mir nicht wirklich sicher, ob Kitty überhaupt ins Bett gegangen ist, aber ich habe nicht nachgefragt. Um 10.30 Uhr musste alles fertig gebacken sein, damit es genügend Zeit zum Abkühlen hatte.

Um zehn Uhr geriet ich in Panik, da wir nicht alles rechtzeitig fertig bekommen würden.

Ich stand schwitzend am Ofen, aber ich konnte nichts tun, um den Prozess zu beschleunigen. Ich beschloss, lieber die fertigen Backwaren wegzubringen und den Raum einzurichten, als hier herumzustehen und mich zu ärgern. Ich ließ Kitty allein, um die letzten Brote und Gebäckstücke fertigzustellen. Albert und ich beluden unser Auto und fuhren los.

Samstags ist in Watlington besonders viel los. Die Menschen kommen aus den umliegenden Dörfern, um ihr Fleisch bei Calnan's, dem Metzger, und ihr Gemüse beim Stand von Angela vor dem Rathaus zu besorgen. In der Regel wimmelt es hier von kleinen Kindern in rosa Tutus oder Fußballtrikots, die bereit für das samstägliche Training sind. Als ich die Backwaren ablud, grüßte ich ein paar bekannte Gesichter, aber es schien niemanden sonderlich zu kümmern, was ich tat. Ich holte die letzte Kiste rein und schloss die Tür hinter mir. Bald darauf kam Aggie zu mir, und wir verteilten die Kisten und überlegten uns, wie der Betrieb ablaufen könnte und wo die Leute bezahlen würden.

Ich fühlte mich so unsicher und war unendlich müde. Ich stellte mir vor, wie wir in einem Raum voller Brot und ohne Kunden stehen würden.

Ich hatte sogar bei ein paar Obdachlosen-Hilfsorganisationen in Oxford angerufen und gefragt, ob sie das übrig gebliebene Brot nehmen würden, falls wir es nicht verkauften.

Aggie musste mich immer wieder beruhigen. »Es wird schon gut gehen«, sagte sie, nachdem sie gesehen hatte, wie ich zum x-ten Mal am Fenster stand und rausschaute. Keine Ahnung, wonach ich Ausschau hielt, denn die Jalousien waren herabgelassen – ein paar interessierte Blicke wären nicht schlecht. »Die Menschen werden kommen.«

Um 10.50 Uhr flog die Tür auf und Kitty und Katie kamen mit den letzten Blechen mit Broten herein. »Sind schon Leute da?«, fragte ich. »Schau mal«, sagte Kitty und strahlte. »Sie stehen tatsächlich für unser Brot an.« Durch die Jalousie konnte ich gerade mal die Umrisse von Menschen erkennen, die in einer Reihe standen, so wie Schattenfiguren. Während wir die letzten Handgriffe erledigten, war ich erleichtert, dass wir wenigstens ein paar Brote verkaufen würden.

Vier lange, mit gestreiften Tischdecken von Katies Mutter bedeckte Tische hatten wir an die Wand gestellt. Darauf standen große Holzkisten mit unseren Backwaren. Wir schrieben die Preise auf kleine Kreidetafeln, steckten diese auf Cocktailspießen in dicke Orangen und stellten sie vor die Kisten. Am Ende der Tischreihe platzierten wir eine orangefarbene gusseiserne Auflaufform für das Geld neben 200 braunen Papiertüten, die wir von Hand mit unserem Logo bedruckt hatten. Wir schmückten den Raum mit einigen übrig gebliebenen Bommeln, und Katie trug den von Lucy gestrickten orangefarbenen Schal. Um elf Uhr öffneten wir die Tür.

Albert stand an der Kasse, Aggie hinter dem Gebäck und Katie bei den Broten, wobei Kitty sie jedes Mal leise korrigierte, wenn sie den Namen des Brotes falsch sagte. Ich huschte umher, holte Tüten und rangierte die Warteschlange. Wir haben einander kaum angeschaut, weil jeder Kunde sich unterhalten wollte. Am Ende, als das letzte Gebäck verkauft war und wir die Tür schlossen, machte ich ein Foto von uns allen, auf dem wir in die Luft sprangen. An das Foto kann ich mich noch genau erinnern, und genauso daran, wie wir alle leicht benommen herumstanden.

Wir waren ausverkauft. Es hatte 24 Stunden gedauert, alles zu backen, und 23 Minuten, bis alles verkauft war.

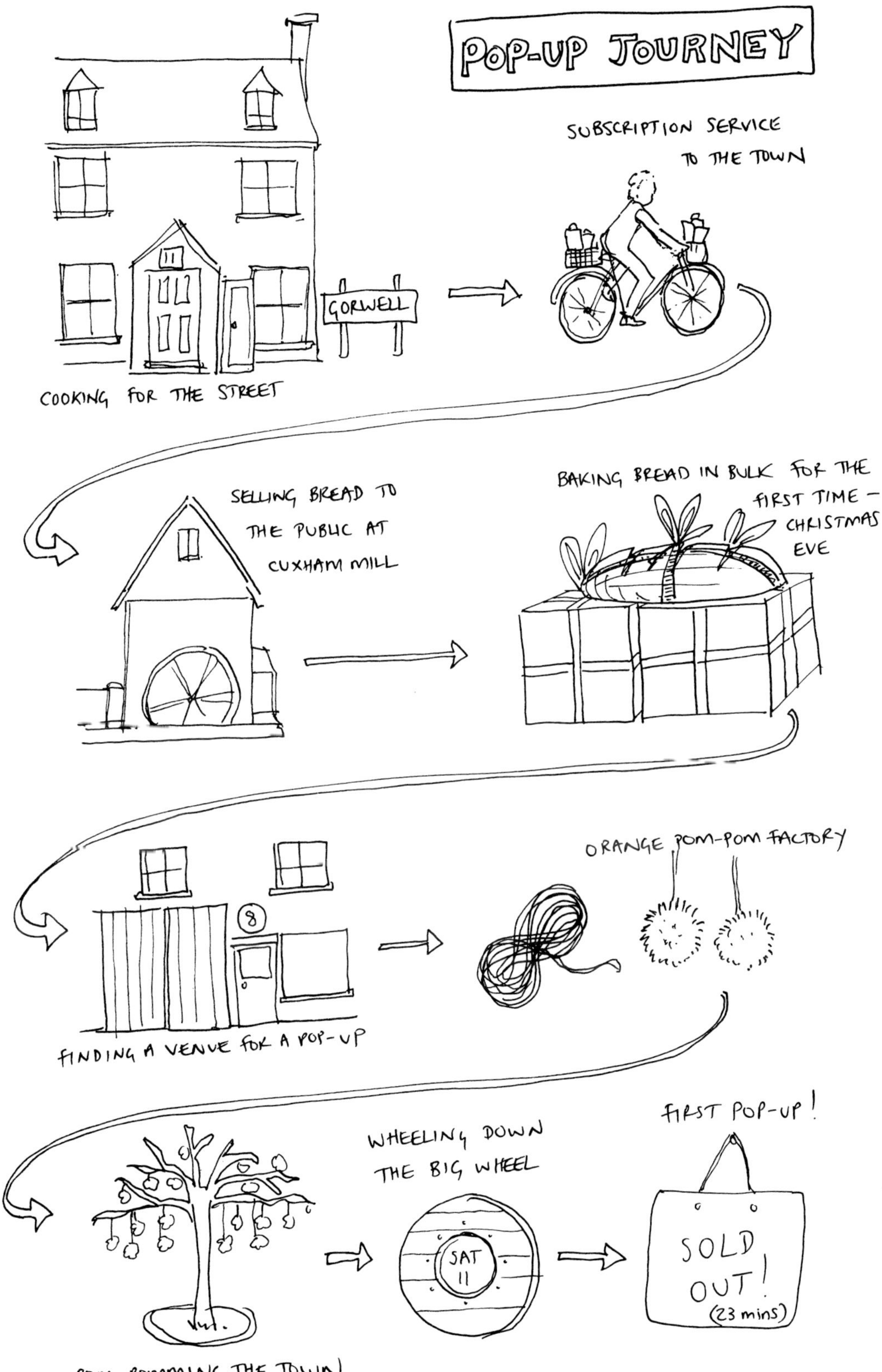
POP-UP JOURNEY
COOKING FOR THE STREET
GORWELL
11
SUBSCRIPTION SERVICE TO THE TOWN
SELLING BREAD TO THE PUBLIC AT CUXHAM MILL
BAKING BREAD IN BULK FOR THE FIRST TIME – CHRISTMAS EVE
8
FINDING A VENUE FOR A POP-UP
ORANGE POM-POM FACTORY
POM-POMMING THE TOWN
WHEELING DOWN THE BIG WHEEL
SAT 11
FIRST POP-UP!
SOLD OUT! (23 mins)

6

DER MILCHWAGEN DES GRAUENS

DA KITTY KEINE Geheimnisse für sich behalten kann, ahnte ich im Februar sofort, dass etwas im Busch war, als sie mich immer wieder fragte, in welcher Stadt es wohl die besten Bäckereien gebe, und dann für mich antwortete: »Paris?« Dann kam ich an einem nassen, grauen Montagmorgen herunter in die Küche und fand einen Umschlag neben meinem Frühstücksteller.

Das Frühstück ist für Kitty sehr wichtig und mit Abstand ihre Lieblingsmahlzeit. Sie tischt gerne üppig auf: etwa pochierte Eier und pinkfarbene Pickles auf ihrem Lieblings-Sauerteigbrot oder Porridge mit Banane, gerösteten Erdnüssen, Erdnussbutter und geschmolzener Schokolade. Wenn ich dann die Treppe herunterkomme, ist schon alles angerichtet, und wir essen gemeinsam. Normalerweise scrolle ich durch Twitter, während Kit auf Instagram durch Brot-Posts schmökert (es ist noch früh, und wir haben nicht immer Lust zu reden).

An diesem Morgen hat Kit mich genau beobachtet. Ich öffnete den Umschlag, und darin waren zwei Tagestickets für die Hin- und Rückfahrt mit dem Eurostar nach Paris. »Die habe ich im Sonderangebot bekommen«, sagte Kit. »Ich dachte, wir könnten es als eine Art Bildungsreise sehen.«

Mein erster Gedanke war, wie um alles in der Welt Kitty es schaffen sollte, an einem einzigen Tag mindestens sechs Stunden im Zug zu sitzen, wenn sie schon bei einer zweistündigen Autofahrt völlig fertig war, aber ich traute mich nicht, das auszusprechen, wo sie doch so fröhlich aussah. Ich nickte nur und sagte schwach: »Toll. Wann?«

Die Antwort war, typisch für Kitty: nächste Woche. Wir verbrachten die Sonntagnacht bei Kittys Patenonkel Al in London – der in den schwierigsten Monaten einfach großartig war und Kitty von seinen zahlreichen Reisen oft sehr lustige Postkarten schrieb – und nahmen am Montagmorgen um fünf Uhr ein Taxi zur St. Pancras Station. Dort stiegen wir in den Zug. Auf der Fahrt schlief ich eher sporadisch. Immer wenn ich aufwachte, starrte Kitty starr aus dem Fenster, selbst wenn es nur die Dunkelheit des Tunnels zu sehen gab. »Du machst das toll«, sagte ich. Sie zwang sich zu einem dünnen Lächeln, aber ich konnte ihr schnelles Atmen hören.

Als wir durch die relativ grauen Vorstädte von Paris fuhren, wurde sie plötzlich ruhiger und fokussierter. Kit zeigte mir die akribisch recherchierte Liste der Bäckereien, und wir öffneten den U-Bahn-Plan auf meinem Handy, um herauszufinden, welche wir zuerst besuchen sollten.

Du Pain et des Idées befindet sich an der Kreuzung zweier Straßen. Ihr altmodisches, verglastes Ladenschild blendet in der Sonne. »Fabrication Traditionnelle« ist auf die schwarze Markise gestickt, die sich über der Eingangstür befindet. Es sieht sehr nobel und eher bieder aus. Beim Betreten des Ladens erwartet man gepflegte Glasvitrinen und sorgfältig gestapelte Brote, aber die Realität sieht anders aus.

Im Inneren von Du Pain et des Idées geht es drunter und drüber; ein quirliges, aufregendes, herrliches Chaos.

Brote kühlen auf den Regalen ab, die hereingerollt werden, und fantastisch aussehende Croissants und Gebäcke stapeln sich auf den Auslageblechen. Zwei Frauen in Schürzen schieben die Backwaren eilig in Papiertüten und geben sie an die Kunden weiter, die hier keinen Wert auf Small Talk legen. Es geht nicht besonders freundlich zu, aber es ist belebt und aufregend, und der Laden brummt. Wir fühlten uns unter Druck, als die Schlange der alten Frauen mit Pelzmützen und der jungen Geschäftsleute immer kürzer wurde – am Tresen durfte man nicht lange überlegen. Wir entschieden uns für eine leuchtend grüne Pistazienschnecke (ein Blätterteiggebäck, das aussieht wie ein Schneckenhaus) und ein Viertelstück Miche (ein braunes Sauerteigbrot).

Wir gingen nach draußen und setzten uns auf Betonpoller. Das Brot war saftig und bissfest, wenn auch nicht besonders sauer. Die Schnecke hingegen war großartig: ein weicher Croissantteig um eine süß-salzige Pistazien-Frangipane-Creme gewickelt. Ein guter Anfang.

Unser nächster Halt war eine Filiale von Poilâne. Das ist die wohl berühmteste Bäckereikette in Paris, die das Brot für den Élysée-Palast, die Residenz des Präsidenten, liefert. Poilâne stellt seit den 1930er-Jahren Sauerteigbrot her, und die aktuelle CEO führt das Unternehmen in dritter Generation. Apollonia Poilâne übernahm diese Aufgabe im Alter von nur 18 Jahren, nachdem ihre Eltern bei einem Hubschrauberabsturz ums Leben gekommen waren. Das Besondere an ihrem Brot ist, dass es auf traditionelle Weise in einem riesigen Holzofen gebacken wird. Es war maßlos überteuert. Unser Fehler war, dass wir eine kleine Filiale in einem noblen Viertel aufsuchten und nicht die Hauptfiliale, die leider zu weit weg war.

Das Brot von Poilâne war gut, aber die Atmosphäre glich eher einem Juweliergeschäft als einer belebten Bäckerei.

Wir haben noch ein paar andere Bäckereien abgeklappert, bevor wir das Brot von Ten Belles entdeckt haben. Die Bäckerei liegt in einer Seitenstraße, nur ein paar Straßenzüge vom Canal du Midi entfernt, und befindet sich im Erdgeschoss eines ziemlich hässlichen Wohnblocks – hier wurden keine Anstalten gemacht, ihn zu verschönern. Eine Trägerwand teilt den Raum in der Mitte; auf der einen Seite befindet sich die Bäckerei, auf der anderen die Verkaufstheke und ein Durchgang zum Innenhof, der jetzt als Sitzbereich für das Café dient. Die Schlange war ziemlich lang, also setzten wir uns in den Wartebereich, wo es sogar ein Bücherregal mit englischen Büchern gab, darunter viele Kochbücher. Ich fand es irgendwie seltsam, hier Bücher von Delia Smith und Mary Berry zu finden, aber dann erzählte mir Kitty, Expertin im Recherchieren, dass die Bäckermeisterin, die diese Bäckerei gegründet hatte, Alice Quilter, zur Hälfte Engländerin war.

An der Theke wurde ein Platz frei. Ich entschied mich für eine Frühstücks-Brioche, einen buttrigen Kringel mit Speck und Pilzen, Kitty bestellte etwas Süßes, einen Roggen-Bitterschokoladen-Keks mit Meersalzflocken. Außerdem nahmen wir ein Brot mit dunkler Kruste. Die Brote waren nahezu schwarz – als kämen sie gerade von einem Fotoshooting für die Tartine. Man sieht, dass Alice einige Zeit mit Chad Robertson in Kalifornien gearbeitet hat. Wir brachen ein Stück der Kruste ab und naschten etwas von der sattbraunen Krume. Im Vergleich zu den Pariser Broten, die wir bisher probiert hatten, war dieses viel frischer und leichter. »Das«, sagte Kitty mit halb vollem Mund, »ist genau das, was ich machen will. Meinst du, ich darf mal hinter die Theke gucken?« »Keine Ahnung«, sagte ich und durchforstete schnell mein mentales Französischwörterbuch, um passende Wörter für die Frage zu finden. Es ist ein sehr kleines Wörterbuch, und ich wollte mir gerade eine Ausrede einfallen lassen, um nicht fragen zu müssen, als die junge Frau, die gerade unseren Tisch abräumte, mit Manchester-Akzent sagte: »Ich kann ja für euch fragen. Ich bin sicher, dass es ihnen nichts ausmachen würde.«

Ihr Name war Jess, und sie war Künstlerin. Sechs Monate zuvor war sie nach Paris gezogen, hatte einen Job bei Ten Belles bekommen und liebte es, dort zu arbeiten. Wir erzählten ihr von der Orange Bakery, und dann verschwand sie Richtung Theke. Kurze Zeit später winkte sie Kit zu sich. Ich gesellte mich wieder zu Delia und Mary, beobachtete die schicken Pariser, die von der Straße hereinkamen, und fühlte mich mit meiner Schiebermütze ausgesprochen britisch.

Kitty verbrachte eine gute halbe Stunde in der Backstube und kam dann mit einigen Leckereien im Arm wieder heraus. »Au revoir«, winkte der Bäcker, der sie herumgeführt hatte, »und komm eines Tages wieder und arbeite für uns.« Wir unterbrachen kurz Jess' Gespräch mit einem Kunden, um uns zu bedanken. »War mir ein Vergnügen. Und wenn ich das nächste Mal wieder in England bin, muss ich unbedingt vorbeikommen, um dein Comfort-Brot zu probieren. Wenn ich etwas vermisse, dann ist es Marmite.«

Nach unserer Heimkehr schickten wir Jess übrigens ein Comfort-Brot mit der Post. Es muss verdammt altbacken gewesen sein, als es ankam.

Trotzdem hat sich Jess sehr darüber gefreut und uns ein Bild von einer Scheibe mit einem pochierten Ei darauf geschickt.

Nachdem wir all unsere Leckereien von Ten Belles auf der Pariser Version der New Yorker High Line aufgegessen hatten (eine alte Eisenbahntrasse, die zu einem Fußgängerweg umfunktioniert wurde, der durch Teile der Stadt führt), beendeten wir unseren Ausflug mit einem Spaziergang zum Montmartre, etwas, das ich bis dahin noch nie gemacht hatte. Es war ein ziemlich grauer, trüber Tag, doch als das Tageslicht allmählich schwächer wurde und die Beleuchtungen angingen, erstrahlte Paris. Zurück im Zug waren wir zu erschöpft und fußlahm, um uns zu unterhalten, aber ich wusste, dass die Reise gut für Kitty war.

Sie hatte begriffen, dass sie es schaffen konnte, und das wiederum ließ sie von einer Zukunft fern von zu Hause träumen (die hauptsächlich darin bestand, mit Jess zusammenzuwohnen und mit einer Vespa durch die Pariser Straßen zu fahren).

NACH PARIS war ich entschlossen, das Croissantbacken zu lernen. Das einzige Mal, dass wir als Familie Croissants gegessen hatten, war, als wir bei Papas Eltern zu Besuch waren. Die Fertigcroissants aus dem Supermarkt wurden im Ofen aufgewärmt und zusammen mit Grapefruithälften, die mit braunem Zucker bestreut waren, auf den Frühstückstisch gestellt. In meinen Augen waren das eher nutzlose blättrige Halbmonde, die meine Mutter in ihren Kaffee tunkte.

Als ich die Teigschnecken mit der salzigen Pistaziencreme von Du Pain et des Idées probierte, ging mir ein Licht auf.

Was ich vorher nicht wusste, war, dass Croissantgebäck auch viele andere leckere Sachen enthalten kann. Als ich auf Instagram durch die Feeds von verschiedenen Bäckereien scrollte, stieß ich immer wieder auf eine bestimmte: Pophams in North London. Bei jedem Bild, das sie gepostet hatten, lief mir das Wasser im Mund zusammen. Schließlich überredete ich Mama, mich dorthin zu fahren. Am folgenden Samstag weckte ich sie um sechs Uhr morgens, damit wir vor der Tür standen, wenn Pophams öffnete. Mama war und ist keine Frühaufsteherin, also durfte ich nicht reden und musste ihr für die Autofahrt nach Islington einen Kaffee bereitstellen. Als wir dort ankamen, waren wir eine halbe Stunde zu früh. Mama machte sich auf die Suche nach Kaffee Nummer zwei, und ich saß so lange auf einer Bank vor Pophams und schaute mir die Posts anderer Bäcker auf Instagram an.

Von Anfang an gab es da einen Bäcker, der mich immer zum Lachen brachte. Ducky kam aus Yorkshire und hatte mir zum ersten Mal eine Nachricht geschickt, als ich um Ratschläge für den Kauf eines Teigschabers bat. Unser Chat entwickelte sich schnell zu einer langen und ausführlichen Diskussion darüber, was wir am liebsten auf Toast essen und wie schrecklich die Vorlieben anderer Leute sind. (Sardinen sind für mich das Schlimmste. Duckys Lieblingsbelag ist Erdnussbutter mit Honig.) Jedes Mal, wenn ich ihm eine Nachricht schickte, war er von seiner Arbeit total übermüdet. Mit 17 war er von der Schule abgegangen, um Bäcker zu werden. Dass ich erst 14 war, fand er überhaupt nicht komisch. Sein Schlafmangel führte dazu, dass unsere Dialoge manchmal etwas grotesk waren, wie zum Beispiel, dass wir in die Käseherstellung wechseln würden, wenn unsere Hände vom Teigkneten zu schrumpelig wurden, damit die Buttermilch sie weicher macht. Wie ich ist er verrückt nach Pastéis de Nata (portugiesische Puddingtörtchen). Er kreiert fantastische Natas mit Blutorangensaft. An jenem Morgen, als ich vor Pophams saß, schrieb ich ihm, dass wir eine Pastéis-de-Nata-Bäckerei namens »The Duck and The Cat« aufmachen sollten.

Als Mama wieder auftauchte, öffnete Pophams gerade die Tür, und wir waren die ersten Kunden. Ich konnte mich nicht zwischen dem Meersalz-Rosmarin-Twist, dem Zatar-Croissant, dem Pain au Chocolat, das etwa die Größe meines Gesichts hatte, und dem Speck-Ahornsirup-Kringel entscheiden. Mama hat einfach alle diese Gebäckstücke gekauft, und wir machten uns daran, sie zu essen. Ich starrte so sehr auf die Bäcker, dass mich der Mann hinter der Theke fragte, ob ich ihnen bei ihrer Arbeit zuschauen wolle. Bevor er seinen Satz beenden konnte, stand ich bereits freudestrahlend neben ihm. Während Mama die Zeitung las, bekam ich eine umfassende Führung. Ich lernte den Besitzer, Ollie Gold, und den Chefbäcker Florin kennen, der die tollsten Tattoos hatte: einen Löffel, eine Gabel, einen Teigschaber und natürlich ein Croissant. Die Bäckerei selbst war winzig, aber irgendwie schafften es alle, sich problemlos umeinander herum zu bewegen, während ein Blech nach dem anderen aus dem einen Ofen kam.

In der darauffolgenden Woche kehrte ich mit Papa zu Pophams zurück, der mit eigenen Augen sehen wollte, wovon ich die ganze Woche über geschwärmt hatte. Dieses Mal fühlte ich mich wie eine Stammkundin, als ich hinter die Theke gelotst wurde, um mit Florin über Gebäckteig zu sprechen und darüber, welches Tattoo ich mir mit 18 Jahren stechen lassen würde. Ich war zwei Stunden dort. Eine Woche später meldete sich Ollie (ich glaube, sie hatten Angst, dass ich ständig wiederkommen würde), um mir zu sagen, dass sie ein neues Rührgerät bekommen hatten, und fragte mich, ob ich das alte haben wolle. Innerhalb von zwölf Stunden konnte ich Papa überreden, wieder ins Auto zu steigen, und wir fuhren auf direktem Weg nach North London. Ich umarmte das Gerät auf der kompletten Fahrt nach Hause. Das Rührgerät war ein echter Wendepunkt.

Das Anmischen und Kneten von Hand dauerte Stunden und verschaffte mir den Bizeps eines Mini-Dwayne »The Rock« Johnson.

Mit dem Rührgerät konnten wir die doppelte Menge Teig in der Hälfte der Zeit herstellen, ohne dass uns die Arme wehtaten. Wir stellten das Gerät stolz neben Ruth, den Rofco, und ich taufte es auf den Namen Margo.

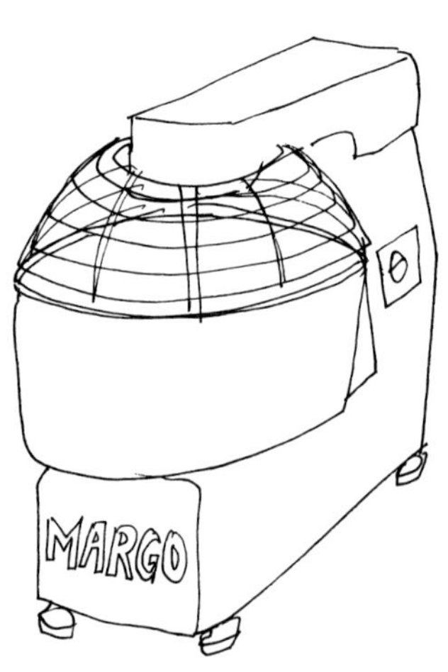

GROSSZÜGIGKEIT SCHEINT ein typischer Charakterzug von Bäckern zu sein. Wir hatten nicht nur das fantastische Rührgerät von Pophams, sondern auch so viele andere Dinge geschenkt bekommen. Kit unternahm mit Katie einen erneuten Ausflug zur Hart's Bakery in Bristol und lernte die Besitzerin Laura kennen. Sie nahm sich in der Mittagszeit, als Hochbetrieb herrschte, viel Zeit für Kitty und schickte ihr ein paar Tage später eine ganze Reihe von Gärkörben. Ducky stellte uns Campbell vor, dem die Firma Rackmaster gehört, ein Hersteller von Bäckereiausrüstung. Nachdem er sich angesehen hatte, was Kitty machte, tauchte ein riesiger gebrauchter Knettisch aus Stahl und Holz auf. Wir mussten ihn über die Gartenmauer heben, um ihn in die Küche zu bekommen, da er nicht durch den Hausflur passte. Sie alle glaubten an Kitty, und diese Unterstützung gab ihr das Gefühl, dass das, was sie tat und wovon sie träumte, wirklich real war. Das Equipment war ein enormer Mehrwert, wodurch wir viel effizienter arbeiten konnten, doch darüber hinaus schenkten uns die Bäcker sehr viel von ihrer Zeit. Trotz ihrer ausgefüllten Arbeitstage war jeder, dem wir begegneten, gerne bereit, uns weiterzuhelfen und sein Fachwissen zu teilen. Kate Hamblin war ein perfektes Beispiel dafür.

Kitty ging immer noch regelmäßig zu ihren Terminen bei CAMHS. Um das Ganze etwas erträglicher zu machen, planten wir anschließend etwas zu unternehmen, wobei es immer irgendwie mit Brot zu tun hatte. Kitty hatte von einer Bäckerei in Iffley in Oxford gehört, die nur eine kurze Autofahrt von ihrem Termin entfernt war. Eines Freitags gingen wir dorthin und fanden einen kleinen, sehr gepflegten Laden mit einem altmodischen Schriftzug über dem Erkerfenster, auf dem »Hamblin Bread« stand.

Kate Hamblin führte ihre Bäckerei schon seit einigen Jahren. Es war ein sehr eindrucksvoller Betrieb, auch wenn er kleiner war als die Hart's Bakery in Bristol oder Pophams in North London. Kate macht so ziemlich alles selbst. Das Brotsortiment ist zwar einfach, aber dennoch perfekt: ein Landbrot mit Sauerteig aus alten Getreidesorten, ein sogenanntes Stockholm-Brot, das ohne Gärkorb geformt wird, und ein körniges Roggenbrot. Sie legt großen Wert auf die Verwendung britischer Getreidesorten.

Kates Persönlichkeit entspricht ihrer Bäckerei: Sie ist ruhig, hat Stil und ist sehr gelassen. Und auch sie begegnete Kitty auf Augenhöhe.

Da wir nicht weit weg wohnten, bot Kate Kitty kurzerhand an, mit ihr zu arbeiten.

Kitty kam von den Treffen vollauf begeistert mit verschiedenen Backtechniken nach Hause, ein wenig ehrfürchtig vor Kates Wissen über Brot und Teig und mehr denn je mit großem Lernhunger.

JEDES MAL, nachdem ich eine Bäckerei aufgesucht hatte, hatte ich so viele neue Fragen und wollte mehr herausfinden. Meine Mama wird sich nie für das Brotbacken interessieren, und sie weigert sich, Sauerteig zu verstehen, abgesehen davon, dass sie ihn gerne isst. Aber sie war immer bereit, einen Ausflug mit mir zu machen, und ich hatte immer einen Dankeskaffee zur Hand. Einmal kam sie von einem Zahnarztbesuch mit einem Artikel über eine Bäckerei in der Pump Street in Suffolk zurück, die ihr gefiel, weil sie von einem anderen Vater-Tochter-Gespann betrieben wurde. Sie meinte, wir könnten sie uns ja mal ansehen.

Zwei Wochen später sind wir beide mit Sibby und Sparky zu einem kleinen Airbnb in Orford, Suffolk, gefahren. Ich hatte der Pump Street Bakery im Vorfeld eine Nachricht geschickt, aber keine Antwort erhalten. Am ersten Morgen in unserem Bungalow stand ich um sechs Uhr auf, ließ Mama noch schlafen und zog los, um nachzusehen, ob die Bäckerei geöffnet war. Ich nahm die Hunde mit und lief 15 Minuten ins Zentrum des Dorfes, wo die Bäckerei an der Ecke des Dorfplatzes lag. Ich wusste allerdings nicht, dass nicht vor Ort gebacken wird, also war es im Laden noch ruhig und das Dorf menschenleer. Zurückzugehen erschien mir unsinnig, also setzte ich mich mit Sparky und Sibby auf eine Bank, wie bei einer Observierung, und schickte Ducky eine Nachricht, um zu quatschen.

Um acht Uhr stieg eine Frau aus ihrem Auto aus und schloss die Tür der Bäckerei auf. Als sie sich umdrehte, stand ich schon hinter ihr. »Hallo«, sagte sie nervös.

Ich hatte eingeübt, was ich sagen wollte, klang aber am Ende wie ein Roboter. »Ich bin Bäckerin. Darf ich mir eure Backstube anschauen?«

Sibby bellte sie an und zog an der Leine. Die Frau wich ein Stück zurück. »Tut mir leid, wir backen nicht hier, sondern etwa einen Kilometer entfernt. Ich kann den Chefbäcker anrufen und fragen, ob du dich dort umsehen kannst.« Ausnahmsweise hörte Sibby auf zu bellen und ließ sich den Kopf streicheln. Die Frau holte ihr Telefon heraus. »Das wäre toll. Vielen Dank«, sagte ich und ging zurück zu unserem Bungalow, um es Mama zu erzählen.

Eine Stunde später trafen wir bei einer Scheune am Rande des Dorfes ein. Nachdem wir den Eingang gefunden hatten, wurden wir von zwei Bäckerinnen begrüßt, die beinahe das Ende ihrer Nachtschicht erreicht hatten. Sie portionierten gerade die Füllungen für die Eccles Cakes. Der Chefbäcker kam und schüttelte mir die Hand. Er war offensichtlich über das kleine Mädchen, das hier auftauchen würde, informiert worden. Er nahm mich mit die Treppe hinauf, während meine Mutter blieb und mit der Eccles-Cakes-Crew plauderte.

Oben in der Scheune standen drei Rührgeräte, die jeweils unterschiedliche Aufgaben hatten.

Ein Spiralmischer, ein Handmischer und ein Schaufelmischer. Das war mein Raum der Wünsche, wie der von Harry Potter.

Der Chefbäcker zeigte mir, wie jedes Gerät funktioniert, und beantwortete mit viel Geduld meine unaufhörlichen Fragen. In der Zwischenzeit fragte Mama die Frauen unten über ihre Work-Life-Balance aus und darüber, wie sie zu dem Bäckerberuf gekommen sind und ob er ihnen Spaß machte. Ich vermute, dass sie alle das Gefühl hatten, eine Art Sherlock-Holmes-Ermittlung durchlaufen zu haben. Doch erstaunlicherweise bot mir der Chefbäcker an, dass ich am nächsten Morgen eine Schicht mit ihnen arbeiten könnte. Ich ließ Mama mit den Hunden am nächsten Morgen weiterschlummern und stand um fünf Uhr in der Backstube bereit, um zu lernen, wie man perfekte Eccles Cakes backt. Später machten wir einen Spaziergang am Meer und aßen diese. Die Hunde schleckten die Krümel von unseren Fingern, und all das fühlte sich richtig gut an.

IMMER, WENN KITTY bei einer anderen Bäckerei gewesen war, kam sie mit einer Menge neuer Ideen nach Hause, die sie für unsere Pop-up-Verkäufe ausprobierte, und ihre Backkünste verbesserten sich zusehends. Sie hat ein erstaunliches Gespür dafür, was geschmacklich zusammenpasst, wie lange etwas im Ofen bleiben muss und wie man aus etwas Gewöhnlichem etwas Außergewöhnliches machen kann.

Kitty lernte unaufhörlich und wie besessen – sowohl von anderen Bäckern als auch aus Büchern –, aber mir wurde auch klar, dass vieles davon von Natur aus in ihr steckte, und sie verstand, wie man Zutaten perfekt aufeinander abstimmt.

Es entstanden Teigschnecken, die mit Kardamom und Orange oder Feige und Walnuss verfeinert waren, oder Brotteig, den sie mit Miso und Sesam oder Schokolade und Walnüssen anreicherte. Sie wirbelte in der Küche herum, schmeckte ab, rührte und knetete wie Remy in Ratatouille (einer ihrer Lieblingsfilme). Je mehr sie backte, desto länger waren die Warteschlangen.

Bald wurde uns klar, dass wir einen neuen Ort für unsere Pop-ups finden mussten. Pilates-Katie kehrte aus Kanada zurück und brauchte verständlicherweise ihr Studio wieder. In der High Street befindet sich der Watlington Memorial Club. In seinen sieben Räumen, die sich über drei Etagen verteilen, finden regelmäßig Geburtstagsfeiern mit reichlich Luftballons statt, oder der Sound von Bandproben oder Judo- und Zumba-Kursen erfüllt das Gebäude. Im Erdgeschoss gibt es eine Bar und einen großen Raum, in dem es immer nach schalem Bier riecht, aber samstagmorgens war er frei und hatte die perfekte Größe.

Wir haben uns diesmal für ein Rätsel à la Miss Marple entschieden, um für unsere neue Location zu werben. Wir haben große braune Etiketten per Kartoffeldruck mit unserem Orange versehen und dann »Hier?« draufgeschrieben. Wir klebten sie in ganz Watlington an die Fenster. Wie immer waren alle sehr tolerant uns gegenüber. Die Etiketten prangten überall, beim Maklerbüro (kein unwahrscheinlicher Ort für ein Pop-up), in den öffentlichen Toiletten (weniger wahrscheinlich) und unter dem kleinen Spielhäuschen auf der Wiese neben dem Klettergerüst (ganz bestimmt ein Ding der Unmöglichkeit). Wie immer war Bob sehr nachsichtig mit unserem Durcheinanderbringen von Watlingtons Sauberkeit und Ordnung. In der Woche vor dem Pop-up-Verkauf brachten wir schließlich ein großes, orangefarbenes Schild mit der Aufschrift »HIER!« und Datum und Uhrzeit an der Tür des Memorial Clubs an.

Diesmal war auch Andy bei unserem Pop-up-Verkauf dabei, der gefragt hatte, ob er ein paar seiner selbst gebackenen Brote zugunsten eines Kinderheims in Ghana verkaufen könnte, das er seit jeher unterstützte. Andy war Mitte 70, und wir kannten ihn gut über seine Tochter Mandy. Sie hatte unseren drei Kindern (und auch den meisten anderen Kindern in der Stadt) auf den drei Plätzen hinter dem Memorial Club Tennis beigebracht.

Andy war außerdem bekannt dafür, dass er einen Pullover aus Hundehaar besaß.

Früher passte er jeden Sommer auf einen großen Husky auf, wenn seine Besitzer verreisten. Jedes Mal, wenn er den Hund striegelte, blieben haufenweise Fellbüschel übrig, die seiner Meinung nach viel zu schade zum Wegwerfen waren. Also brachte Andy sich bei, wie man die Hundehaare zu Garn verzwirnt, und als er nach ein paar Jahren genügend davon hatte, bat er jemanden, ihm davon einen Pullover zu stricken. Am Tag des Pop-up-Verkaufs hatte er ihn nicht an, dafür kam er mit sechs kleinen weißen Broten, die er sorgfältig auf Küchentüchern platzierte. Sie wurden schneller als alles andere verkauft – denn wir waren in Watlington, und jeder kannte Mandy und wollte Andy unterstützen.

DAS TOLLE am Memorial Club war, dass wir mehr Platz zur freien Verfügung hatten. Ich wollte noch so vieles mehr ausprobieren. Ich hatte immer ein kleines Notizbuch bei mir, in das ich neue Backideen schreiben konnte. Jedes Backergebnis führte zu einer neuen Idee für etwas anderes. Bleche mit Pillows of Joy (kleine, mit Ingwer und Zucker bestaubte Sauerteigkrapfen), Finnish Fannies (eine Butterbrioche mit Hagelzucker und brillantem Namen) und Bärenklauen mit Haselnüssen und Zartbitterschokolade gingen weg wie warme Semmeln, kaum dass ich sie hereinbrachte.

Der Raum für den Pop-up-Verkauf war genial, der Abo-Service lief wie von selbst, und meine Psyche spielte die meiste Zeit mit.

Als wir einen Anruf von Soho House bekamen, schwebte ich im siebten Himmel.

Sie hatten durch einen unserer Kunden, der ihren Eventmanager kannte, von uns gehört und fragten uns, ob wir in ein paar Wochen einen Pop-up-Verkauf in ihren Räumlichkeiten in Oxfordshire machen wollten. Nach langem Googeln von Informationen über Soho House, einschließlich aller dort gastierenden Promis, war ich unglaublich aufgeregt, genauso wie meine Mutter, die dort sogar nachfragte, ob wir vielleicht auch übernachten müssten, weil es so früh losgehen würde. Doch dem war leider nicht so.

Wir sagten dem Memorial Club für den betreffenden Samstag ab. Ich, Dad, Aggie und Mum fuhren im Morgengrauen zum Soho Farmhouse, das Auto vollgepackt mit Brot, vielen verschiedenen Gebäckstücken, unseren bedruckten Tüten und unserer orangefarbenen Auflaufform für unsere Einnahmen.

Das erste Problem stand uns bereits bei der Ankunft bevor. Wir wussten nicht, dass man nicht mit dem Auto zum Soho Farmhouse fahren kann, sondern außerhalb des Geländes parken und sich hineinchauffieren lassen muss. Wir fühlten uns schon ein wenig überfordert, als wir unser schlammverschmiertes Auto neben einer Reihe von Geländewagen parkten, alles ausluden und zu einer Reihe von Milchwagen mit Elektroantrieb dirigiert wurden, die alle hellgrün gestrichen und mit langen Holzbänken ausgestattet waren. Mit den Kisten unserer Backwaren und den Tüten in der Hand stiegen wir in den Wagen. Nervös saßen wir uns gegenüber, als wir über eine kurze Strecke zu einem von Scheunen umgebenen Innenhof gefahren wurden. Schließlich fing es an zu regnen.

Es wurde zunehmend kälter, während wir neben einer Handvoll Kunsthandwerksständen aufbauten, die hauptsächlich Kerzen und Holzspielzeug verkauften. Grauer Nieselregen prasselte auf unsere orangefarbenen Wimpel. Viele Familien kamen vorbei, aufgrund des Wetters bis über beide Ohren eingemummelt, und blieben nur stehen, um einen Blick auf ein kleines Streichelgehege zu unserer Linken zu werfen, wo ein Schaf mit seinen beiden Lämmern zufrieden unter einem Unterstand aus Heuballen lag. Irgendwann fragte ich mich, ob ich mich wohl zu ihnen gesellen könnte.

Aggie und ich verschwanden oft in den Toiletten des Restaurants, um uns am Händetrockner aufzuwärmen, und hielten Ausschau, ob wir jemanden Berühmtes entdecken konnten. Mama hat viel Kaffee geholt.

Nach zwei Stunden wurde es noch windiger. Die Schafe und ihre Lämmer wurden an einen wärmeren Ort gebracht. Uns war kalt, und wir waren nass. Aber schlimmer noch: Wir hatten nur drei Brote und fünf Zimtschnecken verkauft, und das waren vermutlich Mitleidskäufe. Niemand wollte stehen bleiben, um zu plaudern oder etwas zu kaufen, wo es doch eine warme Scheune gab, in der heiße Schokolade, schöne Kissen und Schaffellteppiche angeboten wurden. Gegen Mittag gaben wir auf. Wir packten alles wieder in einen Milchwagen, schenkten dem netten Fahrer ein Lächeln und luden zurück beim Auto alles wieder ein. Schweigend fuhren wir nach Hause.

Ich fühlte mich schrecklich. Wir hatten Watlington für Kunden zurückgelassen, die bereits ein schönes Restaurant besuchten und einfach kein Interesse hatten, Brot zu kaufen. Es war wie in dem Märchen vom Fischer und seiner Frau. Auf Wunsch seiner Frau bittet der Fischer einen verzauberten Fisch um ein schöneres Haus, um sie glücklich zu machen, und doch will sie immer noch mehr und mehr, bis sie letztendlich feststellt, dass sie in ihrem ersten Haus am glücklichsten war. Oder so ähnlich.

Als wir nach Hause kamen, habe ich alle Brote in Tüten gepackt und in den Zauberschrank gelegt und die Gebäckstücke in eine abgedeckte Kiste gestapelt. Bei Instagram postete ich, dass sie dort lagen.

Nach nur fünf Minuten fing Sibby an zu bellen. Vom oberen Stockwerk aus konnte ich sehen, wie die Schranktür auf- und zuging.

Innerhalb einer Stunde war alles weg, auch der letzte noch so kleine Krümel. Im Zauberschrank lag ein Zettel, auf dem stand: »Was für ein Glück! Meine Schwiegereltern sind gekommen, und ich hatte ihnen deine Zimtschnecken versprochen.«

Ich liebe Watlington über alles.

7

HAUSNUMMER 10

UNSER LEBEN kehrte nun zu einer gewissen vorläufigen Normalität zurück. Kit und ich haben unter der Woche den Abo-Service betrieben – wir probierten verschiedene Brote aus und deponierten sie im Zauberschrank zur Abholung – und uns dann für die wöchentlichen Pop-up-Verkäufe samstags in der Memorial Hall vorbereitet. Kits Ängste wurden immer weniger. Sie wurde zwar immer noch vom psychologischen Behandlungsteam in Oxford betreut, aber die Termine fanden in größeren Abständen statt.

Wann immer sie spürte, dass eine dunkle Gedankenflut im Anmarsch war, konnte sie sie normalerweise abwenden, indem sie sich auf die jeweilige Brotbackphase konzentrierte. Sie hatte es geschafft, ihre Bettdecke in der Küche wegzupacken und ihr Schlafzimmer wieder in Besitz zu nehmen – sie strich es zartrosa und schmückte es mit Grünpflanzen. Die panische Angst, mit der wir in den letzten Monaten gelebt hatten, ließ nach und Kits strahlendes Lächeln kehrte allmählich zurück. Wir wollten unbedingt an dieser neuen Normalität festhalten und ignorierten dabei zwei Elefanten im Raum.

Der erste war Kittys schulische Ausbildung. Es war fast ein Jahr her, dass sie nicht mehr zur Schule ging, und in dieser Zeit hatte das Lernen für uns keine Priorität – wir wollten sie bloß irgendwie über Wasser halten. Von Anfang an bot die Schule ihre Unterstützung an. Ich war begeistert, als ich eine E-Mail des Schulleiters, Herrn Hunter, bekam, in der stand, dass sie an Kitty denken und alles tun würden, um ihr bei der Wiedereingliederung zu helfen. Sie schickten mir außerdem Arbeitsmaterialien, die größtenteils in der Ecke lagen. Kit und ich beschäftigten uns hauptsächlich mit den Themen, in denen ich mich auskannte, und denen, die ihr Spaß machten: ein bisschen Geschichte, Lyrik, Biologie und Mathe. Eine ziemlich bunte Mischung, aber immerhin etwas. Häufig wurde uns die Frage gestellt, ob Kit ihren Mittleren Schulabschluss machen wird. Wir murmelten dann so etwas wie »Ja, einige Prüfungen« oder »Sie absolviert nur die Pflichtfächer«, doch einen Plan, wie wir das anstellen wollten, hatten wir nicht.

Der andere Elefant, dem wir aus dem Weg gingen, war, dass ich aufgehört hatte zu arbeiten, um mit Kitty zu backen, und die Frage war, wie lange das noch funktionieren würde. Abgesehen von gelegentlichen Lehrtätigkeiten hatte ich kein geregeltes Einkommen mehr, und wir lebten nur noch von Katies Verdienst. Vorerst kamen wir damit zurecht, aber Aggie und in absehbarer Zeit auch Albert würden bald studieren, und die Situation war so nicht mehr tragbar. Wir verdienten zwar ein wenig mit den etwa 150 Broten, die wir jede Woche verkauften, aber das reichte bei Weitem nicht aus. Und mehr noch. Jetzt, wo wir die Krisenmonate hinter uns hatten, war ich mir nicht so ganz sicher, welche Ausrichtung mein Leben haben sollte. Ich fühlte mich ein bisschen wie ein Betrüger. Ich hatte weder eine Bäckerausbildung absolviert noch jahrelang in einer Profibackstube in Frankreich gearbeitet. Ich war Lehrer und backte, weil ich meine Tochter unterstützen wollte. Aber ich hatte nicht erwartet, dass sich mein Leben dadurch so grundlegend auf den Kopf stellen würde.

Meine berufliche Veränderung hatte sich einfach so ergeben und war keine bewusste Entscheidung, die ich getroffen hatte. Außerdem schien ich immer Kitty hinterherzuhinken.

ALLES, WORAN ICH denken konnte, war Brot. Wie könnte ich meine Brote noch besser machen? Welche Zutaten würden gut miteinander harmonieren? Walnüsse und Oliven oder Röstkartoffeln und Knoblauch? Würden Chips in einem Brot funktionieren oder bloß klitschig werden? Wie viel Zatar ist zu viel? Warum sind die Miso- und Sesambrote immer als Erstes weg? Störte es die Leute, dass die Kurkuma-Baguettes das Brotschneidebrett leicht gelb färbten? Warum war sonst niemand außer mir verrückt nach Cranberrys in der Focaccia? Und wenn ich mal nicht über Brot nachdachte, dann über das Backen als solches. Teigschnecken mit Camembert schmeckten mit einem winzigen Tropfen Sriracha-Sauce genial, Tahina-Paste und Rote Bete sorgten dafür, dass die Brownies noch saftiger wurden, und wenn man die Käse-Marmite-Kringel fünf Minuten länger backte, wurden die Ränder herrlich knusprig, aber das Innere blieb weich.

Ich habe auch ein neues Brot für meinen Bruder kreiert, nachdem er sich beschwert hatte, dass die Butter bei unserem Sauerteigbrot durch die Löcher tropfte. Beim Durchscrollen von Instagram bin ich auf eine japanische Brotbackmethode namens Tangzhong gestoßen. Man macht eine Mehlschwitze aus Mehl und Wasser und gibt dann Butter und Milch zusammen mit der Mehlschwitze in den Teig. Keine Ahnung, was wissenschaftlich gesehen als Nächstes passiert, aber das Endergebnis ist ein Brot mit einer so zarten und fluffigen Krume, dass man glauben könnte, Wolken zu essen. Es hat keine Löcher, und eine Scheibe davon kann eine so dicke Butterschicht tragen, dass man seine Zahnabdrücke sieht. Ich habe das Brot »Albert« genannt.

Ich wollte unbedingt noch mehr kreieren, mehr ausprobieren und mehr lernen. Ich wünschte mir, vollständig in die Welt des Backens eintauchen zu können. Ich wollte so gerne älter sein, war aber immer noch 14, und Mama und Papa hatten Angst, dass ich aus dem Bildungssystem rausfallen würde. Also blieben wir dran. Papa bekam die Lernunterlagen von meinen Lehrern zugeschickt, und wir haben uns zusammen hingesetzt – inklusive Sparky auf dem Sofa und Sibby, die am Stuhlbein knabberte – und die Arbeitsblätter für Mathe, Englisch und Geschichte durchgenommen. Kaum hatte ich angefangen, kehrte die Leere zurück, wobei ich versuchte, es Papa nicht zu zeigen. Ich lernte Pronomen und erläuterte den pathetischen Irrtum, aber ich verstand einfach nicht, warum das wichtig war, abgesehen davon, dass es erledigt werden musste. Ich wollte nicht, dass Papa sich unwohl fühlte, doch sobald er meinte, es sei genug getan, schoss ich zurück in die Küche, schöpfte etwas Teig aus den Eimern und das mulmige Gefühl in meinem Magen legte sich.

Das Einzige, was sich für mich richtig anfühlte, war Brot, und das Einzige, was ich noch viel häufiger machen wollte, war backen.

Ich wusste, dass Papa sich nicht sicher war, wie es weitergehen sollte, aber ich wusste auch, dass ich das alles ohne ihn nicht schaffen würde. Papas Superkraft (und ich glaube sogar, dass er das gar nicht weiß) ist, dass er, wenn er sich dafür entscheidet, hinter einem zu stehen, alles möglich macht. Er war immer derjenige, der dafür sorgte, dass wir genug Mehl hatten, der das Rührgerät reparierte oder neue Papiertüten bestellte. Papa ist wie ein Schwan, der am Boden des Gewässers nach Nahrung sucht. An der Oberfläche rudert und strampelt er mit seinen Beinen, aber unter der Oberfläche geht er leise und unaufgeregt den alltäglichen Dingen nach.

Ich musste ihn davon überzeugen, dass der beste Weg der Weg nach vorne war. Dass wir, wie Chad sagte, mehr Holz hacken mussten.

Bald bekamen wir die Gelegenheit dazu.

Beim Einpacken der letzten vier übrig gebliebenen Donuts am Ende eines Samstags-Pop-ups bemerkte ich, dass meine Mutter in ein Gespräch mit einem Mann vertieft war. Er sah aus wie Paddington Bär in Lederkluft und mit Motorradhelm unter dem Arm.

Am Ende ihres Gesprächs gab er Mama eine Visitenkarte und ging mit unserem letzten braunen Sauerteigbrot in der Hand davon. Mama wedelte mir mit den Händen zu, so wie sie das immer tut, wenn sie aufgeregt ist.

»Ihm gehört ein Geschäft in der High Street. The Rhubarb Tree. Hausnummer 10. Der Laden, in dem immer gähnende Leere herrscht. Er wird demnächst zu vermieten sein. Er möchte wissen, ob wir interessiert sind. Hier ist seine Karte, er heißt Brent.«

Wir schauten zu Papa hinüber, der gerade die letzte Wurstpastete aß – ein paar Teigstückchen hingen in seinem Bart fest –, und wussten, dass dies vielleicht ein zu großer Schritt sein würde. Aber ich wusste auch, dass wir diesen Weg gehen mussten.

WIR WAREN NOCH NICHT bereit für einen eigenen Laden. Wir kamen schon mit Kittys Unterricht nicht wirklich zurecht, und das würde noch weniger funktionieren, wenn wir auch noch ein Ladengeschäft zu führen hatten. Außerdem hatte ich keine Ahnung, wie man so einen Laden überhaupt führt. Musste man ein Gewerbe anmelden? Eine Ladenkasse haben? Steuern zahlen? Eine Versicherung abschließen? Würden wir jemals wieder in den Urlaub fahren können? Und was für mich vielleicht am wichtigsten war: Wollte ich ein Vollzeitbäcker werden?

Mein beruflicher Werdegang war vielleicht nicht ganz klassisch oder besonders geradlinig, aber jeder Schritt folgte einer Logik – vom Regelschulunterricht zum Sonderschulunterricht, zur Legasthenie-Evaluierung und zum Coaching anderer Lehrer und schließlich zur Arbeit mit Studenten in Oxford. Es gab einen roten Faden, der alles miteinander verband. Aber jetzt begaben wir uns auf einen völlig unbekannten Weg, und mein roter Faden wurde gekappt.

Die wöchentlichen Pop-ups und der Abo-Service waren leicht umzusetzen, aber ein Laden in der High Street war eine andere Verpflichtungsdimension, das machte mir Angst. Die wenigen Menschen, denen wir davon erzählten, schauten leicht skeptisch. »Das ist eine Menge Arbeit«, war die übliche Antwort, zusammen mit »Aber wie soll

Kitty das mit den Schulaufgaben vereinbaren?« Ich fühlte mich wie ein miserabler Vater, nur weil ich darüber nachdachte, doch Kitty war fest entschlossen.

Kitty arbeitet am effektivsten, wenn sie von einer Sache absolut überzeugt ist. Sie war sich bewusst, dass die Warteschlangen bei unseren Pop-up-Verkäufen und die begeisterten Rückmeldungen zu unseren Backwaren von Bedeutung waren. Und sie war überzeugt, dass die Übernahme des Ladens der logische nächste Schritt war. Für jedes potenzielle Problem, das ich ansprach, hatte sie eine Antwort parat. Wie ein wildes rotes Eichhörnchen, das sich an einer Nuss zu schaffen macht, hat mich Kit schließlich geknackt. Katie hielt sich zurück. Ihr war sofort klar, dass wir das Geschäft eröffnen würden, aber sie überließ Kit die Initiative. Brent hatte netterweise einen dreimonatigen Mietvertrag angeboten, was mich nachts ruhig schlafen ließ – wenn wir völlig versagten, konnten wir das Projekt einfach aufgeben. Wir hatten beschlossen, vier Tage in der Woche zu öffnen, damit wir Kits Unterricht irgendwie mit dem Backen unter einen Hut bringen konnten.

Die größte Hürde, für die ich keine Lösung parat hatte, war, dass wir einfach nicht das Geld hatten, um eine Bäckerei zu eröffnen. Außerdem lag noch eine Menge anstehender Arbeiten vor uns. Der Laden verkaufte zurzeit Geschenke, solche, die man eilig für seine Mutter zum Muttertag kauft, wenn man plötzlich merkt, dass dieser Tag schon morgen ist. Es gab mit Vögeln verzierte Tassen, Geschirrtücher mit dem Aufdruck von Oxfords Türmen, Metallhunde als Türstopper, die Queen mit Wackelkopf und einige Karten und Luftballons. Alan, der jetzige Besitzer des Ladens, war traurig: »Die Kundenfrequenz ist schlecht. Ich bin schon lange im Einzelhandel tätig, aber das hier war ein Fehler.«

Abgesehen davon, dass Kitty und ich das Wort »Kundenfrequenz« noch nie gehört hatten, war das nicht gerade ein guter Ausgangspunkt. Außerdem hatte der Laden eine grelle Neonbeleuchtung, die Wände waren mit einem sehr zweckmäßigen, aber hässlichen Regalsystem versehen und der Boden bestand aus abblätternden Fliesen. Der hintere Bereich des Ladens war gerade groß genug, um dort zu backen. Wir würden den Großteil des Backens zu Hause erledigen, aber wir könnten einige der Gebäckstücke morgens vor Ort backen, um so Platz in unserer Küche einzusparen. Wir bräuchten allerdings einen Ofen, eine Spüle und einen Wasseranschluss. Zusammen mit der Kaution und den Anwaltskosten würde sich das auf weit über 5000 Euro belaufen. Ich war geradezu erleichtert, dass das Einzige, was Kitty nicht konnte, war, dieses Geld herbeizuzaubern.

Das war einfach nicht zu schaffen.

»IHR SOLLTET über Crowdfunding nachdenken.« Wir waren bei Andrew und Eilidh, schauten uns ihre neuesten Küken an und sprachen über den Laden, da kam Andrew mit der Idee an. »Im Wesentlichen«, sagte er, »erzählst du den Menschen von deinem Projekt und was du dafür benötigst, und wenn sie es gut finden, spenden sie einen kleinen Geldbetrag. Das läuft alles online ab. Ich glaube, ihr hättet eine wirklich gute Chance.«

Ich konnte förmlich spüren, wie Papas Schultern ein wenig zusammensackten.

Zu Hause machte ich mich sofort an die Recherche und fand eine Seite namens Kickstarter. Das war perfekt. Man beschreibt, was man tun will und warum, setzt ein Funding-Ziel fest und bittet um kleine Geldspenden. Der Unterstützer bekommt dafür eine bestimmte Gegenleistung. Wenn man sein Ziel nicht erreicht, wird das Geld von den Unterstützern nicht eingezogen. Viele Gastronomen hatten Kickstarter offenbar schon erfolgreich genutzt. Als Gegenleistung könnten wir kostenlose Brote und eine Party im Laden anbieten.

Papa kapierte es einfach nicht. Wieso sollte uns jemand helfen, eine Bäckerei zu eröffnen? Er war nicht ausgebildet, ich auch nicht, und außerdem ging das alles viel zu schnell. Sollten wir noch ein paar Jahre damit warten? In den folgenden Wochen bearbeitete ich ihn nach und nach. Diese Gelegenheit würden wir sicher nicht noch einmal bekommen. Ein Laden war fairer als der Abo-Service, weil jeder einfach dann ins Geschäft kommen konnte, wenn er etwas brauchte, und nichts vorbestellen müsste (das war ein gutes Argument). Wir könnten wesentlich mehr backen, sodass ich alle meine neuen Rezepte ausprobieren könnte (das war ein sehr gutes Argument). Der Laden war traurig und brauchte einen neuen Besitzer (das war ein dummes Argument und zog überhaupt nicht). Was Papa aber gut gefiel, war, dass, wenn wir das Funding-Ziel nicht erreichen würden, wir keinem Unterstützer etwas schuldeten und dass wir, wenn wir unser Ziel doch erreichen würden, tolle Gegenleistungen für deren Hilfe anbieten konnten.

Schließlich war er einverstanden, aber wahrscheinlich nur, weil er glaubte, dass es sowieso nicht gelingen würde.

Ich habe mir viele andere Projekte auf Kickstarter angesehen und überlegt, wie wir vorgehen müssen. Einen Spendenaufruf zu starten war die eine Sache, aber die Menschen mussten davon ja auch irgendwie erfahren. Mir wurde schnell klar, dass ich Instagram nutzen konnte. Wir backten nun schon fast ein Jahr lang und in den meisten Wochen postete ich ein paar Beiträge über unsere Arbeit. Neue Rezepte, die ich ausprobierte, Papa und ich auf unseren Lieferfahrrädern, Sibby, die die orangefarbenen Bommeln frisst, und geniale Illustrationen von uns allen, die Aggie gemacht hatte. Ich hatte das Glück, viele Follower zu haben, und sie waren mir treu. Wir hatten bereits einen gewissen Bekanntheitsgrad, dadurch hatten mich noch mehr Menschen entdeckt, die gerne backen. So fühlte ich mich als Teil dieser großartigen Brotwelt. Meine Lieblingsposts waren die kurzen Stop-Motion-Filme, die ich produzierte, in denen meine Backwaren verschiedene Charaktere darstellten. Schon im letzten Sommer hatte Papa mir auf seinem Handy zeigen wollen, wie man das macht, aber ich hatte damals noch kein Interesse gezeigt.

Nun liebte ich diese Animationsfilme, um den Menschen zu veranschaulichen, dass Brot und Gebäck durchaus lebendig sind.

Der Film für unsere Kickstarter-Kampagne sollte die ultimative Inszenierung werden. Die Besetzung. Die Crew. Die Musik. Ich entwarf ein Storyboard. Es war eine simple Idee. Eine echte Orange hüpft aus unserem Küchenfenster und rollt die High Street entlang – angebunden an Sibby, die sie dann an Sparky übergibt –, springt über Bänke und Türschwellen, bis sie in unserem neuen Laden ankommt, wo sie durch den Briefkasten hopst. Papa war der Meinung, wir sollten einfach ein Interview mit ein paar Kunden machen, aber ich schwor ihm, dass meine Idee so viel besser wäre.

Im Laufe eines langen Drehtags mussten wir Sibby aus dem Drehbuch streichen, nachdem sie immer wieder verschwunden war und von Bob, dem Metzger, und schließlich den Frauen aus der Bücherei zurückgebracht wurde. Am Ende entstand ein einminütiger Film, in dem eine Orange von unserem Haus zum Laden hüpft, auf dem Rücken von Sparky reitet (der sich natürlich vorbildlich benommen hatte) und schließlich auf einem Skateboard durch das Ladenfenster surft. Bevor ich ins Bett ging, postete ich den Film auf Kickstarter, inklusive einer kurzen Erläuterung, was wir benötigten, und veröffentlichte ihn auch auf Instagram.

Ich wachte wie gewohnt sehr früh auf und warf einen Blick auf mein Handy. Der Film wurde von Bäckern aus dem ganzen Land geteilt, sogar von einigen internationalen. Ich konnte es kaum glauben, dass so viele Menschen – von dänischen Food-Bloggern bis hin zu australischen Konditoren – den Film gesehen hatten. Und dann sah ich, dass Elisabeth Prueitt, die mit Chad Tartine gegründet hatte, den Film in ihrem Feed geteilt und Ihre Tausende von Followern gebeten hatte, mich zu unterstützen. Ich stürzte in Mamas und Papas Zimmer und landete auf ihrem Bett. Ihrer Reaktion nach zu urteilen, habe ich wohl geschrien.

SO, WIE KITTY unseren Kickstarter-Aufruf konfiguriert hatte, bekam ich jedes Mal eine E-Mail, wenn jemand eine Spende zugesagt hatte. Bald hörte mein Telefon nicht mehr auf zu piepen. Es kamen Spenden und Nachrichten von Familie und Freunden, von Bäckerkollegen und unseren Stammkunden aus Watlington, aber mehr als die Hälfte der Spenden stammten von völlig Fremden, die Kit auf Instagram folgten. Und dann griff die Zeitung die Geschichte auf und druckte ein Bild von Kitty auf ihrer Titelseite mit der Schlagzeile »Das Mehlmädchen – eine 15-Jährige eröffnet ihre eigene Bäckerei«. Kitty hatte gerade ihre lockigen Haare kurz schneiden lassen und glich mit ihrer typischen Latzhose und dem blauen Kopftuch mehr einer Bäuerin als einer Teenager-Bäckerin, aber die Resonanz war überwältigend. Die Zahl ihrer Instagram-Follower explodierte förmlich, und mein Handy piepte noch häufiger.

Ursprünglich hatten wir einen Zeitrahmen von drei Wochen festgelegt, um unser Ziel zu erreichen. Ich kam mir vor wie bei einer Lotterie, und ein Teil von mir dachte: »Tja, wenn wir das Ziel nicht erreichen, wird die Entscheidung für uns getroffen.« Gleichzeitig hatte ich Zeit, mich wenigstens insoweit an die Vorstellung zu gewöhnen, eine Bäckerei zu betreiben, damit ich nicht jedes Mal mit Angst überschüttet wurde, wenn ich auf dem Weg zum Regionalmarkt an dem Laden vorbeikam. Vier Tage nach dem Kampagnenstart auf Kickstarter hatten wir unser Ziel nicht nur erreicht, sondern weit übertroffen. Jetzt war es so weit. Kitty war überglücklich. Ich wollte das Gleiche fühlen, aber die Verpflichtungen, die sich daraus für sie und mich ergeben würden, bremsten das Glücksgefühl aus.

Während ich mehrere lange Spaziergänge mit den Hunden unternahm, um mich an den Gedanken zu gewöhnen, erstellte Kitty einen Aktionsplan, damit wir den Laden so schnell wie möglich eröffnen konnten. Brent sollte uns Mitte April die Schlüssel übergeben, wenn Alan ausgezogen war, und Kit war sich sicher, dass wir in der ersten Maiwoche eröffnen konnten. Zu diesem Zeitpunkt hatte ich meine zögerliche Herangehensweise an das Projekt aufgegeben und machte mich daran, die logistischen Vorbereitungen zu treffen. Ich ging davon aus, dass wir Simon für die elektrischen Arbeiten – neue Lampen und Öfen – und einen Klempner für den Einbau einer großen Spüle brauchen würden. Beide hatten in der letzten Aprilwoche Zeit, also hatten wir davor noch eine Woche zur Verfügung, um den Laden zu entrümpeln und zu streichen. Das Osterwochenende stand vor der Tür, und wir könnten die Familie einspannen.

Brent übergab uns die Schlüssel; Kitty tänzelte vor Freude, und ich bemühte mich, begeistert auszusehen. Der Moment, in dem wir den Laden zum ersten Mal komplett leer betraten, sollte ein Glücksmoment sein, und für Kitty war das bestimmt auch so.

Sie stellte sich bemalte Regale vor, in denen sich Kisten mit Broten stapelten, und eine Theke, die randvoll mit köstlichen Teigschnecken, Donuts, Keksen, Käsestangen und Wurstpasteten war.

Ich gab mir wirklich Mühe, ihren Enthusiasmus zu teilen, aber als ich den dicken Vinylfußboden und die grauen MDF-Wände sah, fühlte ich mich absolut überfordert. Ich ertappte mich dabei, wie ich immer wieder wie ein trockener Alkoholiker »einen Tag nach dem anderen« murmelte. Zudem überkam mich nachts immer die Angst, dass wir uns übernommen hätten, und ich musste mich zwingen, Katie nicht um drei Uhr morgens zu wecken, um ihr davon zu erzählen.

Wir fingen mit dem Fußboden an und merkten nach nur fünf Minuten, dass wir damit allein nicht fertig wurden. In unseren Träumen hatten wir uns vorgestellt, die Vinylfliesen abzulösen und schöne Holzdielen zum Vorschein zu bringen, die wir dann weiß streichen würden. In der Realität kamen unter den Fliesen noch mehr Fliesen zum Vorschein. Und darunter noch mehr Fliesen. Wir hatten also einen Boden vor uns, der aus vielen Schichten dicker, klebriger Plastikquadrate bestand. Wir platzierten die bereits abgelösten Fliesen wieder auf ihrem Platz in der Ecke – die Kunden würden bestimmt nicht auf den Boden schauen.

Mit dem Streichen der Wände hatten wir mehr Glück. Wir entdeckten ein paar lockere Schrauben in der Regalwand und nach einigem Hämmern und Hebeln konnten wir ein Paneel entfernen und eine schöne Nut-Feder-Holzverkleidung zum Vorschein bringen. Das war schon viel besser. Anhand der Fenster an der Vorderseite ließ sich erahnen, dass der Laden aus der viktorianischen oder zumindest edwardianischen Zeit stammte. Diese Vertäfelung sah sogar noch älter aus. Weil unsere Küche zu Hause dunkelblau war und das auch gut zu Orange passt, hatten wir beschlossen, dass wir die Farbe auch in der Bäckerei haben wollten. In den nächsten zwei Tagen haben wir alle fleißig gestrichen, bis alle Wände mit frischer Farbe bedeckt waren.

Wir wollten uns unbedingt etwas einfallen lassen, um all unseren großartigen Geldgebern zu danken. Die Idee dazu kam uns am Southwold Pier. Meine Schwiegereltern liebten Suffolk, und im Laufe der Jahre hatten wir viele Urlaube mit ihnen in und um Southwold und entlang der Küste gemacht. Sie waren passionierte Wanderer und Vogelbeobachter, aber wenn das Wetter richtig schlecht war, gingen wir zum Pier. Patience, Katies Mutter, sammelte tütenweise Münzen, die sie stolz unseren Kindern schenkte, und saß dann neben ihnen, während die Kinder die Spielautomaten damit fütterten. Sie legte großen Wert darauf, dass niemand gehen durfte, bevor nicht alle Münzen verspielt waren. In der Zwischenzeit schlenderten Katie und ich den Pier entlang und schauten uns die Namen all der Menschen an, die Southwold offensichtlich so sehr lieben, dass sie eine kleine Bronzetafel gekauft hatten, die oben auf das Geländer geschraubt wurde. Die Botschaften waren ganz unterschiedlich und schwankten zwischen traurig und lustig: »Für Tiz, die sich Krabben in der Badewanne hält.« oder »Oma liebte es, ihren Nachmittagstee auf dem Pier zu trinken.«

Wir hatten nicht genug Platz für Wandtafeln, aber Katie hatte die Idee, einen Orangenbaum an die Wand zu malen. »Man könnte die Namen der Spender in jeweils eine Orange schreiben. Das können dann alle sehen. Ich könnte Mad fragen.« Mad war Kittys Patentante und eine der ältesten Freundinnen von Katie. Sie war auch eine brillante Künstlerin und Illustratorin. »Sehr gerne«, antwortete sie sofort, »ich habe noch nie eine Wandmalerei angefertigt, aber probieren wir es aus.«

Die Wandmalerei von Mad wurde außergewöhnlich schön. Sie hatte vorher eine Skizze angefertigt und danach alles frei Hand mit einem weißen Lackstift aufgemalt. Auf einer Seite der Bäckerei befand sich nun ein wunderschöner Baum, an dessen Ästen Dutzende Orangen hingen. Sie malte außerdem eine große Henne, Mehlsäcke, eine Milchkanne und eine riesige Kiste mit Obst und Gemüse dazu. Als sie fertig war, stieg ich auf eine wackelige Trittleiter und schrieb fleißig sämtliche Namen in die Orangen. Das kostete mich ein paar Stunden und etliche Stifte, aber es war eine der erfüllendsten Aufgaben, die ich je zu erledigen hatte.

Der Gedanke, dass alle diese Menschen gespendet hatten, weil sie daran glaubten, dass wir ein Geschäft eröffnen könnten, gab mir die Zuversicht, dass wahrscheinlich alles gut werden würde.

Selbst heute noch überkommt mich beim Anblick der Namen eine gewisse Ehrfurcht vor diesen Menschen. Immer noch kommen Kunden herein, die wir noch nie zuvor gesehen haben, die auf einen Namen zeigen und uns verraten, dass sie auch zu den Spendern gehörten.

Uns blieb noch eine Woche Zeit.

Bei einem unserer ersten Pop-up-Verkäufe hatten wir einen hiesigen Schildermacher namens Justin kennengelernt, den wir nun damit beauftragten, das Schild für unsere Ladenfront zu fertigen. Er hatte auch die Idee, die Rückwand des Ladens mit recyceltem Holz aus alten Kisten zu verkleiden, was fantastisch aussah. Wir ließen Lampen mit orangefarbenen Elektrokabeln von der Decke hängen und montierten entlang einer Seite Wandregale. Aus mir unerfindlichen Gründen legte Kitty 24 Stunden lang alles ein, was sie finden konnte, sodass wir riesige Einmachgläser mit leuchtend pinkem und grünem Gemüse hatten, die wir in die Regale stellten.

Meine Eltern, die gerade ihren Gartenschuppen entrümpelten, kamen mit einer alten Eichenplatte an, die Justin als Ablagefläche in das Schaufenster passte. Ich stellte den Kran aus meiner Kindheit dorthin, auf dessen Plattform ich ein Brot legte und der von Playmobil-Arbeitern in Signalwesten bewacht wurde. Aus unserem Haus haben wir Hocker mitgebracht. Abgesehen vom Orange hatten wir kein übergeordnetes Designkonzept. Vieles besaßen wir schon, und es gefiel uns einfach: abgegriffene Bücher vom Penguin Verlag, ein paar rostige Ovomaltine-Dosen, die wir auf einem Flohmarkt gefunden hatten, ein alter Spielzeughund von Patience, der die Tür bewachen sollte, und ein viktorianisches Gemälde eines etwas gruselig aussehenden Mädchens mit einem kantigen, strengen Pony und schwarzen Stiefeln. Und wie schon beim Zauberschrank fingen die Leute an, einfach Dinge vorbeizubringen. Das benachbarte Sozialkaufhaus, Mercy in Action, schenkte uns orangefarbene Waagen aus den 1950er-Jahren. Helen, eine Freundin, hinterließ eine Reihe von Spielzeug-Freds (die Werbefigur vom Mehlhersteller Homepride) an der Tür.

Ich bemalte eine Holzkiste mit dem Slogan »Wir backen unser Brot mit nur drei Zutaten – Mehl, Wasser, Salz. Ach, und noch eine – Zeit.« Katie meinte, wenn das vierte Wort »Liebe« gewesen wäre, hätte sie mich verlassen.

Einen Tag vor der Eröffnung installierte Simon unseren neuen Rofco, für den wir gerade noch genug Geld hatten, und die Klempnerarbeiten waren auch abgeschlossen. Am nächsten Tag sollte es tatsächlich so weit sein. Um ehrlich zu sein, wollte ich es immer noch nicht wahrhaben, aber es gab noch zu viel zu tun, um ernsthaft darüber nachzugrübeln.

ENDLICH WAR ES so weit, und ich war startklar. Während Papa die letzten Handgriffe im Laden machte, plante ich, welche Backwaren wir am Eröffnungstag präsentieren würden. Es sollte das perfekte Angebot geben: Sauerteig in allen Geschmacksrichtungen – Feigen und Walnüsse, Röstzwiebeln und Backkartoffeln, Käse und Jalapeño-Pfeffer –, Focaccia und mit Pesto und Chorizo gefüllte Brioche-Schnecken, Pistazien- und Zartbitterschokoladen-Kringel und cremige Pastéis de Nata ... und das war erst der Anfang.

Wir mussten früh aufstehen. Der Wecker klingelte um 4.30 Uhr, und Sparky weigerte sich, mein Bett zu verlassen.

Ich schlüpfte in meinen bemehlten roten Overall (die orangefarbene Latzhose war mittlerweile endgültig ausrangiert worden), gesellte mich zu Papa in die Küche, und wir machten uns schweigend an die Arbeit.

Papa war mit Kaffee versorgt, ich mit Adrenalin. Nach den ersten 50 Broten ließ ich Papa die restlichen Brote allein fertig backen und ging in den Laden, um mit der Herstellung der Gebäcke zu beginnen. Als ich um sechs Uhr morgens die ruhige High Street entlanglief, sah ich Tom und Kev in Calnan's, der Metzgerei, und Angela, die ihren Gemüsestand auf dem Marktplatz vor dem Rathaus aufbaute. Ich hatte das Gefühl dazuzugehören. Ich schloss den Laden auf und legte los.

Der Ofen hatte eine Zeitschaltuhr und war bereits aufgeheizt. Dad und ich hatten ein neues Rezept für Eccles Cakes entwickelt, inspiriert von der Pump Street Bakery, und diese waren die ersten, die in den Ofen kamen. Nach einer Nacht im Kühlschrank waren sie schön feucht, und als ich sie in den glänzenden neuen Rofco schieben wollte, rutschten sie vom Backpapier direkt auf den Ofenboden. Der buttrige Teig schmolz und Rauch stieg auf. Zehn Sekunden später ertönte der lauteste Feueralarm, den ich je gehört hatte.

Ich schaltete den Ofen aus und griff nach dem Erstbesten, einer von Papas vielen Schiebermützen, hüpfte auf den Tresen und wedelte damit so stark ich konnte vor dem Plastikpiepser hin und her. Nichts. Ich drückte auf den Knopf. Nichts. Es war so laut. Ich rief Papa an und sagte nichts, sondern hielt das Telefon hoch in Richtung des Feuermelders. Vier lange Minuten später erschien er auf seinem Fahrrad vor der Tür, und gemeinsam befreiten wir den Laden ausreichend von Rauch, sodass der Alarm aufhörte.

Wir machten uns auf den Weg nach Hause und bemühten uns, nicht die vielen Lichter in der High Street zu beachten, die in den Häusern eingeschaltet worden waren, während der Alarm noch in unseren Ohren klingelte. Ich kämpfte mit den Tränen. Wir trugen all das Gebäck, das noch gebacken werden musste, in unsere Küche zu Hause, aus Angst, den Ofen im Laden noch einmal anzurühren, und vermieden es, auf die Uhr zu schauen, denn wir waren bestimmt spät dran.

Zum Glück war zu Hause nichts verbrannt. Papa spürte wie immer meinen Gemütszustand und sagte: »Wir schaffen das schon, wir müssen bloß zusammenhalten.« Mama, Albert und Aggie tauchten auf und begannen, alles, was fertig war, zum Laden zu tragen, während Papa und ich uns abmühten, den Rückstand aufzuholen.

Der Laden sollte um 10.30 Uhr öffnen und um 10.15 Uhr brachten wir die letzten Kisten zum Laden. Mama hatte eine orangefarbene Banderole vor die Eingangstür gehängt, die Menschen standen draußen bereits Schlange und winkten mir zu.

Ich begriff nicht, warum das Ladeninnere bereits voller Menschen war. Doch dann wurde es mir klar, und ich versuchte, nicht wieder zu weinen.

Papas gesamte Familie war als Überraschung gekommen und drängte sich im Laden. Oma und Buppa, Onkel Paul, Ben und Oli, Tante Lou und meine fünf Cousins und Cousinen. »Wir sind alle hier, um zu helfen.« Jo, der drei Jahre alt war, pickte sich eine Rosine aus der nächstbesten Rosinenschnecke. Nacheinander umarmte ich alle. Wie allerdings noch Kunden in den Laden passen sollten, war mir schleierhaft. In diesem Moment traf Mamas Freundin Lucy ein, die immer bei den Pop-ups geholfen hatte. Mit orangefarbenen Bommeln im Haar übernahm sie sofort das Kommando. In Sekundenschnelle wurden die Cousins und Cousinen losgeschickt, um die letzten Sachen von unserem Haus zu holen und mit Sibby und Sparky spazieren zu gehen. Oma übernahm die Kasse, und die Onkel waren mit dem Eintüten beauftragt. Buppa sollte die Warteschlange im Auge behalten. Tante Lou besorgte Kaffee.

Wir drehten das Schild auf »Geöffnet«.

In der nächsten Stunde kamen, denke ich, etwa 250 Kunden in unseren kleinen Laden. Und dann war alles vorbei. Eigentlich kann ich mich an nichts mehr richtig erinnern. Der Geräuschpegel, das Stimmengewirr, die Glückwünsche und Papas und meine vielen Dankeschöns verschwammen einfach.

Unser Laden war geboren.

8

BERTHA

WIR HATTEN JETZT also einen Laden. Er war immer von Mittwoch bis Samstag geöffnet, der Dienstag war unser Vorbereitungstag und Sonntag und Montag hatten wir theoretisch frei. Jeder Tag begann mit einer Warteschlange, und jeden Tag waren wir ausverkauft. An diese ersten Wochen kann ich mich kaum erinnern, außer an das mörderische Arbeitstempo und Pensum, das wir bewältigen mussten. Um sechs Uhr morgens aufstehen, schnurstracks in die Küche, die Teige aus dem Kühlschrank holen, alles in die Öfen schieben (der zweite Rofco stand nun wieder in unserer Küche, weil er im Laden nicht funktionieren wollte), Teigschnecken vorbereiten und aufbacken, Donuts frittieren, übereinander und über die Hunde stolpern. Dann das Auto beladen und ab zur Bäckerei, um gleich wieder für die nächste Runde zurückzurasen.

In unserer Küche herrschte Chaos, und während ich im Laden Dienst schob, begann Kitty wieder mit den Vorbereitungen für den nächsten Tag. Aggie und Albert halfen, wann immer sie konnten, Katie räumte die Spülmaschine ein und aus, kratzte Teigreste aus der Spüle, von den Schränken und vom Tisch, bevor sie zur Arbeit ging, doch das Wesentliche machten Kitty und ich. Kitty war in ihrem Element, ich weniger. Ohne uns je Gedanken darüber zu machen, wie wir das schaffen sollten, hatten wir unser Arbeitspensum vervierfacht.

Wenn Kitty etwas macht, das sie liebt, verwandelt sie sich in einen unaufhaltsamen Duracell-Hasen. Ich war ein 51-jähriger Mann, der mehr daran gewöhnt war, in einem Klassenzimmer zu sitzen. In der dritten Woche kam mein Bruder Ben zu Hilfe. Als er an meinem spärlichen »Uns geht's gut, echt« merkte, dass es mir in Wirklichkeit nicht so gut ging, plante er seine freiberuflichen Arbeitsstunden in London um, damit er jeden Freitagmorgen den Laden schmeißen konnte. Das verschaffte mir eine Verschnaufpause, und wir konnten uns auf die Vorbereitungen für Samstag konzentrieren, wenn wir die doppelte Menge als an den anderen Tagen backten. Ben ist fünf Jahre jünger als ich, herzlich und lustig. Er ist gerne Onkel und hat immer tolle Geschenke für die Kinder auf Lager. Er sieht aus wie ich (nur ohne Bart), und sein Erscheinen war die Rettung. Er kam herein, organisierte die Regale neu und versuchte zu entschlüsseln, was was war.

Die Etikettierung war stets unser Verhängnis, denn abgesehen von den üblichen Produkten – dem Watlington (weißes Sauerteigbrot), dem History Loaf (braunes Sauerteigbrot), dem Albert (weiches Weißbrot nach der japanischen Tangzhong-Methode), den Käsestangen und den Zimtschnecken – gab es jeden Tag etwas anderes. Die Eröffnung des Ladens setzte in Kit einen kreativen Schub frei, täglich gab es neue Backwaren. Eine Schublade im Laden steckt immer noch voller hastig geschriebener Etiketten, und wenn man sie jetzt durchstöbert, denkt man, man sei auf einen antiken archäologischen Fund gestoßen. Neue Rezepte wurden nur so aus dem Ärmel geschüttelt: Scones mit Blaubeeren und Mandeln; Pekannuss-Kringel mit Schokolade und Ahornsirup; Brûlée-Brioche; Plunder mit Feigen und Ziegenkäse. Nicht immer gelang alles. Die »Weltkekse«, die grün und blau eingefärbt waren, um unsere Erde zu repräsentieren, und die wir zugunsten der von Greta geförderten Hilfsorganisationen verkauften, schmeckten zwar fantastisch, sahen aber aus, als wären sie monatelang auf der Rückbank eines Autositzes vor sich hin gegammelt.

Das Problem war, dass Kitty die gleichen Backwaren oft nur ein- oder zweimal machte. Die Kunden fragten dann nach dem »fantastischen Gebäck mit Himbeeren von letzter Woche«, und wir konnten uns nur entschuldigen und ihnen versichern, dass wir sie irgendwann wieder backen würden.

Kitty tüftelte und tüftelte, um ein bestimmtes Stück perfekt hinzubekommen, aber sobald sie das geschafft hatte, machte sie mit etwas ganz anderem weiter und vergaß das bereits vollendete Backwerk wieder.

Ein Mann fragt bis heute nach ihren Marmeladen-Käse-Schnecken – Kitty schwört, dass sie die nie gemacht hat, und er schwört, dass sie sie gemacht hat.

Während Kitty ihrer Kreativität freien Lauf ließ, versuchte ich, die Logistik in den Griff zu bekommen, um mit der steigenden Nachfrage der Kunden Schritt halten zu können. Wir kauften mehr Gärkörbe, Kisten und Eimer, aber es gab noch ein großes ungelöstes Problem.

Oft fragen die Kunden, wann wir morgens aufstehen, um zu backen, und sind dann erstaunt, wenn wir ihnen sagen, dass Sauerteig uns, bei allen Schwierigkeiten, die er einem bereiten kann, eine umfangreiche Nachtruhe garantiert. Der letzte Schritt der Sauerteigherstellung ist die langsame Gärung des Teiges im Kühlschrank. Trotz der niedrigen Temperatur geht der Teig auf, und weil das langsam geschieht, haben die Milchsäurebakterien (die für das »sauer« im Sauerteig verantwortlich sind) mehr Zeit, ihre Arbeit zu tun und dem Brot seinen besonders intensiven Geschmack zu verleihen. Allerdings braucht man dafür auch eine Menge Platz im Kühlschrank. Hatten wir nicht. Wir hatten zwei Kühlschränke: einen von Katies Mutter, auf dem noch Snoopy-Aufkleber aus Katies Kindheit klebten, und unseren eigenen Kühlschrank. Nur durch sorgfältiges Stapeln konnten wir alle Teige in ihren Gärkörben in den Kühlschränken unterbringen. Dann machte der Snoopy-Kühlschrank nach jahrelangem Dienst schlapp.

Wir brauchten einen größeren und professionelleren Gastro-Kühlschrank. Ein neuer Kühlschrank überstieg jedoch bei Weitem unsere finanziellen Möglichkeiten, und so warf ich einen Blick auf eBay. Und tatsächlich: Ein Feinkostladen in Kidderminster verkaufte einen großen Doppelkühlschrank für rund 400 Pfund (ein Bruchteil des Normalpreises) und die Auktion lief nur noch ein paar Stunden. Perfekt! Ich gab mein Gebot ab und bekam den Zuschlag. Dann erst wurde mir klar, dass a) Kidderminster nicht das nahe gelegene Kidlington war, wie ich geglaubt hatte, sondern eine Stadt jenseits von Birmingham und drei Autostunden entfernt, und dass b) ich nicht nach den Abmessungen gefragt hatte. Aber bestimmt war ein Doppelkühlschrank genauso groß wie die beiden Kühlschränke, die wir besaßen.

Wir beauftragten einen Lieferdienst. Der Transporteur kreuzte mit dem Kühlschrank und einem Beifahrer an einem düsteren Montagnachmittag auf, als es wie aus Eimern schüttete. Wahrscheinlich war das Verladen des Kühlschranks schon nicht optimal verlaufen, zudem waren sie irgendwo auf der M5 in einen langen Stau geraten und hatten schließlich ewig im Lieferwagen vor der verschlossenen Bäckerei gesessen, weil sie annahmen, dass der Kühlschrank dorthin geliefert werden sollte. Als ich mich auf die Suche nach ihnen machte, schaute ich auf mein Handy und sah, dass sie schon 15-mal versucht hatten, mich zu erreichen. Ihre Laune war nicht gerade rosig.

Sie parkten den Lieferwagen erneut, diesmal vor unserem Haus. »Wo soll er denn hin?«, fragte der Fahrer. »Ich zeig's Ihnen«, sagte ich und ging durch die Haustür. Als ich merkte, dass ich allein war, drehte ich mich wieder um. Der Fahrer schaute mürrisch auf den Türrahmen. »Na, da passt er jedenfalls nicht durch. Schauen Sie lieber mal hier rein.« Er öffnete die Hintertür des Lieferwagens. Dort lag ein riesiges Metallgebilde, das mir so groß erschien wie ein kleines Zimmer (und tatsächlich war es das auch). »Sie haben recht«, murmelte ich. »Ich weiß«, sagte er.

In diesem Moment schwirrten mir verschiedene Möglichkeiten durch den Kopf, wie wir den Kühlschrank ins Haus bringen könnten, aber nichts davon war sofort umsetzbar. »Er könnte ja erst mal in der Garage stehen«, schlug ich vor. Er warf einen Blick auf unser Garagentor und zündete sich eine Zigarette an. »Da passt er auch nicht rein.«

Ich schätzte die Größe des Kühlschranks ab. Aufrecht stehend würde er nicht passen, aber vielleicht auf der Seite? Ich schloss das Garagentor auf und wurde von einer Flut von Dingen begrüßt. Alles, was wir aus der Küche hatten ausräumen müssen, um Platz für die Backstube zu schaffen, war in der Garage gelandet, auch unser Küchentisch. Ich machte mich daran, die größten Sachen herauszuholen, während Kit in die Garage hineinkletterte, um so viel wie möglich in den hinteren Teil der Garage zu schieben. Der Fahrer und sein Kollege stiegen zurück in ihren Wagen, um aus dem Regen zu kommen und uns durch die Fenster zu beobachten.

Schließlich war ein Platz freigeräumt, der groß genug für den Kühlschrank sein könnte. Die Männer stiegen widerwillig aus dem Lieferwagen, bugsierten den Kühlschrank auf die Hebebühne und schoben und schleiften ihn dann über den Bürgersteig zur Garage. Auf drei schafften wir es, den Kühlschrank auf die Seite zu kippen und ihn dann irgendwie in den von uns geschaffenen Raum zu befördern. Zur sichtlichen Enttäuschung des Fahrers passte er hinein. Wir würden ihn auf keinen Fall mehr wegschaffen können, aber er war vom Lkw runter und verstaut.

Ich hatte das Gefühl, dass wir der ansonsten katastrophalen Ausgangslage zumindest einen kleinen Sieg abgerungen hatten.

Ich gab dem Fahrer das Geld und schloss das Garagentor. Ich war nass, erschöpft, verärgert, aber komischerweise auch glücklich.

In den folgenden Tagen überlegte ich, wie wir das Problem angehen sollten. War es das Beste, ihn einfach wieder zu verkaufen? Würde überhaupt jemand einen verkratzten Doppelkühlschrank kaufen wollen, den ich wahrscheinlich durch das Umkippen auf die Seite kaputt gemacht hatte? Ich habe ihn wieder und wieder ausgemessen. Wenn wir ihn in den Garten bringen könnten, würde er eventuell durch die breitere Hintertür passen. Fraglich war nur, wie wir ihn dorthin bekommen. In unseren Garten gelangt man nur durch das Haus. Dafür waren Muskeln und Einfallsreichtum gefragt. Mir fehlte beides. Außerdem schämte ich mich immer noch ein bisschen für meine ursprüngliche Entscheidung.

Wieder einmal haben uns unsere Nachbarn aus der Patsche geholfen. Angesichts unserer ständigen Beanspruchung ihrer Kühlschränke, Öfen und Hunde-Einfangkünste hatten sie sich wahrscheinlich schon längst gefragt, ob es eine gute Idee war, in unserer Straße zu wohnen. Doch Antony von nebenan sagte, wir könnten ihre Einfahrt benutzen und einen Teil des Zaunes abmontieren, um den Kühlschrank in unseren Garten zu bringen. Jo und Andy von gegenüber meinten, ihr Sohn Tristram, der gerade von der Universität in Amerika zurück war, könnte uns beim Transport des eisernen Ungetüms helfen.

Wir entschieden uns für einen Sonntagmorgen, an dem Katie nicht da war. (Sie hatte bisher noch nicht realisiert, wie groß der Kühlschrank war, also wollte ich ihn lieber ins Haus bringen, bevor sie es merkt.) Tristram, Albert, ich und Kitty zerrten den

Kühlschrank aus der Garage und schoben beziehungsweise zogen ihn über den Bürgersteig und die holprige Auffahrt neben Antonys Haus. Wir montierten ein Zaunelement ab und bugsierten den Kühlschrank durch die entstandene Öffnung. So ähnlich wie wir müssen sich die Druiden gefühlt haben, als sie die Steine von Stonehenge von den Waliser Bergen herunterholten. Wir mussten dafür Holzbretter als Steg benutzen, und während die anderen drei ihn bewegten, übernahm ich die Rolle des Menschenopfers, das versuchte, das Monstrum irgendwie zu balancieren.

Alles, was hätte schiefgehen können, ging auch schief: Das Gras war rutschig, es fing wieder an zu regnen, und sobald das Zaunelement raus war, rannte Sibby weg. Als wir mit dem Kühlschrank an unserer Hintertür ankamen, merkten wir, dass wir tiefe Furchen auf unserem Rasen hinterlassen hatten. Vom Türrahmen splitterte ein großes Stück ab, aber schließlich bekamen wir ihn durch und schleiften ihn über den Holzboden in die Ecke. Die Kabel hinter dem Kühlschrank verhinderten, dass er direkt an der Wand stehen konnte, sodass er das halbe Küchenfenster verdeckte.

Ich steckte den Stecker in die Steckdose und schaltete ihn nervös ein. Einen Augenblick lang passierte nichts, dann erwachte er hustend und gab ein ungesundes Brummen von sich, das nicht mehr aufhörte. In diesem Moment kam Katie nach Hause und musterte schweigend die nun halbdunkle Küche mit einem dröhnenden Kühlschrank von der Größe der Titanic in der Ecke, registrierte den zerstörten Rasen, die beschädigte Hintertür und den entlaufenen Hund. Das war nicht gerade eine Sternstunde in unserer Ehe.

Eine Zeit lang funktionierte Bertha hervorragend, auch wenn Katie jedes Mal ein leises Grummeln von sich gab, wenn sie sie ansah. Bertha war so groß, dass wir nicht nur unsere Brotteige über Nacht hineinstellen konnten, sondern auch Bleche mit vorbereiteten Gebäckstücken, was unsere morgendliche Routine erheblich beschleunigte und uns das Gefühl gab, wieder mehr Kontrolle zu haben. Dann brach die Sommerhitze herein. Im Juni und Juli mussten wir Bertha immer wieder höher schalten, um die Teige kühl genug zu halten. Je kälter sie war, desto mehr Geräusche verursachte sie, doch Berthas nächtliches Ächzen, das wir in unserem Schlafzimmer über der Küche hören konnten, war ziemlich beruhigend. Eines Morgens, als der Wecker klingelte, stellte ich fest, dass es still im Haus war.

Bertha gab kein Lebenszeichen mehr von sich. Ich öffnete nervös die Türen, und Kitty und ich starrten auf die Katastrophe im Kühlschrankinneren.

Die Teige, die sich jetzt in einer wärmeisolierten Kammer befanden und nicht mehr gekühlt wurden, waren über den Rand der Gärkörbe geflossen und hatten sich im gesamten Inneren des Kühlschranks ausgebreitet. Diesmal war Kitty die Retterin in der Not. Sie hatte auf Instagram von einem Bäcker gelesen, der vor einem ähnlichen Problem gestanden hatte. Sie holte die Gärkörbe heraus, die noch ihren Teig enthielten, drehte die schwammige Masse um und formte den Teig wieder zu festen Kugeln. Das bedeutete, dass sie noch einmal aufgehen mussten. Während sie damit beschäftigt war, kümmerte ich mich um das Gebäck.

An jenem Tag öffneten wir den Laden zwar eine Stunde zu spät, konnten aber trotzdem noch über die Hälfte der Brote retten.

Ich verbrachte den ganzen Abend damit, am Kühlschrank zu rütteln, ihn zu stupsen und ihn aus- und wieder einzuschalten (mein gesamtes technisches Know-how), aber Bertha schwieg beharrlich. Wir riefen einen Kühlschranktechniker an, der vorbeikam und das Gleiche tat, um anschließend seufzend die Leiter wieder herunterzuklettern. Kein gutes Zeichen. »Ihr habt zwei grundlegende Probleme«, sagte er. »Sie ist alt, und sie ist Italienerin. Das heißt, dass die Ersatzteilbeschaffung ein Albtraum ist. Und selbst wenn wir das Teil ersetzen, von dem ich glaube, dass es kaputt ist, ist es durchaus denkbar, dass noch etwas anderes defekt ist.« »Also ...?«, fragte ich und wartete auf das »Aber«. Das kam aber nicht.

Also bezahlten wir ihn für die schlechte Nachricht. Mit Alberts Hilfe schaffte ich es irgendwie – hauptsächlich getrieben von extremer Wut –, Bertha aus der Küche zu schieben und zu zerren, wobei ich ein weiteres Stück der Hintertür und Alberts bereits vom Reintragen geschundene Fingerknöchel in Mitleidenschaft zog, und wir stellten sie auf unseren schmalen Rasen. Katies Erleichterung darüber, dass Bertha aus der Küche verschwunden war, schlug in Verärgerung darüber um, dass es uns viel kosten würde, sie ganz loszuwerden. Daher stand sie den ganzen heißen Sommer über auf unserem Rasen. Ein riesiger unnützer Kühlschrank hausierte auf unserem winzigen Rasenstück. Das Positive an der Sache war, dass sich unsere Küche wieder sehr viel größer anfühlte.

Eine liebe Kundin (danke, Emma) hat uns daraufhin ihren viel neueren – wenn auch viel kleineren – Kühlschrank geliehen. Wir mussten wieder dazu übergehen, das Gebäck jeden Morgen statt am Vorabend vorzubereiten, aber das war machbar. Katies Grummeln war zwar immer noch präsent, aber nur, wenn sie in den Garten ging oder aus dem Fenster schaute. Letztendlich bezahlten wir jemanden, der den Kühlschrank entgaste und den Motor ausbaute, wodurch nur noch eine riesige Metallkiste übrig blieb. Sie (Bertha, nicht Katie) musste mit einer Flex auf ein Maß zerkleinert werden, das wir im Auto zur Deponie transportieren konnten. Wenn ich die Kosten für Bertha – den Kauf, den Transport, die Reparatur und das Abwracken – zusammenrechne, nicht zu vergessen Katies Verärgerung, wäre es wahrscheinlich sinnvoller gewesen, einen neuen Kühlschrank zu kaufen. Lektion gelernt? Hmmm.

ZU DEN SCHÖNSTEN Dingen unserer Bäckerei gehörte das Plaudern. Es kam keiner rein, der sich nicht unterhalten wollte, und bald hatten wir einen festen Kundenstamm. Da gab es zum Beispiel Herrn Rawstrom. Er kam jeden Tag mit einer Tupperbox, die wir mit Kardamom- und Orangenschnecken füllten. Für einen Mann in den Achtzigern konnte er eine Menge Teigschnecken essen. Der Schwede Thomas, der Zimtschnecken so sehr liebt wie die Franzosen ihre Zwiebeln, suchte sich aus der Kiste immer ein Dutzend aus. Mutter und Tochter, Ilona und Daisy, meinten anfangs, sie würden sich eine Teigschnecke teilen, aber später wollten sie jede eine haben. Dann war da noch die Irin Muriel, die wegen des Sodabrots kam.

Nachdem Papa einmal eine Rezeptidee für Sodabrot gelesen hatte, gab er Sirup in den Teig dazu. Muriels Mann kam danach in den Laden, nahm Papa beiseite und sagte: »Seit 60 Jahren esse ich Sodabrot, und ich muss dir sagen, ...« Papa erwartete ein großes Kompliment und gab sich ganz lässig, aber mit stolzgeschwellter Brust. Schließlich beendete der Mann den Satz: »... man gibt NIEMALS Sirup in ein Sodabrot.« Papa hat es danach nie wieder getan und ist immer noch ein wenig traumatisiert von diesem Erlebnis.

Tai-Chi-Nick und seine drei Jungs fingen an, anschreiben zu lassen, weil sie so viele Pizzaschnitten verdrückten. Jess war eine meiner Lieblingskundinnen, mit Joss im Tragetuch auf dem Rücken und dem kleinen Kit, der neben ihr schlenderte. Man hörte Kit schon von Ferne plappern, bis er im Laden ankam und beim Anblick der vielen Schoko-Roggen-Cookies regelrecht in Trance verfiel. Es kamen regelmäßig Radfahrer in engen Lycra-Klamotten und Stollenschuhen, die nach der Fahrt auf den Watlington Hill ziemlich rote Gesichter hatten. Sie stürzten sich direkt auf die Wurstpasteten. Hunde waren jederzeit willkommen und schleckten die Krümel vom Ladenboden auf. Wir führten Sauerteig-Hundekekse ein, die inzwischen eine pelzige Fangemeinde haben.

Jede Tageszeit brachte andere Kundengruppen mit sich. Um zehn Uhr morgens, wenn die Yogastunde im Memorial Club zu Ende war und die biegsamen Frauen auftauchten, um sich mit Käse-Marmite-Kringeln oder fluffigen Albert-Broten zu beladen, und um 12.30 Uhr, wenn die Angestellten ihre Computer für eine Stunde verließen und sich eine Zatar-Feta-Pastete oder die Ganztags-Frühstücksschnecke (die nicht nur zum Frühstück schmeckt) mit Speck, Ei, Tomate und Zwiebeln holten, war immer viel los. Einem Mann gaben wir den Spitznamen Rumpelstilzchen, weil er einmal kräftig mit dem Fuß aufstampfte, als wir ihm sagen mussten, dass die Albert-Brote schon ausverkauft waren.

Der Laden hatte etwas an sich, das bewirkte, dass niemand es eilig hatte, und oft kamen völlig Fremde miteinander ins Gespräch.

Die Bäckerei war ein Ort, der meine Gedanken besänftigte und an dem ich mich sicher fühlte. Dort hatte ich keine Ängste, weil ich wusste, was mich erwartete. Das war mein Wohlfühlort.

9
GRAS-PESTO

JE MEHR ICH BACKTE, desto mehr faszinierten mich die verschiedenen Zutaten. Viele davon bekam ich von einigen bezaubernden Läden in der Cowley Road in Oxford – Miso, Seegras und geräucherten schwarzen Sesam von Seoul Plaza; Tahina, geröstete rote Paprika und Halva von Maroc Deli. Ich liebte es, mit neuen Geschmacksrichtungen zu spielen, und als ein Kunde den heimischen Bärlauch erwähnte, kam mir der Gedanke, dass er das perfekte Pesto für unsere Brioche-Brötchen sein könnte.

Papa und ich folgten seiner Wegbeschreibung und spazierten mit Sibby, Sparky und einem alten Weidenkorb auf den Ridgeway Trail. Hinter einer Hütte, bevor der Wanderweg in einen Pfad überging, sollte auf der linken Seite Bärlauch zu finden sein. Dort angekommen, bildeten wir uns ein, dass wir den Knoblauchduft schon riechen konnten, bevor wir den Bärlauch überhaupt sahen. Es war ein hellgrüner, schmaler Streifen direkt neben dem Weg. Wir griffen uns ein paar Handvoll Blätter, legten sie in unseren Korb und traten den Heimweg an. Ich spülte alle Blätter ab, röstete ein paar Walnüsse, rieb etwas Parmesan und gab alles in den Standmixer.

Es sah so toll aus. Leuchtendes Froschgrün. Ich toastete eine Scheibe Albert-Brot und löffelte etwas vom Pesto drauf.

Es schmeckte widerlich. Ich hatte Pesto aus Gras gemacht.

Ich brauchte Sarge, um herauszufinden, wo man den besten Bärlauch finden konnte. Er sagte, wir müssten nach Pishill fahren, wo er aufgewachsen ist. Sein Elternhaus lag auf der Anhöhe neben der Kirche; weiter oben auf dem Hügel gab es eine Menge Bärlauch, kleine weiße Blüten auf dunkelgrünen Büscheln.

»Früher wurden wir hierhergeschickt, um Bärlauchblätter für die Suppe zu pflücken. Man braucht nur ein paar Blätter, um ausreichend Geschmack zu erhalten, aber wir kamen immer mit einem ganzen Arm voll zurück. Im Nachhinein denke ich, dass meine Mutter uns damit bloß beschäftigen wollte.

Wenn es so viel Bärlauch gibt wie hier«, sagte er und schwenkte seinen Arm über den weißen Teppich, »dann weiß man, dass man in einem alten Waldgebiet steht. An dieser Stelle haben die Menschen wahrscheinlich schon seit mindestens tausend Jahren Bärlauch gepflückt.« »Ich wette, sie haben auch manchmal aus Versehen Gras gepflückt, als sie noch Anfänger waren«, sagte ich. »Nein«, antwortete Sarge, »ich denke nicht, dass das passiert ist.«

Die Bärlauchpesto-Kringel waren grandios, und sie haben andere Leute dazu animiert, uns noch weitere Zutaten zum Backen mitzubringen, was einfach genial war.

Susan Fotherby kam mit Rhabarber aus ihrem Garten, Jo von gegenüber brachte Rosmarin für unsere Focaccia mit, und Paul (der samstags in der Schlange immer ein Buch über Bäume las) schenkte uns einen Haufen Birnen. Wenn der Laden geschlossen war, legten die Leute Mitgebrachtes in den Zauberschrank. Wenn ich ihn öffnete, fand ich ein paar Beutel Rote Bete aus einem Gemüsegarten oder ein paar scharfe Chilischoten aus einem Gewächshaus, die das Miso-Sesambrot noch schärfer machten. Manchmal lag ein Zettel dabei, auf dem stand, von wem es war, manchmal ein Zettel nur mit einem Smiley.

DIE ART UND WEISE, wie wir die Bäckerei mit der Hilfe aller aufgebaut hatten, inspirierte auch andere. Immer mehr Menschen fragten uns, ob sie ihre Produkte bei uns verkaufen könnten. Martin aus Clare kam jeden Samstag mit einem Eimer wunderschöner weißer Enteneier vorbei, die er liebevoll von Hand datiert hatte, und mit einem Korb voller grüner Walnüsse. Die Matthews-Brüder – Barnaby, Ollie und Eddie – kamen bereits ziemlich zu Beginn mit ihrer Mutter vorbei. Sie lebten auf einem Bauernhof in einem kleinen Dorf namens Stoke Talmage, wo jeder Junge seinen eigenen Bienenstock hatte. Ihr naturbelassener Honig war fantastisch – viele Kunden schworen darauf, dass er ihnen bei Heuschnupfen hilft, was ja bei heimischem Honig möglich sein soll –, und so verwendeten wir ihn auch in unseren Backwaren. Auf den von Hand etikettierten Gläsern sahen die Jungs in ihren Imker-Outfits hervorragend aus (interessant ist, dass Imkeranzüge für Kinder unter zehn Jahren maßgeschneidert werden müssen).

Ehrlich gesagt war meine Ökobilanz vor der Bäckereigründung eher dürftig (das Herumfahren mit unserem alten Dieselauto ist eine peinliche Erinnerung für mich).

Kitty und mir liegt viel daran, dass wir diese Zutaten verwenden können. Es fühlt sich einfach richtig an, die lokalen Erzeugnisse zu verarbeiten anstatt die billigste Alternative.

Unsere Eier kaufen wir von der Freilandfarm im nächsten Dorf, wo man am selben Tag gelegte Eier mitnehmen und einfach Geld in eine Geldkassette stecken kann. (Wir haben lange Zeit nie jemanden auf dem Hof gesehen, und Kit und ich stellten uns vor, dass die Hühner den Hof bestimmt selbst bewirtschafteten und im Winter zusammen nach Barbados in den Urlaub fuhren.) Unsere Milch kommt von der nahe gelegenen Molkerei Lacey's und unser Mehl von der Wessex Mill in Wantage, die nur Getreide von Bauernhöfen aus einem Umkreis von 50 Meilen bezieht. Das bedeutet, dass das Mehl, das wir verwenden, oft von Weizen stammt, der ganz in der Nähe angebaut wurde. Dass die Mühle von einem anderen Vater-Tochter-Gespann, Paul und Emily Munsey, betrieben wird, finden wir natürlich doppelt gut.

Womit Kitty und ich uns am meisten schwertaten, war die Frage, was wir mit unserem »fehlerhaften« Brot machen sollten. Die Brote, die im Ofen vergessen wurden oder in der Mitte eingesackt waren, oder die Käse-Marmite-Kringel, die ein bisschen zu knusprig geworden waren. Anfangs warfen wir sie in die Komposttonne, die einmal pro Woche von der Müllabfuhr abgeholt wird. Aber das fanden wir immer ziemlich traurig (und es war nahezu unmöglich, alles in die kleine grüne Tonne zu bekommen). Dann erwähnte ein Kunde, Henry, dass zwei große, hungrige Schweine in seinem Garten lebten, die die Familie, die sich vegan ernährte, als Haustiere hielt. Wir fuhren also dorthin, um Sausage und Beans kennenzulernen.

Jeden Sonntag luden Kit und ich einen großen Mehlsack mit unseren ausrangierten Backwaren in den Kofferraum, fuhren den Britwell Hill hinauf und parkten auf der Rückseite von Henrys Haus. In seinem Garten befand sich der allerschönste Schweinestall mit einem selbst gebauten Unterstand voller frischem Stroh. Wenn sich der Kofferraum öffnete, hörte man ein Rascheln, und dann kamen Sausage und Beans heraus. Gewaltige, behaarte, schwarze Schweine mit so dicken Hälsen, dass sie nur nach unten schauen konnten. Grunzend saugten sie unsere Gaben auf, und Kit kratzte ihnen mit einem Stock den Rücken. Ihre Zufriedenheit machte uns viel glücklicher als das Wegschmeißen in die Komposttonne.

DER SOMMER neigte sich dem Ende zu, und wir hatten nun seit über drei Monaten geöffnet. Es war Zeit für die Dankesparty, die wir unseren Crowdfundern als Teil unserer Gegenleistung versprochen hatten. Wir entschieden uns für den vorletzten Sonntag im September und fragten Kristina vom Gemeinderat, ob wir den kleinen Park hinter der Bücherei für ein paar Stunden nutzen könnten. Am einfachsten war es, selbst gemachte Pizza zu backen, sie in Holzkisten zu packen und mithilfe von Albert und Aggie und einer sauberen Schubkarre zwischen Haus und Park hin- und herzufahren.

Papa und ich brauchten ewig, um optimale Pizzabeläge zu kreieren. Wir haben eine Tomatensauce im Schongarer zubereitet, für die wir zehn Kilogramm Tomaten und 24 Stunden benötigten. Dann probierten wir, unseren eigenen Mozzarella mit der Milch von Lacey's herzustellen. Wir sahen uns eine YouTube-Anleitung in Endlosschleife an. Wir übten, die Molke bis fast zum Siedepunkt zu erhitzen und unsere behandschuhten Hände mit einer weichen Kugel Käsebruch darin einzutauchen. Ein paar Verbrühungen später beschlossen wir, die Mozzarellaherstellung den Experten zu überlassen. Wir lernten allerdings, wie man Ricotta herstellt. Kein Aufkochen oder Verbrühen nötig, einfach einen Beutel Käsebruch über Nacht in einem Musselinbeutel ruhen lassen. Wir haben den Ricotta mit dünnen Knoblauchkartoffelscheiben und Rosmarin als Belag auf den Pizzaboden gegeben, und obwohl ich Sorge hatte, dass das Ergebnis etwas zu beige war, hat es großartig geschmeckt.

Wir unterhielten uns gerade im Laden über die Dankesparty, als Justin, der Schildermacher, mit seinem zweijährigen Sohn William hereinkam, um die üblichen Zimtschnecken zu kaufen. Als wir ihm erzählten, dass wir Pizza machen würden, schlug Justin vor, dass er versuchen könnte, aus unseren »Ausschuss«-Broten Bier zu machen.

Er hatte schon einige Male gebraut und gelesen, dass man aus altem Brot Bier machen kann. Das klang genial, und als er das nächste Mal kam, zeigte er uns die Orange-Bakery-Etiketten, die er im Vintage-Look für die braunen Flaschen entworfen hatte, in die das Bier abgefüllt werden könnte. Es war gerade noch genügend Zeit, um es vor der Feier gären zu lassen. Wir haben die traurigen Blicke von Sausage und Beans angesichts ihrer reduzierten Wochenrationen versucht zu ignorieren (obwohl ich mich nicht allzu schlecht gefühlt habe, denn diese Schweine sind ja nicht gerade mager), haben Justin einen Sack Brot gegeben, und er legte los.

Mit Kickstarter konnten wir eine Einladung an alle schicken, die für uns gespendet hatten. Ein paar Leute antworteten daraufhin, dass sie kommen würden, aber wir hatten keine Ahnung, wie viele es am Ende sein würden.

Der Party-Tag war einer dieser unerwartet heißen Septembertage. Mama brachte Berge von mottenzerfressenen Decken und Kissen zur Wiese, um sie dort auf dem Gras auszulegen, und Cousine Daisy erschien, um zu helfen. Während Papa und ich die Pizzas in den Ofen schoben und wieder herausholten, stellten Daisy und Mama einen langen Tapeziertisch auf, worauf sie die Bierflaschen, Gläser und Teller platzierten.

Als Papa und ich zur Wiese kamen, saßen bereits rund hundert Leute auf dem Rasen, in der Hand Pizzastücke und Justins Bierflaschen oder unseren leicht trüben selbst gemachten Holunderblütensaft. Aggie und Albert saßen neben der endgültig leeren Schubkarre, und Mama signalisierte uns mit ihren wedelnden Handbewegungen, dass wir uns beeilen sollten, da der Mann vom *Henley Standard* gleich auftauchen würde, um ein Foto für die Zeitung zu machen.

Als wir näherkamen, fingen alle an zu klatschen. Papa stieg auf einen umgedrehten Eimer, bedankte sich bei allen für ihr Kommen und sagte mit Blick auf Mama, dass er nie erwartet hätte, dass wir jemals hier stehen würden und wie dankbar er sei. Dann sagte er auf einmal nichts mehr. Und ich stellte fest, warum er das nicht mehr konnte.

Papa stieg vom Eimer ab und stellte sich neben mich. Mama gab ihm ein Bier, und der Mann vom *Henley Standard* schoss ein Foto von uns.

10
ULLAS BROT

JENER SEPTEMBER war wie der Beginn eines neuen Schuljahrs, denn Kitty hatte sich entschieden, nicht mehr länger zum psychologischen Team von CAMHS in Oxford zu gehen. Sie hatte herausgefunden, welche Hilfen sie brauchte – Backen und Familie, Spaziergänge mit den Hunden und Routine –, um die Panikattacken und die Depression in Schach zu halten, und falls sie doch auftauchten, geriet sie nicht mehr in eine so beklemmende Trägheit wie zuvor. Sie fing an, darauf zu vertrauen, dass sie glücklich sein konnte, und lernte, gütiger mit sich selbst zu sein. Es dauerte eine Weile, bis wir bemerkten, dass sie große Fortschritte gemacht hatte, bis die Anzeichen dafür immer deutlicher wurden.

Zuerst meldete sich Kittys Lachen zurück. Ein leicht manisches Gekicher, das ihre Augen zusammenkneifen und ihren Körper erzittern ließ.

> Auf Instagram gibt es ein Foto von Kitty, wie sie in jenem Herbst in den Fluss springt (und es war kein warmer Tag). Es zeigt die wilde Kitty von früher.

Das zweite Anzeichen waren Geräusche. Bisher hatte Kitty es vorgezogen, im Stillen zu arbeiten, aber nun wurde die Musik wieder Teil ihres Lebens. Bowie, Nick Cave und die Flaming Lips gehörten zum festen Bestandteil unserer Playlist in der Backstube. Außerdem entdeckte Kitty Podcasts. Sie waren für sie ideal geeignet, da sie gleichzeitig arbeiten und zuhören konnte; Fernsehen war für sie nicht so reizvoll, da Multitasking für sie schwierig war. Während sie durchs Haus ging, das Telefon in die Latzhose gesteckt, erzählte eine körperlose Stimme vom Stockholm-Syndrom, dem Leben von Boudica oder der Herkunft der Mormonen. Kit neigt dazu, ein Thema für sich zu entdecken, davon regelrecht besessen zu sein, jedes noch so kleine Detail darüber herauszufinden und dann zum nächsten Thema zu wechseln. Dadurch wird ihr Allgemeinwissen immer ein paar fundamentale Lücken haben (in der Allgemeinwissensrunde von Mastermind würde sie nie gut abschneiden), aber ihre Spezialthemen sind sehr breit gefächert. Ich kann gar nicht abschätzen, welches Thema als Nächstes an der Reihe ist, und überblicke auch nicht, wie die Themen, auf die sie sich konzentriert, zusammenhängen.

Mal geht es um ein bestimmtes Business – zum Beispiel um die Unternehmerin Sarah Blakely, die Spanx gegründet hat – oder um einen großartigen Schriftsteller – wie Matt Haig, der *How to Fail* geschrieben hat –, und ein anderes Mal erzählt Kit mir plötzlich, wie ähnlich doch die Tulpenblase der 1630er-Jahre und die Internetblase im späten 20. Jahrhundert waren, und ich geriet dabei in Verlegenheit. Sie saugte Wissen und Informationen auf, als ob sie das Jahr, in dem sie nichts anderes als Brot im Kopf hatte, wieder wettmachen wollte, und bombardierte mich mit Fragen, um ihre Gedanken zu den Themen zu ordnen.

In jenem September gab es auch für mich zwei neue Entwicklungen. Die erste war, dass wir unser Pflichtbewusstsein bezüglich Kittys Schulbildung abschüttelten. Sowohl Katie als auch ich begriffen, dass wir uns von der Idee verabschieden mussten, sie in eine traditionelle Schullaufbahn zu drängen, da es nicht das Beste für sie wäre. Doch es fiel uns schwer, da wir besorgt waren, dass ihr im späteren Leben viele Möglichkeiten verwehrt bleiben würden. Wenn sie jemals mit dem Backen aufhören und sich für etwas anderes entscheiden sollte, wäre sie ohne einen Abschluss aufgeschmissen, und wir hatten das Gefühl, dass wir ihr diese Entscheidung im Alter von 15 Jahren nicht überlassen sollten. Als wir allerdings merkten, wie intensiv Kitty lernte – ja, Informationen förmlich verschlang –, widerstrebte es uns, sie wieder in den regulären Unterricht zu schicken, um einen Abschluss zu machen oder gar das Abitur. Zudem hatte sie keinerlei Interesse daran, und so verabschiedeten wir uns schließlich von der Idee, dass sie jemals wieder zur Schule gehen würde. Dass Kitty unser drittes Kind war, half uns zusätzlich und machte uns entspannter. Aggie und Albert hatten eine reguläre Schullaufbahn abgeschlossen, also waren wir nicht mehr darauf aus, etwas radikal durchzusetzen.

Wir mussten akzeptieren, dass Kitty einen vollkommen anderen Weg eingeschlagen hatte, und hofften, dass dieser Weg für sie Erfolg versprechen würde.

Wir waren außerdem gezeichnet davon, wie schwer sie erkrankt gewesen war und dass wir immer noch nicht allzu weit vom Abgrund entfernt waren; wir wollten keinesfalls einen Rückfall riskieren, nur um einen konventionellen Lebensweg zu erzwingen.

Unsere Entscheidung wurde maßgeblich von zwei Lehrerinnen aus Kits alter Schule mitgetragen, Miss O'Reilly und Dr. Hicks. Sie waren beide unglaublich großherzig und nahmen sich jede Woche Zeit, um mit Kitty über ihre Lieblingsthemen zu sprechen – Jackie O'Reilly über Englisch und Schriftstellerei und Jen Hicks über Geschichte, insbesondere die altgriechische. Für Kitty war es eine Befreiung, keinem strikten Lehrplan folgen zu müssen, und Jackie und Jen ermöglichten es ihr, diese Themen ausgiebig zu behandeln und einfach ohne Hintergedanken zu genießen. Wir ergänzten diese Fächer mit ein wenig Mathematik, orientierten uns dabei aber eher an den realen Herausforderungen des Geschäftslebens als an den abstrakten Geometrien und quadratischen Gleichungen.

Genauso wie wir Kits Weg akzeptieren mussten, musste ich auch einsehen, dass ich vermutlich nicht mehr als Lehrer arbeiten würde. Das Backen war nicht mehr nur dazu da, meine Tochter zu unterstützen, sondern vielmehr mein neuer Beruf. Ich konnte es nicht mehr ignorieren, sondern musste meinen neuen Beruf hundertprozentig leben. Als ich mir nachts mal wieder Gedanken darüber machte, ob das Backen wirklich mein Hauptberuf sein sollte, griff Katie ein. In einer knapp zehnminütigen Rede, die sie im Schlafanzug an mich richtete, führte sie sämtliche Gründe auf, warum dieser Lebensstil zu mir passte. Ich hatte die schwierige pädagogische Arbeit genossen, konnte aber auch mit mir selbst sehr streng sein – ich hatte oft das Gefühl, dass ich nur so gut war wie meine letzte Unterrichtsstunde. Als Bäcker war ich genauso kritisch mit mir selbst, hatte aber viel mehr Möglichkeiten, mich zu rehabilitieren. Mir gefiel es sogar, dass wir so viel aus Misserfolgen lernen konnten. Das Backen (und Betreiben der Bäckerei) stillte mein Kreativitätsbedürfnis, und trotz meiner Bedenken fand ich Gefallen am geschäftlichen Aspekt – das Jonglieren mit verschiedenen Anforderungen oder das termingerechte Organisieren von allem. Am Ende ihres Mini-TED-Talks schloss Katie mit einem eindrücklichen Fazit: Backen macht mich glücklich.

Ein paar Wochen später waren wir bei Freunden zum Abendessen eingeladen. Dort baten sie Katie und mich, ihre Testamente zu bezeugen, die sie kurz zuvor aufgesetzt hatten.

Neben meinem Namen, unter »Beruf«, schrieb ich zum ersten Mal »Bäcker«. Und es fühlte sich gut an.

WENN MAMA oder Papa jemandem erzählten, dass ich krank war, nicht zur Schule ging oder Depressionen hatte, hieß es oft: »Das liegt an den sozialen Medien, die machen es doch allen so schwer.« Dabei war Instagram das Einzige, was mir immer weitergeholfen hat. Mein Feed war voller Brote, Bäckereien, Köche, Rezepte, Equipment und Zutaten, und anstatt dass ich mich dadurch minderwertig fühlte, weckte das in mir den unbändigen Wunsch, wieder so weit gesund zu werden, dass ich rausgehen und noch mehr von all dem entdecken konnte. Es passierten so viele spannende Dinge draußen in der Welt, da wollte ich nicht mit meinen Gedanken zu Hause festsitzen. Wenn ich mich nur auf das beschränken würde, womit ich mich sicher fühle, würde mich das sehr einschränken.

Dann, im Sommer, passierte mithilfe von Instagram etwas Großartiges: Ich bekam eine Einladung nach Kopenhagen – das war der Anstoß, den ich brauchte, um weiter voranzukommen.

Ein paar Monate zuvor hatte mir ein dänischer Journalist namens Rasmus eine Nachricht geschickt und gesagt, dass seine Freundin die Orange Bakery auf Instagram gesehen hatte und er gerne kommen und mich für *DR*, das dänische Pendant zur *BBC*, interviewen möchte. Er brachte ein wunderbar weiches, dunkles Roggenbrot zu Besuch mit, das er am Tag zuvor gebacken hatte und welches wir während unseres Gesprächs aßen. Im Laufe des Interviews erwähnte ich mampfend, wie gerne ich Roggenbrot nach nordischer Art backen würde, aber dachte dann nicht weiter darüber nach. Plötzlich, eines Morgens im August, hatte ich auf Instagram jede Menge neue Follower, die alle aus Dänemark stammten. Das DR-Interview war veröffentlicht worden und der Teil, in dem ich gesagt hatte, dass ich gerne lernen würde, wie man nordisches Roggenbrot macht, war auch enthalten. Ich erhielt daraufhin jede Menge Einladungen zum Lernen. Meine Lieblingsnachricht war die von Nicolas, der zwölf Jahre alt war. »Meine Oma Ulla macht das allerbeste Roggenbrot. Wir wohnen ganz in der Nähe von Kopenhagen. Komm doch mit deinem Vater zu uns, dann kann sie es euch beibringen.«

Eines meiner allerliebsten Kinderbücher ist *Come Over to My House*, das mir meine Mutter wieder und wieder vorgelesen hatte. In der Geschichte reist ein Junge mit orangefarbenen Haaren um die Welt und quartiert sich in verschiedenen Häusern ein. »Manche Häuser sind viereckig, und manche Häuser sind rund. Es gibt so viele verschiedene Arten von Häusern.« Der Junge übernachtet zusammen mit anderen Kindern in seinem Alter in Hausbooten, Zelten, Hütten und Palästen, und überall, wo er hinkommt, nimmt er ein Bad. Nicolas und Ulla in Kopenhagen zu besuchen war wie *Come Over to My House*, nur in der Realität, und bevor ich zu viel darüber nachdenken konnte, sagte ich einfach: »Wir kommen gerne«, und schaute nach EasyJet-Flügen.

Ich musste einen Weg finden, wie ich die Backstube, den Laden und das Haus verlassen konnte und trotzdem zurechtkam. Wir könnten an einem Sonntag nach Kopenhagen fliegen und am Dienstag zurückkommen und würden trotzdem keinen Tag in der Bäckerei verpassen. Das ungute Gefühl, nicht genau zu wissen, was nach unserer Ankunft dort passieren würde, verdrängte ich mit aller Kraft.

Drei Wochen später wurden wir am Kopenhagener Flughafen von Nicolas' gesamter Familie empfangen, einschließlich Ulla, der berühmten Roggenbäckerin. Sie war klein und zierlich, hatte feine, kurze weiße Haare und eine schwarze Brille, wie eine 75-jährige Tinkerbell. Sie lächelte und nickte mir zu, als wir durch die Vororte zu ihrem Haus fuhren. Mein Magen verkrampfte sich vor lauter Anspannung, aber Papa saß neben mir und unterhielt sich mit den Jungs (die ausgezeichnetes Englisch sprachen) über die unterschiedlichen Geschmäcker in unseren Ländern.

Wir erreichten ihr Haus, das sehr weiß und sehr quadratisch war, und gingen hinein. Papa wurde der Garten gezeigt, und Ulla nahm mich fest an die Hand und führte mich in die Küche. Plötzlich spürte ich, dass ich in Panik geraten würde. Ich merkte, wie meine Temperatur in die Höhe schoss und mein Atem immer schneller wurde, weil Papa nirgends zu sehen war. Ulla konnte zwar kein Englisch, aber ich glaube, sie spürte, wie ich mich fühlte.

Sie stand neben mir, sodass sich unsere Schultern berührten, und führte meine Hand sanft in eine große weiße Schüssel mit grauem Roggenmehl, das mit einem Starter vermischt war.

Als ich meine Hände in die vertrauten Zutaten tauchte, spürte ich, wie mein Atem wieder langsamer wurde und meine Wangen aufhörten zu glühen. Ulla fügte ein paar Körner und etwas Bier hinzu und hielt dann jeweils vier Finger ihrer Hände hoch, die Daumen waren angewinkelt. Ich dachte, sie würde mir jetzt eine spezielle Mischmethode zeigen wollen und machte es ihr nach, aber in Wirklichkeit meinte sie damit, dass wir das Gemisch jetzt acht Stunden lang ruhen lassen würden.

Zum Mittagessen gab es Smörrebröd. Das ist ungefähr so, als würde man den gesamten Inhalt des Kühlschranks auf Teller kippen und dann kleine Lebensmitteltürme auf dünnen Roggenbrotscheiben anrichten. Vieles davon kannte ich (Eier, Kresse und Schinken), einiges war mir zumindest ein Begriff (eingelegter Hering) und ein paar Dinge waren mir völlig unbekannt (Västerbotten Crème, eine Kreation aus Frischkäse und Leberpastete, die wie ein rosa Klotz aussah). Papa und ich machten es der Familie nach und stapelten die Zutaten auf unser Brot, dann nahm ich es in die Hand und versuchte, von einem Ende abzubeißen. Papa räusperte sich, und da merkte ich, dass alle anderen Messer und Gabel benutzten. Vorsichtig legte ich das Smörrebröd wieder zurück. Ulla schaute mich bloß strahlend an.

Die Familie war unglaublich herzlich. Nicolas und sein Bruder Frederick hatten sich einen Tag schulfrei genommen, um uns Kopenhagen zu zeigen. Als ich sie fragte, ob die Schule nicht etwas dagegen hätte, sagten sie, dass sie sogar aufgefordert worden seien, »die englischen Bäcker kennenzulernen«. Zuerst gingen wir in die nächste Eisdiele, die jede erdenkliche Geschmacksrichtung hatte. Ich ärgere mich immer noch darüber, dass ich mich für Key Lime Pie mit Baiser entschieden habe, anstatt Schoko-Erdnussbutter zu nehmen. Aber zum Glück habe ich nicht, entgegen ihrer Empfehlung, Lakritz genommen.

Dann zogen wir weiter zu der großartigen Bäckerei Hart Bageri, die ich schon seit Monaten auf Instagram fleißig verfolgt hatte. Aufgrund meines Online-Stalkings erkannte ich beim Hereinkommen sämtliche Bäcker. Die Mutter von Nicolas und Frederick hatte vorher angerufen, um ihnen zu sagen, dass ich komme und dass ich ein totaler Fan von ihnen bin. Und so durfte ich auf die andere Seite der Theke wechseln, in den Backstage-Bereich sozusagen. Man zeigte mir die Eimer mit dem blubbernden Teig und führte mich ins Obergeschoss zum Zutatenschrank. Ich war ziemlich überrascht, dort unzählige Marmite-Gläser zu sehen. Dort lernte ich auch Talia kennen. Sie hatte zwei Butterplatten in der Hand und plauderte mit mir in perfektem Englisch (kein Wunder, sie kam aus Sussex). Sie erzählte mir von all den Backwaren und präsentierte mir ihre eigene Kreation, den Marmite Blondie (daher die Gläser) – er schmeckte fantastisch, und ich habe zu Hause meine eigene Version davon sofort in unser Angebot aufgenommen. Zum Abschluss unserer Tour durch die Stadt schauten wir uns noch die Kleine Meerjungfrau an, die wir uns trotz des Namens deutlich größer vorgestellt hatten.

Ich hatte mir ernsthafte Sorgen darüber gemacht, wie ich weit weg von zu Hause und meinem eigenen Bett schlafen würde, aber Papa und ich teilten uns ein Zimmer und trotz (oder gerade wegen) seines Schnarchens war es in Ordnung für mich. An dem Tag, an dem wir abreisten, präsentierte Ulla uns einen traditionellen skandinavischen Brotbelag zum Frühstück: Bitterschokoladenblättchen. Außerdem gab es Mandelgebäck, das man in Zitronenbuttermilch tunken konnte. Ullas Höhepunkt war es, uns den dänischen Brei, Øllebrød, nahezubringen. Er wird aus altbackenem Roggenbrot, Malzbier, Butter und Sahne zubereitet. Mit Stolz füllte sie ihn in meine Schüssel und streute braunen Zucker darüber. Ich merkte, dass Nicolas sich davor drückte und Frederick sich bemühte, nicht zu lachen.

Es war ziemlich anstrengend, den Brei zu essen – als würde man Pappmaschee, vermischt mit Tapetenkleister, essen –, aber da Ulla mir dabei zusah, zog ich es durch. Als ich fertig war, klatschte sie vor Freude in die Hände.

Während unserer Zeit in Kopenhagen erklärte mir Ulla alles, was ich über Roggenbrot wissen musste. Die Herstellung dauert zwei Tage; das Brot war gerade rechtzeitig fertig, sodass wir es noch mitnehmen konnten. Als wir auf unser Flugzeug warteten, spürte ich noch seine Wärme durch den Rucksack. Ich denke nicht, dass die Familie damals ahnte, was ihre Großzügigkeit in mir ausgelöst hatte – nämlich die Zuversicht, dass das Verlassen meiner Routine nicht zwangsläufig zu einer Panikattacke führen musste. Ich hatte losgelassen, und es ging gut. Sie hatten mir auch beigebracht, wie man herrliches Roggenbrot backt, das wir im Laden unter dem Namen Ullabrød verkauften. Und nicht zuletzt hatte ich mich Hals über Kopf in Kopenhagen verliebt.

DURCH INSTAGRAM bekam Kitty ein Bewusstsein für die Welt dort draußen, an der sie unbedingt teilhaben wollte, und zugleich lieferte es uns wertvolle Ratschläge. In jenem Herbst fielen unsere Brote plötzlich flacher aus. Sie schmeckten immer noch gut, und keiner unserer Kunden schien es zu bemerken, aber Kitty und ich verglichen sie immer wieder mit Bildern unserer Brote aus dem Sommer, die deutlich praller aussahen. Wir haben alles überprüft. Unsere Starterkultur wirkte ziemlich vital. Unsere Technik hatte sich nicht verändert. Wir hielten unserer lieben Wessex Mill weiterhin die Treue, aber vielleicht war ihr heimisches Mehl doch nicht so robust wie der importierte Weizen der Shipton Mill. Wir bestellten ein paar große Säcke bei Shipton und gingen alle Schritte durch, aber es machte keinen großen Unterschied – wenn überhaupt, war es sogar etwas schlechter geraten (vielleicht haben sich unsere Schuldgefühle auf die Brote übertragen). Wir überprüften unsere beiden Rofcos. Wir hatten sie nicht mehr gewartet, seit wir sie gekauft hatten, und sie waren nahezu ununterbrochen in Betrieb, weshalb sie möglicherweise nicht mehr so leistungsfähig waren. Wir haben sie gründlich gereinigt und verschiedene Dinge ausprobiert, haben etwa die kleinen Fenster länger offen gelassen und Wasser in den Boden gefüllt, doch nichts half. Wie üblich nahm Kitty die Sache dann in die Hand und fragte um Rat.

Kitty schickte fünf von ihren Lieblingsbäckern Bilder von unseren flachen Sauerteigbroten. Sie alle gaben ihr die gleiche Antwort – ihr habt euch nicht an den Winter angepasst.

Unser Teig war einfach zu kalt. Unser Starter hatte Mühe, den kalten Teig in Gang zu bringen, und dann stellten wir auch noch alles in einen zu kalten Kühlschrank. Wir steckten noch im Sommermodus fest, in dem wir alles taten, um den Sauerteig, der manchmal zu aktiv war, im Zaum zu halten. Im Jahr zuvor hatten wir zum Jahreszeitenwechsel noch keine großen Mengen gebacken, nun aber mussten wir darauf achten, dass wir für den Winter gerüstet waren. Wir minimierten die Starter und fütterten sie mit lauwarmem Wasser. Wir ließen alles ein bisschen länger gären und schalteten die Kühlschränke ein paar Grad höher. Langsam waren unsere Brote wieder wie früher; vielleicht sogar noch besser. Wir waren unheimlich erleichtert. Kit und ich schöpften neues Selbstvertrauen, weil wir merkten, dass wir wirklich gut Brot backen konnten. Gleichzeitig diente es uns als Messlatte. Sauerteig ist sehr eigenwillig (manchmal aus Gründen, die nur er selbst kennt), und jeder Tag ist anders, aber die Gewissheit, dass wir in der Lage sind, uns aus einer scheinbar katastrophalen Situation wieder herauszukämpfen, war beruhigend.

Abgesehen von den flachen Broten hatten wir in jenem Herbst noch ein weiteres Problem. Und das Problem war noch viel schwieriger zu lösen: unsere Sibby. Egal, wie viel wir mit Sibby trainierten, sie war uns immer überlegen. Wir waren der Aufgabe einfach nicht gewachsen. Unsere Katzen waren inzwischen so traumatisiert, dass Smudge Aggies Schlafzimmer nicht mehr verließ und sie ein Katzenklo neben ihrem Bett haben musste.

Oddie blieb bis Mitternacht draußen und sprang dann durch unser Schlafzimmerfenster, um eine Stunde lang auf meinem Rücken zu liegen – seine einzige Möglichkeit, menschlichen Kontakt zu pflegen. Wenn Sibby auch nur den Hauch einer Katze witterte, war sie blitzschnell zur Stelle und jagte sie zurück in ihr Versteck. Wir schafften es auch nicht, sie daran zu hindern, aus der Haustür zu stürmen, sobald sie geöffnet wurde. Jedes Mal, wenn eine Lieferung für die Backstube kam, musste Sibby ins Wohnzimmer gebracht und die Tür geschlossen werden. Dann waren da noch die Gassirunden. Wir probierten alles, damit sie zu uns zurückkommen würde, wenn wir sie mal von der Leine ließen. Mit gekochtem Huhn in der Tasche machten wir uns auf den Weg und ließen sie zaghaft los. Doch so gut wie jedes Mal verschwand Sibby blitzschnell, und der Spaziergang bestand darin, dass Sparky glücklich neben mir lief und die Leckerlis fraß, während wir uns angesichts eines kleinen schwarzen rasenden Punktes auf den Hügeln oberhalb von uns heiser schrien. Deshalb blieb sie an der Leine, wenn wir rausgingen, zerrte dafür aber wie wild, was für alle Beteiligten gleichermaßen unangenehm war.

Wir lasen sämtliche Ratschläge zur Hundeerziehung, die wir im Internet fanden. Sibby war ein Arbeitsterrier, weshalb sie sofort losrannte, sobald sie eine Fährte aufnahm. Eines Tages im Oktober spitzte sich die Lage zu. Kitty und ich waren nach wie vor mittwochs und donnerstags im Geschäft, und Ben übernahm freitags. Manchmal schafften Kitty und ich es vor der Öffnungszeit, mit dem Backen und Bestücken des Ladens fertig zu werden, und gingen noch schnell eine Gassirunde mit den Hunden. An jenem Mittwoch im Oktober haben wir das auch so gemacht. Es war ein herrlicher Tag; die Brote waren schön prall, und die Zimtschnecken stapelten sich in der Schaufensterauslage. Wir fuhren hinauf zum Watlington Hill, um vor der Ladenöffnung noch eine halbe Stunde Gassi zu gehen. Oben angekommen, entdeckte Sibby, die inzwischen nie mehr ohne Leine lief, dass sie mit einer schnellen und geschickten Rückwärtsdrehung aus ihrem neuen Geschirr entwischen konnte. Nach einem flüchtigen Blick zu Kitty und mir sprintete sie in den Wald zu den Höhlen der Dachse. In einem seiner sehr seltenen ungehorsamen Momente beschloss Sparky, ihr zu folgen.

Wir verbrachten die nächsten 20 Minuten damit, uns durch Dornengestrüpp zu kämpfen, bis wir gedämpftes Bellen hörten und begriffen, dass beide Hunde tief in die Höhlen abgetaucht sein mussten. Der Laden sollte in zehn Minuten öffnen. Ich rief Katie an, die gerade zur Arbeit gehen wollte, und erzählte ihr, was passiert war. Sie rannte in den Laden, umklammerte ihr Firmenhandy und schnappte sich eine Schürze. Eine Stunde später waren Kitty und ich immer noch auf dem Hügel, und keiner der beiden Hunde war wieder aufgetaucht. Mein Telefon klingelte. Es war Katie. »Hallo, Schatz«, meldete sie sich bedrohlich, »hier ist jemand, der dich im Laden sprechen möchte.« »Die Hunde sind immer noch bei den Dachsen«, antwortete ich und hörte mich an, als würde ich in Codewörtern der Widerstandsbewegung im Zweiten Weltkrieg sprechen.

Katie murmelte etwas, das sich in etwa anhörte wie: »Vergiss die Hunde und komm her.«

Dann fuhr sie sehr deutlich fort: »Die Frau vom Gesundheitsamt ist für eine Inspektion gekommen.«

Kit blieb auf dem Hügel, damit jemand dort war, wenn die Hunde wieder auftauchten. Derweil rannte ich zurück zum Auto, fuhr den Hügel hinunter und parkte vor dem Laden, wo sich eine Schlange von etwa zehn Leuten gebildet hatte. Im Laden packte Katie mit gezwungenem Lächeln Backwaren ein. In der Ecke stand eine kleine Frau mit Klemmbrett in der Hand, die Katie mit scharfem Blick beobachtete.

Ich japste, schwitzte, und meine Hände waren schmutzig, weil ich versucht hatte, mich in die Dachshöhle zu graben. Sie verzichtete auf einen Händedruck. Ich führte sie in das kleine Hinterzimmer, und sie sah sich in Ruhe um. Ich schrubbte meine Hände im Waschbecken und stellte mir die Gegebenheiten mit ihren Augen vor. Es war sauber, aber chaotisch. Kitty und ich sind keine geborenen Ordnungsliebhaber, und wir hatten die Regalflächen mit Dingen vollgestapelt, die in einer Bäckerei nicht gerade absolut notwendig waren – eine riesige Dankeskarte von Kittys alter Grundschule für ihren Vortrag in der Morgenversammlung, ein paar Mathebücher aus der Zeit, als wir noch den Versuch wagten, Schularbeiten zu machen, Krüge voll mit Pennys, von denen wir nicht einmal wussten, woher sie stammten, Kartons mit orangefarbenen Bommeln, mit denen wir für unseren ersten Pop-up-Verkauf geworben hatten, ein Bild von Kitty, das ein Kunde gemalt hatte, der orangefarbene Schal und lauter anderer Kram. Ich rückte alles ein bisschen hin und her und fischte den Papierkram heraus, damit es so aussah, als ob alles an der richtigen Stelle wäre. Während ich nervös weiter von den Hunden faselte und davon, dass dies ja kein normaler Morgen sei, ging die Dame vom Gesundheitsamt schweigend ihre Checkliste durch.

Nach einem kurzen Vortrag darüber, was wir verbessern könnten, verabschiedete sie sich.

Ich eilte zurück auf den Hügel und sah, dass Kitty es geschafft hatte, Sparky herauszulocken, aber Sibby war immer noch verschwunden. Ich stellte mich ein letztes Mal an das Loch, das am tiefsten war, und rief ihren Namen.

Plötzlich stürmte ein schmutziges, hechelndes Fellbündel heraus und in meine Arme. »Oh, Sibby«, sagte ich und hob sie hoch, während sie über mein Gesicht leckte, um anschließend einen erneuten Versuch zu starten, zu den Dachsen zurückzukehren.

Sibby wegzugeben kam für uns eigentlich nicht infrage, schließlich folgte sie nur ihrem Jagdinstinkt, und vermutlich hätten wir sie auch behalten, wäre da nicht die Pflegerin von Katies Eltern, Jan, gewesen. Sibby liebte Jan und hörte absolut perfekt auf sie. Immer öfter bot Jan an, tagsüber auf Sibby aufzupassen, und durch sie sind wir schließlich auf die Möglichkeit gestoßen, Sibby zu vermitteln. Eine Familie, die Jan kannte, suchte einen jungen Hund als Gefährten für ihren älteren Hund, der auch ausschließlich an der Leine lief. Sie hatten einen großen Garten, ihnen machte es nichts aus, dass er umgegraben wurde, und sie hatten sich regelrecht in Sibby verliebt. An dem Tag, an dem wir sie gehen ließen, waren wir alle todunglücklich. Beim letzten gemeinsamen Gassigehen trafen wir Sam, eine unserer Crowdfunder und Hundetrainerin. Sie beruhigte uns. »Manchmal passen Hund und Familie einfach nicht zusammen, und dann ist es besser, sie loszulassen, als krampfhaft an etwas festzuhalten, das für beide Seiten nicht das Richtige ist.«

Sibby ist nach wie vor allgegenwärtig, sei es durch die angenagten Stuhlbeine oder die Reißverschlüsse, die ich nicht mehr schließen kann, weil sie die Enden abgeknabbert hatte. Nun sind die Katzen zurück ins Erdgeschoss gezogen, und wir können die Haustür wieder öffnen, ohne Angst haben zu müssen, dass ein kleiner schwarzer Streif die Straße entlangrast. Ab und zu zeigt mein Handy mir ein Erinnerungsfoto, auf dem Sibby mit ihrem schmutzigen Gesicht zu sehen ist, und das schmerzt mich, aber ich bin froh, dass sie bei einer passenden und lieben Familie gelandet ist. Ich bin mir ziemlich sicher, dass sie noch immer von den Dachsen träumt.

11
KRISTIAN UND WEIHNACHTEN

ALS ES KITTY wieder deutlich besser ging, wurde die Toleranz der Familie für die Verwüstung unseres Hauses durch die Backstube immer geringer. Wenn man durch die Haustür kam, musste man sich erst durch die im Flur gestapelten Mehlsäcke schlängeln, um dann riesige Marmite-Pötte und Kisten mit Eiern zu passieren. Getrockneter Teig landete in der Regel überall – an den Küchenschränken und Fenstern, auf den Böden und sogar in unserer Wäsche. (Im Trockner verwandelt sich der Teig in winzige, harte schwarze Kügelchen, die an allem kleben bleiben. Vor allem an Katies und Aggies Strumpfhosen, was die beiden wahnsinnig macht.) Wir hatten immer noch keinen Küchentisch, an dem wir essen konnten. Beim Verlassen des Hauses staubte sich Katie eifrig ab, damit sie nicht mit Mehlflecken am Po an ihrem Arbeitsplatz ankam. Albert mied die Küche völlig, es sei denn, er musste Tee kochen.

Katie stellte uns ein Ultimatum. Wir mussten uns einen anderen Ort zum Backen suchen.

Weihnachten wollte Katie wenigstens ihre Eltern zum Mittagessen einladen. Bis dahin sollte wieder ein Esstisch vorhanden sein und Stühle, die nicht ständig durch daraufliegende Tabletts mit Zimtschnecken klebrig waren. Also machten wir uns auf die Suche nach neuen Räumlichkeiten, doch bald war klar, dass wir uns neben der Ladenmiete nicht noch mehr Ausgaben erlauben konnten, und alles, was wir uns leisten konnten, fanden wir zu düster und kalt. Die Vorstellung, dass Kitty und ich jeden Morgen ab sechs Uhr in einem stickigen Container in einem Industriegebiet mitten im Nirgendwo arbeiten würden, war ausgesprochen unschön. Kitty hatte schließlich die Lösung parat. Während einer ihrer zahlreichen Themenrecherchen befasste sie sich kurzzeitig wie besessen mit Tiny Houses und wie man sie bauen kann. Wir hatten eine betonierte leere Fläche an der Seite des Hauses, wo die Mülltonnen standen, und ihre Idee war, dorthin einen Schuppen für die Backstube zu bauen. Ich stellte Nachforschungen an, welche Bauteile wir online kaufen konnten, doch dann traf Kitty erst Charlie und dann Kristian, und letztlich fiel die Entscheidung, wie immer, wie von selbst.

EINES TAGES kam Charlie in den Laden und fragte, ob er ein paar Schichten übernehmen könnte. Er war Student an der Universität Cardiff, hatte aber ein Jahr lang eine Bäckerlehre gemacht, bevor er den Beruf wechselte. Da Brotherstellung im Großen und Ganzen auf derselben Technik beruht, kann man in jeder Bäckerei aushelfen. Das ist das Tolle an Bäckereien. Seinem Vater, Henry, gehörten Sausage and Beans, die Schweine, die unsere unverkäuflichen Brote vernaschten. Charlie half uns manchmal nach der Uni und erzählte uns von seinem Freund Kristian, der derzeit auf einer Baustelle im nahe gelegenen Thame arbeitet, aber auch geniale Baumhäuser aus Holzresten baut. Volltreffer. Wir könnten eine Bäckerei aus Recyclingmaterial bauen.

Charlie gab mir Kristians Nummer. Bevor Papa zu viele Fragen stellen konnte, bat ich Kristian, vorbeizukommen und sich den Platz anzuschauen.

Ich versorgte Kristian mit Schokoladen-Brioche, und er skizzierte, was seiner Meinung nach für die Backstube infrage käme.

Kristian hatte immer einen Bleistift hinter einem Ohr stecken, trug einen Maschinenhaarschnitt sowie einen Bart und ein beeindruckendes Tattoo eines roten Milans, die Vögel, die immer über Watlington schweben. Er erzählte mir von all dem Verschnittholz, das sich bei ihm zu Hause angesammelt hatte, ebenso wie eine Menge alter Türen. In der folgenden Woche fing er an zu bauen. Zwischen seinen Schichten auf der Baustelle in Thame arbeitete er wie wild, und seine Konstruktion nahm immer mehr Gestalt an. Es war genial. Er war genial.

Eine Freundin von Mama hatte einen alten Bauernhof mit Nebengebäuden geerbt, in denen sich Fenster und Holz stapelten. Sie ließ Papa und Kristian nach Brauchbarem herumstöbern, und sie nahmen alles mit, was sie finden konnten. Innerhalb von sechs Wochen wurde die Backstube gebaut. Sie entstand aus alten Türen (in zwei von ihnen steckten noch Schlüssel), die die Wände formten, und einem Wellblechdach. Eine Schiebetür (aus einem alten Viehstall) teilte den Abstellraum ab, eine überdachte Veranda aus den Brettern eines stillgelegten Pubs führte in den Garten und eine halbierte Schubkarre diente als Stufe zum Innenraum. Papa und ich strichen alles grün an, was gestrichen werden musste, und schon war unsere Backstube fast fertig – wir mussten nur noch die Öfen einbauen.

Spätestens da wurde mir klar, dass meine geliebten Rofcos niemals mit der wachsenden Nachfrage des Ladens Schritt halten konnten. Wir brauchten unbedingt einen angemessenen ausgewachsenen Etagenbackofen, der 20 Brote auf einmal backen konnte. Ich schaute mir Bilder von solchen Öfen an. Riesige Metallrechtecke mit breiten Einschüben und Hebeln zum Öffnen der Klappen. Ich hatte einen nachgemessen. Er würde passen. Wenn wir einen bekämen, könnten wir richtig durchstarten. Ich musste nur noch Papa überzeugen.

ICH WOLLTE wirklich keinen größeren Ofen kaufen. Das war einer dieser seltenen Momente, in denen Kitty und ich uns richtig gestritten haben. Ich verstand nicht, warum alles so schnell gehen musste. Er war zu teuer, zu groß, und wir benötigten ihn ja nicht unbedingt. Mir ist schleierhaft, warum ich mich als Elternteil bei solchen Entscheidungen nicht durchsetzen kann. Wahrscheinlich liegt es einfach daran, dass wir in Sachen Bäckerei als Geschäftspartner auftreten und nicht als Vater und Tochter. Kitty bricht Entscheidungen gern übers Knie, während ich lieber vorsichtig bin und alle Aspekte genauestens durchdenke. Außerdem argumentiert Kit wie eine erfahrene Anwältin, wenn es ums Durchsetzen ihrer Positionen geht. In diesem Fall gelang es Kit, sich durchzusetzen, weil sie einen Plan hatte, der meine größte Sorge zerstreute: die Kosten. Trotzdem blieb es ein logistischer Albtraum.

Damals im Frühjahr, als wir den Laden einrichteten, hatte Kitty Ducky gefragt, wen sie bezüglich gebrauchter Bäckereimaschinen kontaktieren könnte.

Ducky riet ihr, sich an Mr. Beam zu wenden, der wie ein backender Superheld klang.

Kitty fand Mr. Beam auf Instagram und schrieb ihm eine Nachricht. Er antwortete, dass er in der kommenden Woche in unserer Gegend sein würde und vorbeikommen könnte. Er hieß eigentlich Andrew Nightingale, aber das Familienunternehmen hieß Mr. Beam. Das waren Experten im Einrichten von Bäckereien. Darüber hinaus war die Familie auch sehr großzügig – für sie ist es wichtig, Existenzgründern in der Anfangsphase zu helfen, damit sie schnell Fuß fassen können.

Wir saßen mit Andrew im Garten, und er erzählte uns von all den verschiedenen Projekten, an denen er gearbeitet hatte, und mit wem es sich für uns lohnen könnte, Kontakt aufzunehmen. Am Ende unseres Gesprächs erwähnte er beiläufig, dass er noch ein paar alte Etagenöfen in seiner Werkstatt stehen hat, die er uns gerne zur Verfügung stellen würde, sollten wir jemals expandieren wollen.

Ich nickte bloß und lächelte, weil ich dachte, wir würden ewig mit den Rofcos auskommen, und schrieb das Angebot unter »wahnsinnig großzügig, aber undenkbar« ab. Natürlich hatte Kitty dieses Gespräch nicht vergessen, und nachdem die neue Backstube fertig war, setzte sie sich sofort wieder mit Mr. Beam in Verbindung, um zu fragen, ob wir wohl noch einen der Öfen haben könnten. Die Antwort war ein klares »Ja«, und nach Kits intensiver Überzeugungsarbeit erklärte ich mich schließlich einverstanden.

Unser Haus hatte gerade so die elektrischen Anforderungen eines Rofco überlebt, aber ein Etagenbackofen war eine ganz andere Hausnummer, für die Dreiphasenstrom erforderlich war – ein Begriff, der mich noch lange verfolgen sollte.

Im Allgemeinen werden Privathaushalte mit einphasigem Strom für die übliche Beleuchtung und Heizung betrieben, aber wenn man eine hohe und kontinuierliche Stromlast hat, benötigt man dreiphasigen Strom. Für uns bedeutete das, ein komplett neues Stromsystem zu installieren, das in einem alten Haus schlecht unterzubringen war. Viele Experten kamen vorbei, schluckten, sahen sich an, wo der neue Ofen hinkommen sollte, und schüttelten bedauernd den Kopf. Wir bekamen das Gefühl, eine Mondlandung planen zu wollen, anstatt einen neuen Ofen einzubauen.

Alle Vorschläge liefen darauf hinaus, Balken durchbohren oder Böden aufreißen zu müssen. Hinzu kam, dass unser Stromversorger, SSE, keine Möglichkeit sah, wie der Strom für den Ofen mit unserem Hausstrom gleichzeitig nutzbar sein sollte. Ärgerlicherweise konnte ich die Vorstellung eines Etagenofens nicht mehr abschütteln, denn Kitty hatte mir diesen Traum schmackhaft gemacht, ich hatte das Potenzial erkannt und uns wurde ein kostenloser Ofen angeboten.

Nachdem wir zwei Wochen lang regelmäßig die SSE am Telefon hatten, gelang uns ein Durchbruch, so als hätten wir einen Geheimcode entschlüsselt. Ein neuer Mitarbeiter stellte eine einfache Frage. »Ist das Backhaus vom Haus baulich abgetrennt?« »Ja, das ist es«, antwortete ich. »Na, dann kann es ja einen eigenen Stromanschluss haben.« Das war's. Wir hatten es geschafft. Die Kabel würden zwar immer noch durch das Haus gelegt werden müssen, aber mussten nicht mit unserem Haussicherungskasten verbunden sein. Simon, unser lösungsorientierter Elektriker, arbeitete einen Verlauf für das Kabel aus – von der Straße durch die Wand neben der Haustür in die Küche, zur Hintertür und dann hinaus zur Backstube. Plötzlich passierte alles ganz schnell. Gehwege wurden aufgerissen. Ein eigener Stromzähler wurde installiert.

Ein Kabel, so dick wie eine Python, wurde durch das Haus verlegt. Wir waren gerüstet.

Kitty rief Mr. Beam an, und in der Folgewoche rückte Andrews Bruder mit zwei Helfern an. Mit Bravour meisterten sie die schwierige Aufgabe, den gigantischen Etagenbackofen durch die engen, verwinkelten Ecken des Hauses in die Backstube zu bringen. Nach unserem missglückten Versuch Anfang des Jahres, den Kühlschrank über diesen Weg in die Küche zu bringen, sah es bei ihnen kinderleicht aus. Sie platzierten und installierten den Ofen, während Kitty sie mit knusprigen Käse-Röstzwiebel-Toasties und Tee versorgte. Die Backöfen wurden eingeschaltet, und ihr Lichtschein erfüllte unsere selbst gebaute Backstube. Katie ignorierte einfach, dass jetzt ein fettes Kabel quer durch das Haus verlief, denn sie wollte unbedingt rechtzeitig zu Weihnachten ihre Küche zurückhaben.

BEIM LETZTEN Weihnachtsfest hatte ich mich so schrecklich gefühlt, dass ich wünschte, es würde möglichst schnell vorübergehen, aber jetzt fühlte sich mein Leben völlig verändert an. Ich hatte die neue Backstube, die ich liebte, und ich hatte den Laden, den ich genauso liebte. Ich wollte einfach alles und jeden am liebsten umarmen. Mama ging es ähnlich. Sie ist zwar nicht besonders sentimental (sie ist der einzige Mensch, den ich kenne, der keine Delfine mag), aber im Dezember wächst sie über sich hinaus. Und in diesem Jahr war sie nach einer Zwangspause im Jahr davor und mit ihrer frisch hergerichteten Küche mit Feuereifer bei der Sache.

Zum einen wird jedes Jahr der Wollsocken-Adventskalender ausgegraben und aufgehängt. Er wurde von einer Nachbarin gestrickt, als wir noch klein waren, und besteht aus 24 kleinen roten und grünen Socken, die an ein Seil gebunden sind, das um das Treppengeländer geschlungen wird. Die Socken werden dann mit kleinen Süßigkeiten gefüllt, die an jedem Tag im Dezember vernascht werden. Die ersten Jahre hatten die Socken gut überlebt, aber dann wurden sie offensichtlich von einer Mausfamilie gefunden und seitdem sind die meisten Zehen so weit angeknabbert, dass die Süßigkeiten einfach durchfallen. Da der Adventskalender mittlerweile zur Tradition geworden ist, wird er immer noch benutzt, auch wenn die meisten Socken inzwischen mit Heftklammern zusammengehalten werden.

Der Weihnachtsbaum wird nur nach dem 19. Dezember gekauft und nur von einem bestimmten Bauernhof am Ende einer langen, schlammigen Zufahrt, wo ein schwermütiger betagter Bauer einen kleinen Bestand an Tannen hat. Mama meint, das sei weniger kommerziell. Wenn wir dort ankommen, ist normalerweise nur noch ein kleiner, trostloser Baum übrig, den wir mitnehmen. Für Mama ist das dann in etwa so, als hätten wir ihn gerettet.

Dann hat der Baumschmuck seinen Auftritt. Mama hat zu jedem Stück eine Geschichte zu erzählen. Das Rotkehlchen, das Aggie aus Kunststoffperlen gebastelt hat, der enthauptete Engel, geerbte Dekoration von Oma, darunter einige Glaskugeln, die deren Vater (mein Urgroßvater) mundgeblasen haben soll, und als Krönung der silberne Vogel für die Baumspitze. Mama hatte ihn gebastelt, als sie vier Jahre alt war. Er besteht praktisch aus einem Alufolienklumpen mit einem Knopfauge und ein paar willkürlich draufgeklebten rosa Federn.

Als wir klein waren, haben wir noch um Stücke gestritten, die wirklich schön aussahen, aber inzwischen sitzen wir schweigend da, während sie ehrfürchtig aufgehängt werden. Zum Schluss – und das bringt den katastrophisierenden Papa ins Schwitzen – werden echte Kerzen an den Zweigen des Baumes befestigt, die dann entzündet werden, wenn die Nadeln vom Kaminfeuer so richtig trocken geworden sind.

Das alles findet an Heiligabend statt. Mama zündet die Baumkerzen an, und dann sitzen wir alle im Stockdunkeln auf der Treppe vor dem Wohnzimmer und singen »Stille Nacht« auf Deutsch. (Wir singen grundsätzlich ziemlich schnell, weil Papa sich Sorgen macht, dass der Baum nebenan abbrennt, und sowieso keiner von uns Deutsch spricht, also ist unser Gesang ziemlich unverständlich.) Danach dürfen wir reingehen und unsere Geschenke auspacken. Ja, echt – an Heiligabend. Meine Mutter hat ein kleines bisschen deutsches Blut in ihrer Familie, und dort wird es auch so gemacht. Aber das ist noch nicht alles. Zum Abendessen gibt es Raclette (weil es wichtig ist, am Tag vor der größten Mahlzeit seines Lebens den Magen mit Käse vorzubereiten), und dann werden wir früh ins Bett geschickt, denn Mama will nicht so lange warten, bevor sie uns große, rote Strümpfe (wieder von Mäusen angefressen, derselbe Schrank) auf die Betten legen kann.

Am ersten Weihnachtstag hat sich alles etwas beruhigt. Die Weihnachtsstrümpfe werden in Mamas und Papas Bett geöffnet und haben immer eine Mandarine und eine Walnuss in der Strumpfspitze. Als wir noch klein waren, haben wir Weihnachten bei Mamas Eltern verbracht, die dieselben Traditionen pflegten, einschließlich dem Weihnachtsstrümpfe-Auspacken in ihrem Bett, da war Papa natürlich auch dabei. Er meint, er sei immer noch traumatisiert davon, den Weihnachtsmorgen mit seiner Schwiegermutter im Bett zu verbringen.

Dann folgt der traditionelle Matschspaziergang mit unseren Nachbarn, den Shaws, und ein kniffliges Tippspiel, bei dem es darum geht, Wörter, die in der Ansprache der Königin vorkommen werden, zu erraten.

Das Einzige, worauf Papa besteht, ist, dass wir den größten und fettesten Truthahn auf dem Tisch haben, den man sich vorstellen kann. Keine Gans und kein Schwein, auch wenn wir jedes Jahr erneut einander zustimmen, wie trocken Truthahnfleisch ist.

Wie gesagt, wir haben viele Weihnachtsbräuche.

IN DEM JAHR habe ich herausgefunden, dass Kit die Weihnachts-DNA von Katie geerbt hat. Ich bin ja eher so der Weihnachtsmuffel (außer wenn es um einen großen Truthahn geht, der muss sein) und schlug vor, dass wir die Bäckerei mit ein paar Stechpalmenzweigen dekorieren und vielleicht ein paar Hackfleischpasteten backen könnten. Kit hatte andere Pläne. Anfang Dezember sah der Laden aus wie aus dem Film *Buddy – der Weihnachtself* entsprungen, und ich gab auf, noch jeglichen Einfluss darauf zu haben.

Watlington präsentiert sich im Dezember von seiner schönsten Seite. Die High Street wird mit Lichterketten geschmückt, die kleine Mini-Weihnachtsbäume miteinander verbinden, und Bob stellt vor dem Rathaus eine riesige Fichte auf.

Bei Angela stehen Kisten mit Maronen und Pastinaken neben dicken Rosenkohlstängeln und ihre Hilfskräfte müssen Elfenmützen tragen. Das Schaufenster des Regionalmarkts ist voller Schokoladen und Pralinen aller Art, und sogar der Apotheker nimmt Watte auseinander, um eine Schneekulisse für den Weihnachtsmann zu schaffen, der mit seinem Schlitten über Hügel aus gestapelten Stützstrümpfen fährt.

Kitty ließ die Bäckerei mit zig Lichterketten erstrahlen. Wir kauften eine Kiste Orangen von Angela und punktierten sie (und unsere Finger) mit Hunderten von Gewürznelken, bevor wir sie zu wackeligen Pyramiden in den Regalen aufstapelten. Eine Auswahl an Playmobil-Figuren inszenierte das Krippenspiel im Schaufenster, und unzählige Schneeflocken, ausgeschnitten aus Papier, hingen von der Decke. Im Beleuchtungsladen kauften wir eine österreichische Holzkulisse, in der zwei Seilbahnen an einem Berg hoch- und runterfahren – auf die eine Gondel malte ich das Wort »Orange« und auf die andere »Bakery«. Und abermals trudelten Geschenke ein: kleine Sterne aus getrockneten Orangenschalen und Kupferdraht von Helen (die uns die Homepride-Mehlmännchen geschenkt hatte) und ein riesiger grüner Kranz von Juliet, der nahezu die komplette Eingangstür bedeckte.

Außerdem wurde fleißig weihnachtlich gebacken. Als der neue Etagenofen einsatzbereit war, drehte Kitty so richtig auf. Mini-Panettoni mit Schokoladenstückchen und Orangenschale sowie Mandelraspel als Garnitur, Donuts mit einer Orangen-Schokoladen-Füllung, Toffee-Brownies, Speck- und Pekannuss-Kringel, Eccles Cakes mit in Brandy getränkten Trockenfrüchten und Blätterteigkringel mit Mince-Pie-Füllung lagen dicht an dicht auf der Ladentheke. In den Regalen gab es neben den üblichen Backwaren auch unser Weihnachtssandwich mit Scheiben vom Truthahnbraten, etwas Bratenfüllung, Cranberrysauce und Rosenkohl-Krautsalat sowie Zopfbrot mit Blauschimmelkäse und Chutney aus roten Zwiebeln.

Am Tag von Heiligabend war die High Street rappelvoll. Unsere Schlange war genauso lang wie die der Metzgerei gegenüber, wo alle darauf warteten, ihren vorbestellten Truthahn abzuholen. Unsere ganze Familie half im Laden mit, und mittags war alles ausverkauft. Katie ging mit Aggie und Albert nach Hause, um mit den Vorbereitungen für die Ankunft ihrer Eltern am nächsten Tag zu beginnen (und um die Treppe für das deutschsprachige Singen am Abend ordentlich abzusaugen). Erst da fiel mir ein, dass ich die eine Sache, an die ich mich in den letzten zwei Wochen jeden Abend erneut hatte erinnern müssen, nie erledigt hatte.

Ich hatte den Truthahn nicht vorbestellt.

Ich sah die Metzgerei jeden Tag und sah, wie die vielen Kisten mit den Freiland-Truthähnen ankamen, aber aus einem unerfindlichen Grund hatte ich nie einen für uns bestellt. Ich ging hinüber, murmelte eine Entschuldigung in Richtung der Warteschlange und packte Tom am Arm: »Habt ihr vielleicht noch zufällig einen Truthahn übrig?« »Nein«, sagte Tom, »sie sind alle vorbestellt und bezahlt.« Er sah mich mitleidig an. Ich hastete zum Regionalmarkt – kein einziger Vogel war mehr übrig. Ich ging nach Hause und informierte die Familie. Katie, die gerade dabei war, die Geschenke für die Weihnachtsstrümpfe einzupacken (mein Einwand, dass der Weihnachtsmann keine Geschenke einpackt, wollte einfach nicht fruchten), reagierte gelassen, da es keine ihrer festen Traditionen ist – wenn wir keinen Raclettekäse gehabt hätten, hätte die Sache ganz anders ausgesehen. Albert hingegen schaute am fassungslosesten drein, als hätte ich verkündet, dass es keine Geschenke geben würde.

Wir hatten keine Zeit mehr, anderswo nach einem Truthahn zu suchen, denn Katie und ich hatten angeboten, für das Weihnachtssingen am Abend vor dem Rathaus Glühwein zu bringen, und wir mussten dafür auch noch einen ganzen Berg Käsestangen backen. Das Weihnachtssingen wird von der Blaskapelle von Watlington veranstaltet und hatte in den vergangenen Jahren am Kriegerdenkmal stattgefunden. Es war jedes Mal proppenvoll, aber auch ein bisschen gefährlich, weil immer wieder Menschen vom Bürgersteig auf die Straße rutschten, während sich der Linienbus einen Weg vorbei bahnen musste. In diesem Jahr hatte Bob veranlasst, die High Street eine Stunde lang für den Straßenverkehr zu sperren und die Kapelle vor dem Rathaus zu positionieren. Zusätzlich wurde das Weihnachtssingen mit einer massiven Werbeaktion beworben, indem jeder Laternenpfahl in der Stadt mit einem Plakat beklebt wurde, das einen »besonderen« Besucher an diesem Abend ankündigte.

Es war ein kalter, wolkenloser Abend. Als wir uns vor der Bäckerei mit einem riesigen Kessel voller Glühwein und haufenweise Käse-Paprika-Stangen aufstellten, strömten immer noch mehr Leute herbei. Bob hatte mir gesagt, dass wir genug für etwa 300 Leute machen sollten, aber gegen 18 Uhr waren es mindestens doppelt so viele, die sich um das Rathaus drängten. Der Glühwein war in Minutenschnelle leer getrunken und die Weihnachtsstimmung griff um sich, als die ersten Weihnachtslieder angestimmt wurden. Ich bin zum Regionalmarkt geeilt, um mehr Rotwein zu holen, und habe ihn anschließend zum Erhitzen zu uns nach Hause gebracht. Aggie und Albert trugen die Töpfe mit dem Glühwein durch die High Street und füllten ihn in den Kessel, während Kitty und Katie ihn ausschenkten. Um 19 Uhr waren wir alle erschöpft, und als das letzte Lied lautstark zu Ende ging, hörte man in der Ferne das Läuten der Glocken.

Dann kam ein Ponyschlitten mit dem Weihnachtsmann um die Ecke. Einen surrealen Augenblick später wurde klar, dass es sich bei dem Fahrer um den berühmten Schauspieler handelte, der hier im Ort lebt. Er wirkte sichtlich unruhig. Das Pony war natürlich nicht an eine Menschenmenge gewöhnt, die sogar ein Polizeipferd bei einem Fußballspiel verunsichern würde. Der gewaltige Jubel, der ausbrach, als der Weihnachtsmann aufstand, war nicht gerade förderlich. Als der Schauspieler die Zügel ergriff, gab es eindeutig einen Moment, in dem der Schlitten beinahe mitten durch die Familien mit kleinen Kindern gerauscht wäre. Doch irgendwie schaffte er es, das Pony dazu zu bewegen anzuhalten. Der Weihnachtsmann verteilte noch schnell ein paar Geschenke und rief »Ho Ho Ho«, ehe das Pony beschloss, dass es Zeit war weiterzuziehen. Selbst Tom Cruise hätte es sich zweimal überlegt, diesen Stunt selbst durchzuführen.

Wir packten den klebrigen Kessel ein, wischten den Tisch ab und gingen nach Hause.

Mein Telefon piepte, und es war eine Nachricht von Tom, dem Metzger. »Im Schrank«, stand da.

Als wir an unserer Haustür ankamen, fanden wir im untersten Fach des Zauberschranks einen großen weißen Karton, der etwas eingedrückt war. Darauf waren die Worte »nicht abgeholt« gekritzelt.

Es war ein Truthahn.

12
DODO

IM DEZEMBER kam neben der Backstube noch etwas anderes Neues hinzu – unser Lieferwagen. Bevor wir den Laden eröffnet hatten, haben wir nicht wirklich darüber nachgedacht, wie wir unsere Backwaren von unserem Haus die High Street entlang zur Hausnummer 10 bringen sollten. Es sind zwar nur vier Minuten Fußweg, aber die Strecke ist zu weit, um alles per Hand zu tragen. Wir haben ein paar Dinge ausprobiert: zunächst einen gebrauchten grünen Transportwagen mit etwas schiefen Rädern, der zu groß für den Gehweg war und den wir auf der Straße schieben mussten. Und trotzdem mussten wir die Strecke etwa fünfmal bewältigen. Nach einer langen morgendlichen Backeinheit war das anstrengend. Wir gingen also wieder dazu über, unser altes Auto mit bedenklich ausbalancierten Kisten zu beladen.

Nach einigen Kollisionen, als sich unter anderem die Kopenhagener Gebäckstücke mit den Käse-Marmite-Kringeln bekannt machten, wurde uns klar, dass wir einen vernünftigen Lieferwagen brauchten.

Ich hatte gerade mit der Online-Recherche nach verschiedenen Modellen begonnen, als in der Seitenleiste eine Werbeanzeige für einen bizarr anmutenden kleinen Van auftauchte, den ich bis dato nur wenige Male gesehen hatte. Der S-Cargo (sprechen Sie es laut aus, dann erkennen Sie das französische Wortspiel) wurde von Nissan in den späten Achtzigern und frühen Neunzigern in kleinen Stückzahlen gebaut. Das Fahrgestell stammte von einem bereits existierenden Auto, aber das Karosseriedesign überließ Nissan einem japanischen Tattoo-Künstler aus L.A. (wie sollte es auch anders sein). Er entwarf eine kleine Auswahl an skurrilen Fahrzeugen im Retro-Look, darunter den S-Cargo. Insgesamt wurden nur etwa 8000 dieser Kleintransporter hergestellt, aber das reichte aus, um in die von der Businessweek herausgegebene Liste der 50 hässlichsten Fahrzeuge der letzten 50 Jahre aufgenommen zu werden (er belegte Platz 13). Der Wagen aus der Pop-up-Anzeige stand auf einem Speditionsgelände in Birmingham. Albert und ich vereinbarten einen Termin, um ihn uns anzuschauen.

Er hatte einen Motor, der ungefähr so stark war wie ein Föhn, gab beim Rückwärtsfahren einen zaghaften Piepton von sich, hatte eine riesige, gewölbte Windschutzscheibe, die dem Himmel so nah zu sein schien, und wenn man ihn fuhr oder einfach nur anschaute, wirkte er total drollig. Mit anderen Worten: Er war perfekt.

Nachdem der Wagen geliefert worden war, haben wir Justin beauftragt, unser Logo auf die Seiten zu malen. Kristian konstruierte ein Holzregal für den hinteren Teil, in das wir alle Brot- und Gebäckkisten stellen konnten. Kitty hat auf Instagram einen Ideenwettbewerb für die Namensfindung gestartet, und nach einem Kopf-an-Kopf-Rennen mit Margo the Escargot und Anne Embarrassment (danke, Eilidh) fiel die Wahl auf Dodo. Sie ist großartig und zieht alle Blicke auf sich, wo immer sie auch hinfährt (und das ist in der Regel sehr langsam). Sie gibt Kit und mir das Gefühl, sehr erwachsen und professionell zu sein und gleichzeitig in einer Folge der Zeichentrickserie Noddy mitzuspielen, wenn wir mit ihr die High Street entlangfahren.

Anfang Januar gönnten wir uns eine kleine Auszeit und nutzten diese, um eine neue, verbesserte Arbeitsorganisation zu entwickeln. Unser Tagesangebot war inzwischen so umfangreich, dass wir ständig hinterherhinkten, weil wir alles selbst machten: die Vorbereitung, die Auslagen bestücken und bedienen. Unsere Tage endeten immer später und später. Ben half noch immer einen Tag in der Woche, aber wir brauchten mehr Hilfe.

Die Antwort war »Shop-Katie« (nicht zu verwechseln mit Pilates-Katie oder Gattin Katie, wie ich sie von nun an nennen werde). Shop-Katie und ihre Familie waren eine unserer ersten Abonnenten und jedes Mal, wenn wir ihr ein frisches Brot brachten, hielt sie es an die Nase und sog den Duft ein. In den Siebzigerjahren hatten ihre Eltern einen Lebensmittelladen, der auch frisches Brot verkaufte – der Geruch versetzte sie direkt in ihre Kindheit zurück. Shop-Katie erklärte sich bereit, zwei Vormittage in der Woche im Laden die Stellung zu halten. Sie ist vermutlich die entspannteste Aushilfe, die man haben kann, und kennt sich zudem mit Brot bestens aus. Jeden Morgen um neun Uhr belud ich unseren S-Cargo und sauste (langsam) mit ihm zum Laden. Shop-Katie (und die Schlange) wartete, während ich die Backwaren auslud. Im Anschluss machte ich mich gleich wieder auf den Weg, um die nächste Ladung zu holen. Häufig musste Shop-Katie dann raten, worum es sich bei einigen Stücken handelte, da ich keine Zeit hatte, sie eingehend zu briefen. Sie war großartig im Erraten der Zutaten und konnte Kittys Denkweise perfekt einschätzen. Sobald sie Orangenschalen in einer Teigschnecke entdeckte, wusste sie, dass auch Kardamom enthalten sein würde.

Außerdem bildete Shop-Katie ein super Team mit Ben, der jeden Freitag um acht Uhr morgens mit dem Oxford Tube (verwirrenderweise ein Bus) aus London kam. Manchmal ging Katie in den Laden, wenn Ben da war, und wir hörten, wie sie sich leise über Auszeichnungsmethoden oder die Preisgestaltung unterhielten – Maßnahmen, die im Vergleich zu unserem üblichen Chaos durchaus sinnvoll gewesen wären, aber wir brachten es nie zustande, ihre Vorschläge umzusetzen, doch glücklicherweise hatten die beiden eine hohe Toleranzschwelle.

Ben hatte einen eigenen treuen Kundenstamm. Für diesen nahm er sich immer viel Zeit, und wir vermuten, dass etliche Kunden extra an einem Freitag kamen, um ihn zu sehen. Falls Ben mal nicht kommen konnte, sprang ich ein und ertappte mich dabei, wie ich mich für seine Abwesenheit entschuldigte. Unsere freitäglichen Mittagessen wurden bald zu einer Tradition. Wenn Ben im Geschäft fertig war und Gattin Katie wie gewöhnlich von zu Hause aus arbeitete, setzten wir uns zu viert an den Küchentisch, aßen Suppe und vom übrig gebliebenen Brot des Tages. Wir stellten uns vor, dass wir ein Interview für die Samstagszeitung machten, wofür die Personen immer in sonnigen Räumen mit weißen Sofas im Hintergrund und einem Blumenstrauß auf dem Esstisch zusammen zu Mittag aßen. Ben verzog sich dann auf das eindeutig nichtweiße Sofa, zündete den Kamin an und döste, nachdem er wie üblich im Morgengrauen von London aufgebrochen war, beim Netflix-Schauen zusammen mit Sparky ein, der stets hocherfreut darüber war, dass der Kamin so früh angezündet wurde.

IN DER NEUEN Backstube fühlte ich mich genauso wie im Laden – sicher und behütet. Sobald man hineinging und die Tür schloss, umhüllte einen der Geruch von Teig, Hefe, Marmite und Schokolade. Und ebenso wie im Laden fand sich dort bald allerlei Krimskrams ein. In einem Regal steht in dicken Goldbuchstaben das Wort CRUST, und eine Strickfigur von Papa mit Schiebermütze und Hosenträgern, die per Post ankam, sitzt neben einer Schale mit den kleinen Eisenbahnfiguren, die ich in meinen Kurzfilmen benutzt habe. Auch viele Bilder von Orangen (von Kindern und Erwachsenen, gezeichnete, gemalte und Linoldrucke), die wir geschenkt bekommen haben, waren hier zu Hause. Neben dem Fenster hing noch ein altes Schwarz-Weiß-Foto von einer Hochzeit, das Papa sehr mag. Wir wissen beide nicht, woher es eigentlich kommt, jedenfalls sieht die Braut so unglücklich aus, dass man sie am liebsten erlösen möchte.

Papa und ich veranstalteten in diesem kleinen Raum sozusagen eine Art Backstubentanz, indem wir uns zwischen dem riesigen Tisch in der Mitte, dem Ofen, dem Rührgerät und der Vorratskammer aneinander vorbeischlängelten.

Ich vermisste es, unter der Woche morgens im Laden zu stehen und mit allen zu plaudern, die reinkamen, aber dafür konnte ich jetzt mehr experimentieren. Ich war bereit, noch mehr Holz zu hacken, wie Chad es so schön sagte. Als Erstes entschied ich, dass wir Käse-Toasties anbieten sollten. Ich zog Papa als Experten hinzu – Käse ist nach Sparky und Mama die Liebe seines Lebens. Also stürzten wir uns in die Entwicklung des perfekten Toastie. Gemeinsam stöberten wir auf Instagram nach den dahintriefendsten und käsereichsten Feeds, die wir nur finden konnten. Danach unternahmen wir eine Toastie-Tour in London.

An einem Sonntag stiegen wir früh in den Oxford Tube, nahmen uns bei der Victoria Station Leihfahrräder und fuhren zum Borough Market. Als wir um 17 Uhr wieder in den Bus stiegen, schafften wir es kaum die vier Stufen zum Fahrer hinauf.

Wir hatten fünf Käse-Toasties gegessen und uns zu allen Notizen gemacht. Abgesehen davon, dass wir für eine Weile keinen weiteren essen wollten, wussten wir nun, wie der Orange-Bakery-Toastie sein sollte.

Als Erstes mussten wir uns für einen Käse entscheiden. Einer meiner absoluten Lieblings-Ortsnamen ist Nettlebed, ein kleines Dorf in der Nähe von uns. Es erinnert mich jedes Mal an die Grimm'schen Märchen. Als ich jünger war und meine Freunde die Regenbogenfeen-Bücher sammelten, wollte ich, dass meine Mutter mir alle Grimm'schen Märchen vorliest. Mit Einhörnern und Feen haben die nun rein gar nichts zu tun. Ich mochte die Grimm'schen Märchen, weil die weiblichen Figuren darin oft klug und stark sein dürfen, manchmal sogar brutal, wie Gretel, die die Hexe in den Ofen stößt, und die Ziegenmutter, die dem Wolf den Bauch aufschneidet, um ihre Kinder zu retten. Mein absolutes Lieblingsmärchen, das mir meine Mutter immer und immer wieder vorlesen musste, war »Die sechs Schwäne«. Die Prinzessin muss ihre sechs Brüder (die von ihrer bösen Stiefmutter in Schwäne verwandelt wurden) und sich selbst erlösen, indem sie ihnen Hemden aus Brennnesseln webt. Immer wenn wir durch Nettlebed (auf Deutsch in etwa: ein von Brennnesseln überwucherter Ort) fuhren, musste ich an dieses Märchen denken und daran, dass der jüngste Bruder am Ende der Geschichte noch einen Schwanenflügel anstelle eines Armes hatte, weil die Prinzessin keine Zeit mehr hatte, das letzte Hemd fertigzustellen. Als Papa also meinte, dass es in Nettlebed eine berühmte Käserei gibt und wir mit den Leuten dort über ihren Käse sprechen sollten, war ich sofort Feuer und Flamme.

An einem sehr kalten Februarmorgen trafen wir dort Rose, die bereits in der zweiten Generation Guernsey-Kühe züchtete. Sie hatte beschlossen, die Milch zu drei Käsesorten zu verarbeiten, die alle nach nahe gelegenen Dörfern benannt wurden. Sie fand, dass der Highmoor-Käse perfekt für unsere Toasties wäre, und gab uns Kostproben davon mit.

Im Laufe der Folgewoche haben wir täglich Toasties zum Mittagessen ausprobiert. Wir stellten fest, dass unser Albert-Brot bereits das perfekte Brot für Toasties war: klassische Kastenform, keine Löcher in der Krume, aus denen der Käse herauslaufen könnte, und da es bereits mit Milch und Butter gebacken war, wurde es außen beim Toasten schön braun und knusprig. Da der Highmoor-Käse allein zu kräftig war, kombinierten wir ihn mit mildem Cheddar und einer (nicht wirklich) geheimen Mischung aus Frühlingszwiebeln, Senf und einem Tropfen Sriracha-Sauce. Wir investierten in eine große Toastie-Maschine, die wir an einem Freitag in der Backstube in Betrieb nahmen. Die erste Lektion, die wir gelernt haben, war, dass man die Maschine mit Backpapier auslegen muss, weil sonst der Feueralarm losgeht.

Die zweite Lektion, die wir gelernt haben, war, dass es zu lange dauert, die Toastie-Komponenten direkt vor dem Backen zusammenzufügen. Sie müssen vorbereitet werden, sonst wird die Warteschlange noch länger. Und die dritte und letzte Lektion war, dass jeder unsere Käse-Toasties liebt.

Mein nächstes Projekt waren Kekse. Ich hatte schon einige Sorten mit Erfolg ausprobiert (Schoko/Halva/Tahina und Stem-Ingwer/Nuss), wollte aber noch mehr daraus machen. Die wahre Cookie-Meisterin (abgesehen vom Krümelmonster) ist Christina Tosi von Milk Bar. Ich folgte ihr auf Instagram und durchstöberte ihre Bücher nach Ideen. Sie vermittelte mir das Selbstvertrauen, mir einfach etwas auszusuchen, das ich besonders mochte, und es in einen Keks zu verwandeln. Meine Wahl fiel auf Snickers.

Papa, Mama und ich arbeiten jeden Samstag zusammen im Laden. Sobald wir den Laden geschlossen und aufgeräumt haben, geht Papa zu Tom, dem Metzger, und tauscht ein paar Brote gegen Würstchen ein, die er nach Hause bringt und in die Bratpfanne schmeißt. Dann schneidet er ein Albert-Brot auf, bestreicht die Scheiben mit Ketchup, Mayonnaise und Senf, gibt ein paar gebratene Tomaten auf das Wurst-Sandwich und verschlingt es. Danach isst er immer einen Snickers-Riegel, bevor er seine Schiebermütze über die Augen zieht und ein 20-minütiges Nickerchen macht, entweder auf dem Bett in der Küche (jeder sollte ein Bett in der Küche haben) oder auf der Veranda vor der Backstube in einem sehr klapprigen alten Lehnstuhl.

Obwohl wir den ganzen Vormittag bereits etliche Leckereien wie Nutella-Kringel und Donuts mit Salzkaramellfüllung verkauft haben, will Papa zu diesem Zeitpunkt nur noch ein Snickers und ein Nickerchen.

Extra für Papa habe ich einen Snickers nachempfundenen Cookie mit Schokolade, Erdnüssen und einem Rolo kreiert. Inzwischen ist er einer unserer Bestseller (wobei Papa trotzdem lieber sein gekauftes Snickers isst).

Dank Christina wurde ich auch im Umgang mit Gewürzen mutiger und weichte etwa Rosinen in einer Mixtur aus Earl-Grey-Tee und Garam Masala ein, sodass die Rosinenschnecken ein herrlich rauchiges Aroma bekamen. In die Brioches kam Zatar, und die Frühstücksschnecken bekamen einen Hauch von Kardamom. Und meine mittlerweile wieder schön prallen Brote konnten auch mal andere Aromen vertragen.

Ich erfand das Rosie, ein Brot mit starkem Cider, kräftigem Cheddar und Walnüssen, nachdem ich in der Weihnachtszeit den Film *Cider with Rosie* geguckt hatte, und das Vincent mit Sonnenblumenkernen, Honig und abgetrennten Ohren – zumindest sagte Papa das immer, bis er merkte, dass niemand das Vincent kaufte und sein Van-Gogh-Ohren-Witz zulasten des armen Brotes ging. Sobald er auf diesen Spruch verzichtete, wurde das Brot wieder beliebter.

Papas Sprüche samstags im Laden haben Mama und mich zu unserer eigenen Bingo-Variante inspiriert.

Es war ein kniffeliges Spiel, das jede Woche etwas anders ablief, aber im Großen und Ganzen gab es einen Punkt, wenn Papa sagte, »Hunde sind herzlich willkommen, sie sind ja schließlich der Ladenstaubsauger«, zwei Punkte, wenn er fragte, »Kann ich dir etwas aus dem Regal der Versuchung anbieten?«, und fünf Punkte, wenn er sagte, »Die Heuschrecken waren da«, wenn Kunden spät kamen und leere Regale vorfanden. Meine persönliche Bestleistung lag bei insgesamt 30 Punkten.

Zu ungefähr derselben Zeit habe ich eines meiner allerliebsten Lieblingsbrote kreiert – das Happy-Brot. CBD-Öl kam in Mode und Tai-Chi-Nick hatte im Ort ein Unternehmen namens Raised Spirit gegründet, das CBD-Öl in Tiegeln mit Geschmacksrichtungen wie Kokosnuss und Kakao anbot. Er hatte uns ein paar davon für den Verkauf im Laden und auch zum Probieren für zu Hause mitgegeben. Eines Morgens blieb uns keine Zeit mehr, die üblichen Donuts zu backen, sodass wir einen ganzen Bottich mit angereichertem Teig übrig hatten. Ich gab den Teig in eine Focaccia-Form, bestrich ihn großzügig mit Karamell und backte ihn. Anschließend erspähte ich Nicks CBD-Öl mit Schokolade, erhitzte es und bepinselte die Oberfläche damit. Das Ganze wanderte an diesem Morgen auf die Ladentheke. Und dann am nächsten Morgen. Und am nächsten. Dicke, süßliche Scheiben auf Basis eines köstlichen Donutteigs mit einer Prise CBD-Freude. Das Happy-Brot.

Als es im Februar immer kälter wurde, hatten wir die Idee, unseren Kunden kostenlos einen kleinen Becher heißen Kaffee anzubieten. Wir wollten nicht mit dem Granary Café auf der anderen Straßenseite konkurrieren, wo es Latte, Flat Whites und Hot Chocolate gab; wir wollten etwas Simples. Die Lösung lieferte uns unsere 80-jährige Nachbarin Ginny. Ginny lebte allein, war in der High Street regelmäßig mit ihrem Rollator unterwegs und hielt immer wieder an, um zu plaudern. Ihr Sohn Nick lebte mit seiner Frau und seiner Tochter (Little Ginny) in Polen, kam aber alle paar Monate zu Besuch. Er schaute immer auch in der Bäckerei vorbei. Er hatte in Warschau ein Kaffeegeschäft eröffnet und bot uns an, eine Bohnenmischung für die Orange Bakery zu kreieren.

Er schickte uns sogar eine Moccamaster-Kaffeemaschine mit Tropffilter, die wir in einer Ecke des Ladens platzierten. Schon bald strömte unseren wartenden Kunden der Duft von frischem Kaffee entgegen, zusammen mit dem wohligen Brotaroma. Wir boten zwar nur schwarzen Kaffee an, da wir es immer versäumten, morgens noch Milch zu besorgen, aber so konnten wir unseren Kunden wenigstens einen schnellen, kostenlosen Koffeinkick bieten, der uns das schlechte Gewissen angesichts der Warteschlange in der Kälte etwas erleichterte.

Dadurch, dass wir in der Lage waren, alles, was wir für die Bäckerei brauchten, in einem so kleinen Umkreis zu beschaffen, fühlten Papa und ich uns zunehmend dankbar, dass Watlington unser Zuhause war.

An einem Wochenende strich Papa einen alten Hängeschrank blau an und malte oben die Worte »Proud to Shop Local« drauf. Im Schrank waren sorgfältig ausgewählte Playmobil-Figuren zu sehen, die alle unsere Lieferanten symbolisierten. So standen Angela, Tom und Rose aufgereiht zusammen mit einem Ei von Pyrton und einer kleinen Glasflasche mit Milch (eigentlich weiße Farbe und Wasser, denn die echte Milch wäre ganz schnell schlecht geworden), die die nahe gelegene Molkerei Lacey's repräsentierte. Der Schrank kam ins Schaufenster.

Als ich eines Morgens die letzte Ladung Zimtschnecken zu Shop-Katie in den Laden bringen wollte, sah ich, dass sie die angebliche Milchflasche auf den Tresen gestellt hatte. Als ich sie wieder in den Schrank stellen wollte, sagte Shop-Katie: »Oh ja, die musste ich benutzen, weil jemand Milch in seinen Kaffee haben wollte.« »Aber das ist Farbe und Wasser …« Zum allerersten Mal schien Shop-Katie beunruhigt zu sein, als sie die High Street entlangschaute, um jemanden zu entdecken, der sich übergeben musste. Wir haben nie herausgefunden, wer es war.

13

EINER FÜR ALLE, ALLE FÜR EINEN

DIE BEDEUTUNG des Einkaufens vor Ort sollte noch wichtiger als je zuvor werden. Ben war sozusagen unser Frühwarnsystem für die Auswirkungen der Corona-Pandemie. Er arbeitete als Freiberufler für eine große Versicherungsfirma, die plötzlich bekannt gab, dass sie Personal abbauen würde, da in London keine Hausbesuche mehr möglich waren. Ben unterstützte uns daraufhin Vollzeit im Laden, aber schon bald wurde das Virus allgegenwärtig. Der erste umfassende Lockdown wurde ausgerufen.

Das war Watlingtons Sternstunde, als habe es nur auf diesen Moment gewartet. So ungefähr musste die Heimatfront funktioniert haben. Alle Geschäfte in der High Street planten gemeinsam, wer was an wen liefern konnte, der in Quarantäne war. Für jede Straße wurde jemand abgestellt, der sich um diejenigen kümmerte, die auf sich allein gestellt waren. Wir erlebten einen ziemlich surrealen Moment, als jemand vom Gemeinderat vor unserer Tür stand und uns fragte, wie hoch unsere Backkapazität war, für den Fall, dass die Stadt für eine Weile »abgeschnitten« war. Am Freitag lernte Albert noch fleißig für sein Abitur und am Montag war plötzlich Schluss mit Schule und Prüfungen. Ich fuhr nach Bristol, um Aggie aus ihrem Studentenwohnheim abzuholen, und sie ließ die meisten ihrer Sachen in ihrem Zimmer zurück, ohne zu wissen, wann sie dorthin zurückkehren würde. Gattin Katie entschwand vollends in eine Welt der Zoom-Anrufe und bewegte sich kaum noch vom Computer weg, weil ihre Wohltätigkeitsorganisation Maggie's bemüht war, die Tausenden Krebspatienten zu unterstützen, die derzeit in Selbstisolation waren.

Es herrschte eine konstante unterschwellige Angst und Panik. Kitty und ich reagierten darauf, indem wir immer mehr Brote backten.

Wir hatten das Gefühl, dass das unsere Aufgabe war. Wir hatten alles, was wir benötigten; das Mehl von der Wessex Mill wurde weiterhin regulär geliefert, unsere Starter versorgten sich quasi selbst, und alle anderen Zutaten, von den Eiern bis zur Milch, waren in unmittelbarer Nähe verfügbar. Da der Laden so klein ist, verkauften wir von der Eingangstür aus, so wie es auch Andrew und Eilidh von ihrem Küchenfenster aus taten, damit wir das Social Distancing einhalten konnten. Wir holten einen alten Krankenhauswagen von zu Hause, auf dem wir Wolldecken deponiert hatten. Er fungierte als Abgrenzung an der Tür und eignete sich perfekt als provisorische Theke. Durch das Glas des Seitenfensters konnten wir sogar unseren POS-Terminal betätigen, sodass wir uns sicher fühlten und unsere Kunden auch.

Die Atmosphäre im Laden hatte sich völlig verändert. Vorher war der Laden immer gerammelt voll und das Stimmengewirr im Inneren laut gewesen. Nun konnte immer nur jeweils eine Person zum Eingang kommen, und es entstand eine gewisse Beichtstuhlatmosphäre: Es gab einen kurzen murmelnden Austausch über die neuesten Pandemie-News, gefolgt vom Einvernehmen darüber, wie viel Glück wir mit dem Wetter hatten, einer Brotbestellung (inklusive mindestens einer Teigschnecke fürs Wohlbefinden) und einem umsichtigen Abgang mit Kopfnicken in Richtung der nachfolgenden Person. Shop-Katie hatte vollstes Verständnis dafür, dass wir es zu riskant fanden, dass sie weiter bediente, und wir alle waren den Tränen nahe, als sie ihre letzte Schicht hatte.

Die ersten Lockdown-Wochen sind nur noch eine verschwommene Erinnerung. In der High Street und der ganzen Stadt herrschte eine merkwürdige paranoide Atmosphäre.

Normalerweise würden sich in der Stadt alte Damen mit ihren kleinen Hunden, Kinder auf Tretrollern und Teenager auf Fahrrädern tummeln. Aber jetzt glich der Ort einer Szene aus dem Film *Chitty Chitty Bang Bang*, in der alle ihre Fensterläden geschlossen halten, als der Kinderfänger eintrifft.

Wenn man jemanden auf dem Gehweg auf sich zukommen sah, wich man demonstrativ auf die Straße aus, und selbst ein Hallo kam einem manchmal zu intim vor. Sich im Regionalmarkt der Erzeugergemeinschaft zu bewegen, wurde zu einer Herausforderung, denn sie probierten verschiedene komplizierte Einbahnstraßensysteme aus und benutzten Konservendosen als Verkehrsschranken.

Wir kamen in eine Routine, die nur möglich war, weil Aggie und Albert zu Hause waren. Albert übernahm die Lieferungen an die Menschen, die sich in Isolation befanden. Irgendwie schaffte er es, mein Gekritzel im Kalender zu entziffern, damit er wusste, wer an welchem Tag was brauchte. Jeden Morgen belud er seinen alten roten Polo und fuhr die Bestellungen aus. Aggie kümmerte sich um Ginny, die wie so viele andere ihr Haus nicht verlassen konnte. Ginny rief sie pünktlich um neun Uhr an, um ihr zu sagen, was sie vom Regionalmarkt brauchte, plus eine Ausgabe der *Times*. Aggie brachte ihr dann alles an die Tür und vergewisserte sich, dass es ihr gut ging. Jeden Morgen, wenn Aggie klopfte, öffnete Ginny die Tür und sagte etwas Nettes wie »Das ist ein schönes Oberteil, das du anhast«. Das versüßte Aggie den Tag.

Anschließend bediente Aggie vormittags im Laden, während Kitty und ich backten und backten und backten.

Schließlich bemerkte Aggie einen neuen Trend. Zunächst waren es die Kunden, die fragten, ob wir Mehl verkauften – sie gab immer gerne eine kleine Tüte mit. Dann häuften sich die Nachfragen nach Starter für Sauerteigbrot. Auf Instagram wimmelte es nur so von Brotbildern, und jedes Mal, wenn Kit ein Rezept postete, war die Resonanz riesig. Wir verteilten ein Gefäß nach dem anderen mit unserem Starter, merkten aber bald, dass wir schlichtweg nicht genug davon hatten. Dann fand Kitty, eben typisch Kitty, heraus, dass man dehydrierte Starterpäckchen herstellen kann. Sie strich etwas Starter auf Backpapier und ließ ihn in der Sonne trocknen, ehe sie die Flocken mit unserer winzigen Kaffeemühle (die alle zehn Minuten wegen Überhitzung aussetzte) zu Pulver zermahlte. Dieses füllte sie dann in kleine braune Umschläge und Aggie verkaufte sie im Laden. Parallel dazu entwickelte Kitty die »Magic Bread Mixes« – Mehl, in das sie getrockneten Starter mischte, womit jeder sein eigenes Brot backen konnte. Innerhalb von Minuten waren die Backmischungen ausverkauft.

MICH STRESSTE die Schlange, die sich jeden Tag vor der Bäckerei bildete, sehr. Natürlich gab es von Anfang an immer eine Warteschlange die Straße entlang, aber jetzt, aufgrund von Social Distancing und weil alle zu Hause waren, schlängelte sich die Schlange bis zum Memorial Club.

Samstags war am meisten los, denn es hatte sich herumgesprochen, dass man in Watlington alles bekommen konnte, was man für die Woche brauchte. Manchmal sah man vor lauter Menschenschlangen nichts anderes mehr in der High Street. Die Schlangen vor dem Regionalmarkt und dem Metzger mussten quasi umeinander herumtanzen und bei uns konnte es bis zu einer Stunde dauern, bis man am Beichtstuhl ankam und endlich ein Brot bekam.

Der Anblick der vielen Menschen, die geduldig darauf warteten dranzukommen, weckte meinen Fütterungsinstinkt.

An einem Samstag backte ich lauter weiche Brioche-Pralinen mit einem geschmolzenen Schokostück darin und steckte sie jeweils in eine braune Papiertüte. Papa befestigte einen Lederriemen an einem Holztablett, das ich mir so um den Hals hängen konnte. Mit den kleinen braunen Tüten auf dem Tablett ging ich die Warteschlange entlang und verteilte sie an unsere Kunden, um ihnen die Wartezeit ein bisschen zu versüßen. In der nächsten Woche wiederholte ich das Ganze mit Mini-Donuts, bestrichen mit Ingwerzucker. Mittlerweile ist es ein Samstagsritual geworden, und jeder weiß Bescheid. Es gibt da einen kleinen Jungen namens Toby, der immer vor Freude tänzelt, wenn ich die Schlange ablaufe, und aufgeregt in die Hände klatscht, wenn er seine Tüte bekommt. Das macht mich sehr glücklich, und ich habe weniger Schuldgefühle, dass alle so lange und so geduldig warten.

Für mich wurde das Verpflegen aller im Lockdown sehr wichtig. Im Nachhinein weiß ich gar nicht mehr so genau, warum mein Vater und ich das Gefühl hatten, unsere Produktion verdoppeln zu müssen, aber zu dem Zeitpunkt hinterfragten wir es nicht, wir taten es einfach. Die Bäckerei war nicht mehr nur von Mittwoch bis Samstag geöffnet, sondern auch am Montag und Dienstag. Das hatte zur Folge, dass der Sonntag unser Vorbereitungstag wurde und wir keinen freien Tag mehr hatten.

Ich war dermaßen auf das Brotbacken fokussiert, dass mir im August, als wir unsere erste Pause seit März machten, auffiel, dass ich ein bisschen angeschlagen war.

Das Adrenalin hatte mich am Laufen gehalten, und als wir dann zwei Wochen Pause machten, ging mein Körper in die Knie und die Erschöpfung setzte ein. Ich hatte keine Kraft mehr, mich aufzurappeln, wodurch meine Gedanken verrückt spielten. Es machte mir Angst, dass diese Gefühle so schnell zurückkehren konnten. Ich war zu erschöpft, um noch zu backen, mein Körper war ausgelaugt, aber als ich versuchte, auf ihn zu hören und im Bett zu bleiben, bekam meine Psyche einen Knacks.Ich konnte mich auf nichts mehr konzentrieren. Ich hatte Panik und wurde kurzatmig. Ich war total erschöpft, aber ich konnte nicht schlafen.

Ich musste einen Ausgleich finden zwischen meiner unablässigen Leidenschaft fürs Brot und das Backen und dem Erholungsbedarf meines Körpers. Es war für mich eine Qual, nicht zu backen, also war es einfacher, so weiterzumachen, aber das würde bedeuten, dass ich irgendwann einfach zusammenbrechen würde. Mama half mir bei der Lösungsfindung, indem sie viel mit mir auf meinem Bett lag. Ich musste begreifen, dass es wichtig war, auf mich selbst zu achten, damit ich weitermachen konnte. Mama konnte mir nicht sagen, wie ich das machen sollte, aber sie hörte mir zu, damit ich es selbst herausfinden konnte (ich denke, manchmal hat sie auch ein kurzes Nickerchen beim Zuhören gemacht). Ich habe natürlich keine schlauen allgemeingültigen Antworten parat, denn ich weiß nur, wie mein Gehirn funktioniert (beziehungsweise ich versuche es zu verstehen).

Backen ist alles für mich, es gibt mir das Gefühl, dass ich lebendig bin, aber ich weiß auch, dass ich mich nicht komplett darauf verlassen kann und dass ich parallel dazu noch andere Dinge brauche.

Ich habe zwar keine vollständige Liste, aber es gibt bestimmte Dinge, die mir helfen. Podcasts über großartige Menschen, Dänisch lernen (vor allem, um meinen Traum von einem Leben in Kopenhagen und der Arbeit bei Hart Bageri zu verwirklichen) und in der Badewanne Teigtaschen essen, während ich *Kung Fu Panda* gucke, gehören dazu. Aber an der Liste muss ich kontinuierlich arbeiten.

14
DIE PFADFINDERHÜTTE

DASS ES KITTY wieder schlechter ging, hat mich eiskalt erwischt. Ich hatte mich so sehr daran gewöhnt, sie an meiner Seite zu haben – vor sich hin trällernd, während wir durch die Backstube tänzelten, meistens zu The Proclaimers, Teig auskippten, Brote formten, den Kühlschrank und dann den Ofen befüllten –, dass ich gar nicht bemerkt hatte, dass sie ins Wanken geraten war.

Als wir im August endlich eine Pause einlegten und mir klar wurde, wie erschöpft Kitty war, fühlte ich mich miserabel.

Fünf Monate lang standen wir morgens um sechs Uhr auf (samstags um fünf Uhr) und arbeiteten durch bis abends, um Brot und Gebäck zu backen, die jeden Tag restlos ausverkauft waren. Je mehr Kitty tat, desto mehr wollte sie tun, und ich liebte es, ihr dabei zur Seite zu stehen. Aber als Kitty in der Pause praktisch zusammenbrach, kam ich mir vor, als hätte ich als Elternteil völlig versagt, wenn es darum ging, meine 16-jährige Tochter zu beschützen.

In jenem Moment fragte ich mich, was wir da eigentlich taten und warum wir es taten und ob ich mich vielleicht in eine Art Bill Sykes verwandelt hatte, der mit Kinderarbeit Geld verdient. Katie hat mich, wie üblich, mit ihrer pragmatischen Art von meinen Schuldgefühlen befreit, und Kitty hat ihre Worte schließlich noch untermauert. Katie meinte, dass Kit mithilfe der Bäckerei wieder auf die Beine gekommen sei – ohne sie hätten wir es längst nicht so weit gebracht. Wir hatten also dazu beigetragen, aber es lag nun an Kitty, dafür zu sorgen, dass das Backen sie nicht auffrisst. Das schlechte Gewissen, dass wir ihren Zusammenbruch nicht irgendwie verhindert hatten, würde Kitty nur noch mehr belasten. Wir konnten nicht immer dafür verantwortlich sein, wie sie sich fühlte, oder glauben, dass es unsere Aufgabe war, dafür zu sorgen, dass sie sich »besser« oder gar »glücklich« fühlte. Kitty brachte es noch prägnanter auf den Punkt.

Sie war die Rennfahrerin, und wir waren ihre Boxencrew. Wenn sie aus der Kurve flog, weil sie zu schnell fuhr, war das ihre Schuld. Wir konnten das Auto am Laufen halten, aber sie saß am Steuer.

Ich zog mich an meinen Platz in der Box zurück und überdachte unsere Renntaktik. Ich verstand vollkommen, worauf Kitty und Katie hinauswollten, aber mir wurde auch klar, dass wir einige Anpassungen vornehmen mussten. Die erste davon betraf die Arbeitszeiten. Da die Backstube direkt neben unserer Küche lag, war es ein Leichtes, schnell mal rüberzugehen, um etwas fertig zu machen, etwas anderes anzufangen, aufzuräumen oder einfach nur nach dem Rechten zu sehen. Wir waren inzwischen wesentlich effizienter, aber sobald Kit und ich etwas Zeit gewonnen hatten, neigten wir dazu, sie mit noch mehr Backen zu füllen. Wir mussten lernen, Feierabend auch Feierabend sein zu lassen.

Das zweite Problem war der Platz. Kitty und ich passten wunderbar in den winzigen Schuppen der Backstube. Wir atmeten ein, wenn wir aneinander vorbeigingen, und wenn wir dabei Bleche in der Hand hatten, hob der eine seines hoch und der andere duckte sich. Aber es war eng. Sobald noch jemand hereinkam, wurde der Backstubentanz zu einem verhaltenen Tänzchen, weil man sich kaum mehr bewegen konnte. Wir brauchten unbedingt einen weiteren Bäcker, denn nur so konnten wir Kitty entlasten. Im Augenblick war die Bäckerei ihr Ein und Alles, aber es bestand die Gefahr, dass diese sie davon abhalten würde, andere Pläne zu verwirklichen, sobald sie dazu bereit war. Sie erkundigte sich bereits nach Praktikumsmöglichkeiten, um in andere Bäckereien reinzuschnuppern und neue Techniken zu lernen, aber sie würde das erst in Angriff nehmen können, wenn wir (beziehungsweise ich) ohne sie zurechtkommen würden. In zwei Jahren war die Bäckerei zu einem vollwertigen Business und einer wichtigen Einnahmequelle für die Familie geworden, weshalb wir es uns nicht leisten konnten, sie auch nur für ein paar Tage zu schließen.

Die Antwort lag auf der Hand: Auch wenn wir erst seit einem Jahr in unserer neuen Backstube waren und sie beide liebten, mussten wir einen anderen Ort zum Backen finden. Einen Ort, dem wir am Ende eines Arbeitstags den Rücken zudrehen konnten und der groß genug war, um ein oder zwei zusätzliche Mitarbeiter einzustellen und auf diese Weise den Betrieb weiter auszubauen. Zögerlich schauten wir uns also nach Alternativen um.

Zuerst sprachen wir mit John, einem hiesigen Bauern, ein äußerst großzügiger Mann mit einer ruhigen Art. Jedes Jahr veranstaltete er in seiner Scheune einen Erntedankgottesdienst für die ganze Familie, mit ordentlich aufgereihten Treckern, Heuballen als Sitzplätze und vielen Tieren, die von ihren Ställen aus zuguckten. In einem Jahr war ein riesiger Bulle dabei, der so massive Hoden hatte, dass man sich beim Singen von »All creatures great and small« kaum konzentrieren konnte. Während des Gesprächs schlug John vor, dass wir uns den riesigen Wellblechschuppen neben seinem Hofladen ansehen sollten. Dort gab es Strom, Wasser, schöne hohe Decken und keine Bullen. Beim Vermessen entdeckten wir, dass das Dach, wie bei den meisten landwirtschaftlichen Gebäuden aus dieser Zeit, asbestbelastet war. Der Schuppen war perfekt, um einen Mähdrescher unterzubringen, aber weniger geeignet für die Lebensmittelproduktion. Wir überlegten, ob wir nicht eine abgeschottete Bäckerei in den Schuppen bauen könnten, aber selbst Kit räumte ein, dass das sehr aufwendig wäre.

Als Nächstes stand ein Gebäude im Gewerbegebiet von Watlington zur Debatte, das wir bereits früher in Betracht gezogen hatten. Es war nur ein paar Meilen entfernt, bezahlbar und tadellos sauber, aber dennoch fanden wir die Atmosphäre der Räumlichkeiten ziemlich deprimierend.

Wir wollten nicht an einem Ort arbeiten, der so steril und ohne Frischluft war. Außerdem war Kitty davon überzeugt, dass das Brot es dort auch nicht mögen würde.

Wir suchten weiter, und unser Radius wurde immer größer. Schließlich stellten wir klischeehaft fest, dass das, wonach wir gesucht hatten, direkt vor unserer Nase lag.

Vor 13 Jahren waren wir aus dem Londoner Stadtteil Shepherd's Bush nach Watlington gekommen, als unsere Kinder drei, fünf und sieben Jahre alt waren. Um sich als Zugezogene zu integrieren, hatte Katie die Kinder dazu animiert, alles auszuprobieren, was der Ort zu bieten hatte. Kitty probierte es mit Ballettunterricht im Memorial Club (das war allerdings nur von kurzer Dauer), Aggie machte Irish Dancing in der Schulaula, und Albert meldeten wir bei den Bibern (der Altersklasse vor den Wölflingen) an, die sich in der alten Pfadfinderhütte trafen, versteckt hinter der High Street. Jede Woche marschierte er zu einer Einheit mit den Gruppenleitern Otter und Dachs, einem freundlichen Paar mittleren Alters, das die Arbeit mit den Bibern sehr ernst nahm. Albert kam mit Mitteilungen an uns nach Hause wie »Zieh deinen Biber nächste Woche bitte warm an« und »Ein Biber sollte jetzt in der Lage sein, seine eigenen Schnürsenkel zu binden«.

Albert hielt ein Halbjahr durch, bevor er sein Biber-Abzeichen zurückgab und mit Mandy (wie schon erwähnt, die Tochter von Andy mit dem Hundehaar-Pulli) das Tennisspielen lernte. Vom ersten Tag an liebte Albert den Tennisunterricht, was zum Teil daran lag, dass dieser Sport keine Uniformen, Gruppenaktivitäten oder das Binden von Knoten erforderte. Wenn ich mit ihm zum Tennisunterricht ging, kamen wir an der Pfadfinderhütte vorbei, die neben den Tennisplätzen lag und wo die Biber gerade ihren Aktivitäten nachgingen. Dabei hörte ich das Raunen von Otter und Dachs, die versuchten, 14 kleine Jungs zu bändigen, die am liebsten Dinge in Brand stecken wollten. Und dann herrschte plötzlich Stille in der Hütte. Otter und Dachs setzten sich zur Ruhe. Die Pfadfindergruppe zog in den neuen Sportpavillon um, wo sie ein riesiges Gelände zur Verfügung hatten anstatt nur einen kleinen Parkplatz. In der alten Pfadfinderhütte blieb es still, und sie fing langsam an, ein bisschen traurig auszusehen, weil drinnen nichts mehr los war. Efeu bahnte sich seinen Weg durch die Fenster und immer mehr Schieferplatten lösten sich vom Dach.

Die Pfadfinderhütte war im Besitz des Memorial Club, der ein gemeinnütziger Verein ist, und alterte vor sich hin, bis einige neue Mitglieder zu Kuratoren ernannt wurden und beschlossen, dass die Hütte zu neuem Leben erweckt werden sollte. Eine dieser Kuratorinnen war Sarah, die auf dem Freizeitgelände beim Sportpavillon (in meinen Augen gnadenlose) Fitness-Bootcamps veranstaltet und eine echte Powerfrau ist. Sarah hatte die Idee, dass die Hütte die perfekte Backstube für uns sein könnte.

Kit und ich zogen los, um uns die Hütte anzuschauen. Drinnen wirkte es so, als hätten die Biber das Gebäude soeben erst verlassen. Der Geruch von kleinen Jungen lag noch immer in der Luft, und auf dem Boden lag ein Haufen alter Fahnen neben einem riesigen Holzbrett, auf dem verschiedene Abbildungen von Knoten klebten.

Die Fensterrahmen waren gesplittert und morsch, die Zwischendecke hing bedenklich durch, und es gab eine grelle Neonbeleuchtung. Wir kannten einen solchen Anblick bereits. Mir rutschte das Herz in die Hose, als ich den Aufwand für die Instandsetzung abschätzte. Kit ging direkt nach Hause und skizzierte, wie unsere Traumbackstube aussehen könnte, mit einem begehbaren Kühlschrank, zwei Spülbecken, großen Arbeitstischen und einem Etagenofen mit drei Etagen.

Der Memorial Club kam uns außerordentlich entgegen. Nach langem Hin und Her boten sie uns an, das Geld für eine Grundsanierung aufzubringen, wenn wir einen langfristigen Mietvertrag abschließen würden. Sie würden nicht nur das Dach reparieren, die Fenster austauschen und vor allem die Baugenehmigung einholen, sondern auch die Installation von Dreiphasenstrom arrangieren (mein Schreckgespenst). Anschließend müssten wir dann das Gebäude zu einer Backstube umrüsten.

Das war ein gewaltiger und beängstigender Schritt.

Wir müssten unser Einkommen fast verdoppeln, um die Mietkosten für die Pfadfinderhütte und den Laden überhaupt nur zu decken. Wir wären außerdem für mindestens fünf Jahre an den Betrieb der Bäckerei gebunden und hätten ziemlich viele Schulden. Aber wenn wir es nicht täten, könnten wir unmöglich wachsen und Kitty sich mehr auf das konzentrieren lassen, worin sie brillierte – die kreative Backkunst –, und weniger auf die alltägliche Brotproduktion. Wir sagten Ja und unterschrieben den Mietvertrag.

INZWISCHEN hatte ich eine Menge Teigtaschen in der Badewanne verdrückt und war zu *Kung Fu Panda 3* übergegangen (leider enttäuschend). Als es Herbst wurde, fühlte ich mich wieder einigermaßen gut. Das war eine Erleichterung, denn Papa konnte auf keinen Fall alles alleine machen, und obwohl er es nie sagte, fragte er sich bestimmt: »Will ich das alles wirklich mit einem Teenager durchziehen, der sich zeitweise auf den Boden der Bäckerei legen oder sein Gesicht in den Kühlschrank stecken muss, um eine Panikattacke zu verhindern?« Meine schrecklichen Hirngespinste wurden nie aus Angst vor dem, was wir vorhatten, ausgelöst – das war das Einzige, was mich antrieb. Vielmehr wurden sie durch einen schrecklichen, kalten Schwall von Einsamkeit verursacht – eine Einsamkeit, die überhaupt keinen Sinn ergab, weil ich von Menschen umgeben war, die mich liebten, aber sie war trotzdem präsent.

In den letzten zwei Jahren war ich hauptsächlich in Gesellschaft meiner Familie und meiner Kunden. Mehr regelmäßige soziale Kontakte konnte ich neben der Bäckerei nicht unterbringen. Aggie und Albert brachten mich so oft zum Lachen wie sonst niemand, und Freundschaften mit Gleichaltrigen waren für mich kein Thema.

Manchmal kam es mir so vor, als hätte ich einen Überfluss an Liebe – Liebe für meine Brote und meine Familie –, aber da war noch mehr Liebe übrig, und ich wusste nicht, wohin damit.

Sparky brachte mich auf eine Idee. Er liebt Papa über alles, und Papa spricht mit Sparky mit einer Stimme, die mehr Gefühle transportiert als das Finale eines Rosamunde-Pilcher-Filmes. Sparky mag den Rest der Familie auch, doch im Schlaf träumt er wahrscheinlich davon, wie er sein Leben für Papa opfert oder ihn aus einem reißenden Fluss oder vor einem wütenden Stier rettet. Ich wusste, dass es schwer werden würde, meine Familie davon zu überzeugen, einen neuen Hund aufzunehmen, nachdem es mit Sibby so ein Reinfall war, aber ich hatte sorgfältig recherchiert. Wir brauchten einen Hund, der klein, aber nicht zu klein war, der ein Hütehund und kein Jäger war (und deshalb nicht in Dachslöcher krabbeln würde), der Mamas innige Liebe für die Queen (und für keine anderen Mitglieder der Königsfamilie) zum Ausdruck bringen würde und der aus Wales stammte, wo wir stets unsere schönsten Urlaube verbracht hatten. Es gab nur eine Option: einen Corgi.

Einen Monat lang grub ich, hartnäckig wie ein Terrier, sämtliche Informationen über Corgis aus – unter anderem zu den Unterschieden zwischen einem Cardigan Corgi und einem Pembroke Corgi (Langschwanz oder Kurzschwanz), wie man sie trainiert, die richtige Fellpflege betreibt und wo man einen bekommt. Ich erstellte eine kurze PowerPoint-Präsentation mit den wichtigsten Fakten über Corgis, illustriert mit den schönsten Bildern, die ich finden konnte, und mit einem schriftlichen Versprechen, dass ich alle Welpen-Pflichten übernehmen würde. Mama und Papa waren immer noch skeptisch. Die Anschaffung eines Welpen schien für sie noch mehr Chaos zu bedeuten, zumal sie bereits das Gefühl hatten, dass wir gerade so unsere Köpfe über Wasser hielten.

Außerdem waren sie noch immer traurig darüber, dass wir Sibby weggeben mussten, und fanden, dass es so aussehen würde, als hätten wir nie aus unserem Fehler gelernt. Ich ließ nicht locker und überredete schließlich Mama, mit mir nach Wales zu einem Corgi-Züchter zu fahren, damit sie weitere Fragen stellen konnte. Wir kamen in einer Sackgasse mitten in Swansea an, gingen durch die Eingangstür und wurden von einem Haufen flauschiger Tierchen empfangen. Sieben Corgi-Welpen lagen im Laufstall übereinander, während ihre Mutter erschöpft auf dem Familiensofa schlummerte.

Ich setzte mich in den Laufstall. Eines der Fellbündel entfernte sich vom Haufen, taumelte zu mir herüber und plumpste in meinen Schoß. Mama wusste, dass der Kampf verloren war.

Einen Monat später waren wir wieder in Swansea, und Scout gehörte mir. Ich habe sie nach dem Mädchen in *To Kill a Mockingbird* benannt, und sie genießt all meine überschüssige Liebe. Dass sie der am komischsten aussehende Hund ist, trägt sie mit Stolz. Sie ist fuchsfarben, hat riesige Ohren und Pfoten, kurze Beine, einen buschigen Schwanz, der genauso lang ist wie ihr Körper, und ist unfähig, die zwei Stufen zur Küche zu überwinden, ohne zu stolpern. Sie erzählt viel, bellt aber selten. Es ist eine Mischung aus Jaulen und Stöhnen, während sie am Fußende meines Bettes liegt und ihren Bauch zum Kraulen darbietet. Sie ist absolut treu und verrückt danach, lange Stöcke zu tragen. Das Bäckerei-Bingo wird beim Gassigehen durch das Scout-Bingo abgelöst. Ihre Erscheinung sorgt ständig für Kommentare. Zwei Punkte gibt es für »Ist das ein Corgi?«, fünf Punkte für »Meine Oma hatte auch so einen«, sieben Punkte für »Ist die Königin in der Nähe?«, und der gelegentliche Ausruf eines kleinen Kindes – »Ein Fuchs! Ein Fuchs!« – bekommt die vollen zehn Punkte. Scout fühlt sich dadurch sehr wichtig und trottet hocherhobenen Hauptes an ihren Bewunderern vorbei, während Sparky mit seinen buschigen Augenbrauen ein Achselzucken zu imitieren scheint. Scout gehört mir, und sie ist etwas ganz Besonderes.

SCOUT UND die Pfadfinderhütte wurden ein wesentlicher Bestandteil unseres Lebens. Kitty und ich mobilisierten die großartigen Menschen, die in der Vergangenheit bereits unsere Ideen verwirklicht hatten, um aus dem Gebäude eine Backstube zu machen.

Kristian verkleidete die Wände, Joe übernahm die Klempnerarbeiten, und es gab das übliche Problem mit dem Strom, als sich herausstellte, dass der riesige Strommast am Ende des Weges morsch war und ersetzt werden musste, doch auch das verlief erstaunlich reibungslos. Wir investierten unser letztes Geld in einen begehbaren Kühlschrank von der Größe einer kleinen Küche und einen neuen Ofen vom wunderbaren Mr. Beam. Kitty und ich griffen wieder zu den Pinseln und strichen alles weiß. Wir haben es irgendwie geschafft, Campbells Knettisch aus der Backstube neben unserem Haus zu holen (er musste wieder über die Gartenmauer), und Albert und ich rollten ihn geräuschvoll die Straße entlang, während Kitty darauf saß und Scout, so strahlend wie die Queen, an sich drückte.

Nach sechs Wochen Arbeit waren wir so gut wie fertig. Jetzt mussten wir nur noch einen weiteren Bäcker finden.

Ich hatte einen erfahrenen Bäcker im Sinn, der unseren Amateurstil um einiges aufpolieren konnte – mit anderen Worten, jemanden, der wusste, wie eine richtige Bäckerei funktionierte, und nicht wie wir herumprobierte. So jemanden zu finden würde nicht einfach werden, aber jetzt, wo wir die neue Backstube eingerichtet hatten, schien das jedenfalls nicht unmöglich. Vielleicht könnte uns Instagram dabei helfen? Ich sprach mit Kit.

»Oh, ich habe sie schon gefunden.«

»Wie bitte?«

»Ich habe bereits die perfekte Person gefunden.«

»Hat sie Erfahrung?«

»Na ja, sie ist eine wirklich gute Bäckerin.«

»Brot?«

»Gelegentlich.«

»Sie ist also eine Gelegenheits-Brotbäckerin?«

»Ja schon, aber sie macht geniale Sachen und vor allem, schau mal, sie kann einen tollen Backstubentanz.«

Kit zeigte mir ein Instagram-Video, in dem eine Frau in ihrer Küche herumtanzt, mit einem Besen als Gitarre, und die genau den gleichen Gesichtsausdruck wie Kitty draufhat, wenn sie sich über eine neue Backkreation freut. Ihr Feed war voller unglaublicher Kuchen und Gebäcke, die sie selbst gebacken hatte, darunter auch etwas mit Marmite und Käse, was mich schließlich überzeugte.

»Sie gefällt mir«, sagte ich.

Kitty schickte ihr eine Nachricht und fragte sie geradeheraus, ob sie sich vorstellen könnte, für uns zu arbeiten. Das war typisch Kitty. Noch hatten wir sie gar nicht kennengelernt, aber ihr Bauchgefühl veranlasste sie dazu.

Obwohl Karishma eigentlich vorhatte, mit ihrem Freund Sean in den Südwesten von England zu ziehen, verabredeten wir uns zu einem Zoom-Gespräch. Sie war genauso humorvoll, nett und kompetent, wie sie sich in ihren Videos zeigte. Wir räumten ihr alle Zeit ein, die sie brauchte, um sich zu entscheiden. Kit und ich drückten uns jedenfalls die Daumen. Sie wohnte nur eine halbe Stunde entfernt in Reading, direkt um die Ecke von dem Haus, in dem mein Vater sein ganzes Leben lang Hausarzt gewesen war. Ich war mir sicher, dass es eine Art glückliche Fügung war.

Karishma besuchte uns und sah sich die Pfadfinderhütte an. Sie und Kitty plauderten ununterbrochen. Am nächsten Tag sagte sie zu.

Mit Karishma zu arbeiten, war eine große Bereicherung. Sie hat ihr Wissen über alles Süße mit uns geteilt, und im Gegenzug hat sie gelernt, ihre Brote zu perfektionieren. Sie passt perfekt zu uns beiden, indem sie meinen endlos langen Erzählungen über das Erwachsenwerden mit der Politik und der Musik der Achtzigerjahre lauscht, während sie mit Kitty pausenlos »Entweder–Oder« spielt, wie etwa »Würdest du lieber ohne Gluten oder ohne Milchprodukte leben?« Sie hat unser Frühstücksangebot um Käse-Spiegeleier erweitert, und zum Mittagessen gehen wir zusammen zu uns nach Hause, wo Katie meist schon wartet, wenn sie herausgefunden hat, dass Karishma einige der tollen Currys ihrer Mutter mitgebracht hat.

Die Pfadfinderhütte und Karishma haben Kitty und mir die nötige Freiheit gegeben, ein wenig über den Tellerrand unserer Backwelt zu schielen. Kitty ist jetzt 17 und hat die Zukunft fest im Blick. Mittlerweile hat sie nur noch selten Tiefpunkte. Mit Latzhose und Bucket Hat fährt sie regelmäßig unter der Woche mit dem Oxford Tube nach London, um in verschiedenen Bäckereien zu arbeiten, von Kew bis Bermondsey. Einmal mehr hat sie diese außergewöhnliche Bäcker-Community mit offenen Armen empfangen, und Kitty hat sich sofort integriert.

Wenn Kitty von anderen Bäckereien heimkommt, sprudelt sie nur so über vor neuen Ideen und Arbeitsmethoden, die ich wie ein Schwamm aufsauge.

Ich hatte nun etwas mehr Zeit, um alles, was passiert war, zu verarbeiten. Das Schreiben dieses Buches war für mich wie eine Befreiung von der schweren Arbeit, die ich rund um den Laden, das Backen und das Leben im Allgemeinen bewältigen musste. Beim Rückblick auf die letzten Jahre war Katie und mir klar geworden, wie leicht es gewesen wäre, einfach die Augen zu verschließen, und wie groß unsere Angst am Anfang war, Kitty zu verlieren. Gleichzeitig wurde uns auch bewusst, wie viel Hilfe und Unterstützung wir bekommen hatten – von anderen Bäckern, von Familie und Freunden, von den großzügigen Crowdfundern und von Watlington.

Aggie und Albert haben viel durchgemacht, angefangen bei ihrer Schwester, die sie fast verloren hätten, bis hin zu der Tatsache, dass ihr Zuhause zu einer Backstube mutierte, während sie ihr eigenes Leben trotz verschiedener Lockdowns meistern mussten. Sie waren nachsichtig, gutmütig und tapfer.

Mir wäre nicht einmal im Traum eingefallen, dass ich mit 50 Jahren den Beruf wechseln und Bäcker werden würde – und doch bin ich heute zutiefst dankbar dafür, dass ich es bin. Ich wünschte, Kitty wären einige der düstersten Momente dieser Geschichte erspart geblieben, aber ich weiß auch, dass wir nichts von all dem getan hätten, wenn uns die Verzweiflung nicht anfangs dazu getrieben hätte. Ich weiß auch, dass der Bereich in Kittys Gehirn, der ihr das Leben schwer macht, vermutlich derselbe ist, der ihr ihren unglaublichen Elan und ihre Entschlossenheit verleiht und ihr eine andere Sicht auf das Leben ermöglicht. So gut wie alle Rezepte in diesem Buch hat sie selbst kreiert, denn sie hat ein feines Gespür für Zutaten und einen einzigartigen Geschmackssinn

Sie backt intuitiv und unkonventionell und überrascht mich immer wieder aufs Neue. Ich habe überhaupt keine Ahnung, was als Nächstes kommt, außer dass das Backen eine zentrale Rolle spielen wird.

JETZT IST ES ZEIT für die Welt da draußen, und ich fühle mich endlich bereit dafür. Danke an Layla's, The Snapery Bakery, Sourdough Sophia und Rye by the Water, die meine ersten vier Praktikumsstationen waren. Wenn dieses Buch herauskommt, sind sicherlich noch viele andere dazugekommen.

Ich erinnere mich an den spontanen Abstecher zu Hart's Bakery in Bristol am Anfang meiner Reise, als es mir die Sprache verschlagen hatte und ich unbedingt ein Teil dieser Welt sein wollte – und jetzt bin ich es. Ich bin ein Teil davon. Ich ziehe heiße Brote aus verschiedenen Öfen, ich mische Teig an und forme ihn, und ich lerne von anderen Bäckern, die das bereits seit vielen Jahren machen. Ich stehe in riesigen begehbaren Kühlschränken und probiere verschiedene Schokoladensorten, von denen ich noch nie gehört habe. Ich trage die typische Bäckerkluft – Crocs und Socken – sowie Headbands und Latzhosen.

Ich spreche mit dem Teig, und mein Herz macht einen Sprung, wenn eine Bäckerei eines meiner Rezepte übernimmt.

Ich gehe um 20 Uhr ins Bett und stehe um fünf Uhr auf. Ich gebe auf mich acht. Manchmal fühle ich mich niedergeschlagen, müde und unglücklich, aber das geht vorbei. Und wenn ich nach Hause komme, empfängt mich meine Scout an der Tür und legt mir einen Tennisball direkt vor die Füße.

Ich packe meinen grünen Rucksack voller neuer Brote und Gebäckstücke aus, um sie Papa zu zeigen. Ich gehe zur Pfadfinderhütte, um Karishma zu verraten, warum wir in unseren zukünftigen Keksen ganze Erdnüsse verwenden müssen. Ich liebe es, in der Bäckerei hinter der Theke zu stehen und mitzuerleben, wie die Kunden zwischen der neuen Rhabarber-Pudding-Brioche oder dem Schokoladen-Haselnuss-Orangen-Kringel hin- und hergerissen sind und schließlich beides nehmen. Ich blicke zurück auf das 14-jährige Mädchen, das überhaupt nicht verstand, warum es sie gab, und möchte ihr unbedingt zeigen, wo heute ihr Platz ist.

ENDE

Hinweis
Bei vielen Rezepten werden die Brot- oder Gebäckstücke auf zwei Backbleche verteilt. Wenn Sie im Elektroherd bei Ober-/Unterhitze backen wollen oder einen Gasherd haben, kommen die Bleche nacheinander in den Ofen. Bei Verwendung der Umluftfunktion ist gleichzeitiges Backen möglich.

REZEPTE

Zu den schwierigsten Entscheidungen, die beim Schreiben dieses Buches getroffen werden mussten, gehörte die Frage, welche Rezepte Eingang in *Breadsong* finden sollten. In unserer Backstube stapeln sich die Dosen mit Etiketten, die Kittys Experimente im Laufe von zwei Jahren enthalten. Viele davon sind nie in irgendeiner Form schriftlich fixiert worden. Zwar postet Kitty manchmal ein Gebäckstück auf Instagram, aber praktisch alles, was sie backt, macht sie aus dem Gedächtnis. Rezepte auszuwählen und in eine verständliche Form zu bringen, fühlte sich entsprechend wie eine Mammutaufgabe an.

Kitty backt sehr intuitiv, und nun mussten wir plötzlich Rezeptmengen bestimmen und Techniken beschreiben. Da kamen Julia und Al ins Spiel. Als wir sie vor 17 Jahren baten, Kittys Paten zu werden, war ihnen nicht bewusst, dass sie nicht nur dem Teufel abschwören, sondern auch Rezepttester werden sollten, wenn sie diese Aufgabe übernahmen. Denn Julia und Al sind in Kombination perfekt dafür geeignet. Julia ist eine brillante Köchin, sie arbeitet präzise und ist in der Lage, hilfreiche Verbesserungsvorschläge zu machen, damit alles noch besser gelingt. Und Al ist – in seinen eigenen Worten – »ein blutiger Backanfänger«, der aber gerne ausprobiert.

Am Anfang haben wir Julia und Al jede Woche drei Rezepte geschickt und dann nervös auf ihr Feedback gewartet. Sie nahmen ihre Rolle ernst und schickten uns detaillierte Kommentare und Fotos, die Kit und ich aufgeregt ansahen, um herauszufinden, welche unserer Ideen funktionierten und wo wir Anpassungen vornehmen mussten, wenn ein Rezept nicht gelang. Die Pastéis de Nata (siehe Seite 256) waren ein voller Erfolg, und Als Focaccia (siehe Seite 159) sah besser aus als unsere. Er rief eine WhatsApp-Gruppe für Geschmackstester ins Leben, die in der näheren Umgebung alsbald sehr beliebt war. Viele Nachbarn flehten geradezu darum, ihr beitreten zu dürfen. Julias Vorliebe für Marmite ist allgemein bekannt, weswegen unsere Marmite-Käse-Schnecken (siehe Seite 267) in Dauerschleife gebacken wurden. Sie überwand auch ihre Angst vor Blätterteig und postete mit vielen Ausrufezeichen und einem Smiley versehene Fotos der von ihr perfektionierten Käsestangen (siehe Seite 253).

Es war uns wichtig, mit unseren Rezepten die Ängste vor verschiedenen Teigen und Gebäcken abzubauen, und die Rückmeldungen von Julia und Al zeigten, dass sie für die beiden genau das bewirkten. Hoffentlich haben sie auf Sie denselben Effekt.

BROT

OVERNIGHT-WUNDER-BROT

Dies war das erste Brotrezept, das ich zu backen lernte, und wie sich die einfachen Zutaten in einen Laib verwandeln, ist für mich immer noch pure Magie. Um ein Brot zu backen, das doppelt so gut schmeckt wie das aus dem Supermarktregal, mit einer knusprigen Kruste und einer weichen Krume, braucht man nichts weiter als eine Auflaufform oder einen Topf mit Deckel und einen Ofen, der eine Temperatur von bis zu 230 °C Ober-/Unterhitze (210 °C Umluft/Gas Stufe 8) erreichen kann. Zu Beginn schaffte unser Ofen nicht mehr als 180 °C. Keine Sorge also, selbst wenn es Ihrem Modell an Wumms fehlt, ist Ihr Brot nicht verloren. Sollten Sie vorhaben, nur ein einziges Rezept aus dem ganzen Buch nachzubacken, wird Ihnen dieses hier wahrscheinlich die größte Freude bereiten. Es ist wirklich ein Wunder.

FÜR 1 LAIB

- 500 g backstarkes Weizenmehl Type 550 plus etwas mehr zum Arbeiten
- 10 g feines Meersalz
- 3 g Trockenhefe (etwa 1 TL oder etwas weniger als ½ Pck. à 7 g)

1. Das Mehl in eine große Schüssel sieben. Das Salz und die Hefe hinzufügen. Die Zutaten mit einem Rührlöffel oder – so mache ich es am liebsten – mit den Händen vermischen. Nach und nach 330 ml lauwarmes Wasser dazugeben und mit der Mehlmischung zu einem struppigen Teig kneten. Wir nennen ihn Scooby Dough als Hommage an *Scooby-Doo*.
2. Die Schüssel mit einem feuchten Küchentuch oder einer Duschhaube abdecken und an einem gemütlichen (zugluftfreien) Ort 12–16 Stunden, am besten über Nacht, gehen lassen. Wie die gute Fee im Märchen einen Kürbis in eine Kutsche verwandelt, so verwandelt die Zeit den schnöden Teig in eine lebendige, blubbernde Kreatur (obwohl ich wahrscheinlich den Kürbis der Kutsche vorziehen würde).
3. Wenn der Teig aufgegangen und von Blasen durchzogen ist, die Masse auf eine leicht bemehlte Arbeitsfläche geben und vorsichtig zu einer Kugel formen (eine gut bemehlte Teigkarte ist hierbei sehr hilfreich). Der Teig sollte rundum leicht mit Mehl bedeckt sein.
4. Und bedenken Sie, dass der Teig lebt. Je respektvoller Sie ihn behandeln, desto mehr wird er es Ihnen durch ein besseres Ergebnis danken.
5. Die Teigkugel auf ein mit Backpapier belegtes Backblech setzen, mit einem feuchten Küchentuch abdecken und an einem warmen, gemütlichen Ort 1 Stunde reifen lassen.
6. Nach etwa der Hälfte der Reifezeit den Backofen auf 230 °C Ober-/Unterhitze (210 °C Umluft/Gas Stufe 8) beziehungsweise so heiß wie möglich vorheizen. Einen gusseisernen Topf mit passendem Deckel und hitzebeständigen Griffen zum Aufheizen für 30 Minuten in den Ofen stellen.
7. Wenn der Topf richtig schön heiß ist, vorsichtig aus dem Ofen holen und den Deckel abnehmen. Das Küchentuch entfernen und den Teig mithilfe des Backpapiers in den Topf setzen. Mit

einem scharfen Messer, einer Rasierklinge oder einer Schere die Oberseite des Teiges in einem beliebigen Muster einritzen – ein langer Strich, ein Kreuz, ein Quadrat oder sogar ein Smiley. Vielleicht investieren Sie dafür in eine Bäckerklinge (im Grunde eine Rasierklinge an einem Stab und relativ günstig, aber neben einer Teigkarte ein guter Freund beim Brotbacken).

8. Ein paar EL Wasser rund um den Brotteig in den Topf gießen. Den Deckel aufsetzen und den Topf wieder in den Ofen stellen. Das Brot 30 Minuten mit geschlossenem Deckel backen, dann den Deckel abnehmen, um das herrliche Brot zu enthüllen, und ohne Deckel weitere 10 Minuten backen, bis es eine schöne goldene Farbe hat – für eine etwas dunklere Kruste 15 Minuten backen. So mag ich es.
9. Das fertig gebackene Brot herausnehmen, auf einen Gitterrost setzen und mindestens 30 Minuten abkühlen lassen. Das ist der schwierigste Teil, aber auch der wichtigste, da das frisch gebackene Brot noch weitergart. Wenn Sie gut lauschen, hören Sie den Laib vielleicht sogar singen: Das ist der »Breadsong«. Verbrennen Sie sich aber nicht die Ohren ...

Sie haben gerade Brot gebacken. Keine Unordnung (auch wenn ich das immer hinbekomme). Kein Kneten. Nur Magie. Und etwas Fermentation.

VARIANTEN

- **Pain de Campagne**
  Ersetzen Sie 250 g der Mehlmenge durch Weizenvollkornmehl. Das ergibt ein Landbrot, das Ihnen das Gefühl gibt, den ganzen Tag auf dem Feld gearbeitet zu haben.

  Serviervorschlag: Mit einem Stückchen gesalzener Butter und etwas stückiger Landpastete.

- **Saaten-Roggenbrot**
  Ersetzen Sie 100 g der Mehlmenge durch Roggenmehl Type 1150 und fügen Sie 100 g geröstete Saaten Ihrer Wahl hinzu. Meine Lieblings-Kombi besteht aus Kürbiskernen, Sonnenblumenkernen und Leinsamen. Es entsteht ein kompaktes Brot mit feinen Röst- und Nussaromen. Aber seien Sie gewarnt! Mit Roggenmehl zu arbeiten fühlt sich an, wie nassen Zement handzuhaben. Wenn Ihre Hände teigverklebt sind, nehmen Sie etwas mehr Mehl, um die Hände sauber zu reiben. Klingt komisch, ist aber so viel besser, als den Teig unter fließendem Wasser von den Händen zu kratzen.

  Serviervorschlag: Dünne Scheiben getoastet, mit einem Klecks Meerrettichsauce, etwas Räucherlachs und ein paar fein geschnittenen Cornichons belegt.

- **Trostbrot »The Comfort«**
  Rühren Sie 1–2 EL Marmite oder einen anderen Hefeextrakt-Brotaufstrich in die 330 ml warmes Wasser, bevor Sie es mit den trockenen Zutaten vermengen. Das ist mein Lieblingsbrot. Ich habe es in einer Zeit angefangen zu backen, als sich jeder Tag wie ein Kampf angefühlt hat, voll mit Panikattacken, extremen Tiefs und unter ständigem Beschuss meiner Gedanken. Jeden Abend habe ich mich darauf gefreut, den Teig herzustellen, den ich am Morgen backen würde. Alles an diesem Brot lässt mich sicher fühlen. Sein süßer, leicht verkohlter Geruch, seine Kruste (wie bei Twiglets-Knabberstangen), seine softe, weiche »Mehrmehrmehr«-Mitte. Immer, wenn ich wusste, dass ein harter Tag bevorstand, backte ich diesen Laib.

  Serviervorschlag: Wenn es nach mir ginge, wäre ich sehr glücklich, »The Comfort« mit Käse zu essen – den ganzen Tag, jeden Tag!

▸ **Auf der nächsten Seite, von oben links im Uhrzeigersinn: Saaten-Roggenbrot, »The Comfort«, Pain de Campagne, Overnight-Focaccia**

Roberts

LUXEMB'G. 1
EUROPE 1
LIGHT
ALLOUIS
13 15 17 1900 M
LONG WAVE
200 300 400 500 M
MEDIUM WAVE
LUXEMB'G. 2
WEST
NORTH
N. IRELAND
HOME
THIRD
LIGHT
WELSH
BRUSSELS
MIDLAND
SCOTTISH
R. EIREANN
PHILIPS

OVERNIGHT FOCACCIA

Wunderteig ist wie Mystique im Film *X-Men*. Gerade wenn man denkt, er sei eine Sache, kann er sich plötzlich in etwas ganz anderes verwandeln. Wie diese blubbernde Rosmarin-Focaccia.

FÜR 1 LAIB

- 1 Portion Übernacht-Wunder-Teig (siehe Seite 153)
- Raps- oder Olivenöl zum Einölen
- 1 Handvoll Rosmarinnadeln
- 1 kräftige Prise grobe Meersalzflocken

1. Den Teig, wie auf Seite 153 beschrieben, bis einschließlich Schritt 2 zubereiten. Am Backtag eine rechteckige Form (15 × 20 cm) mit Backpapier auskleiden und dieses gut einölen. Den blubbernden Teig in die Form füllen und etwa 5 cm dick gleichmäßig darin ausbreiten. Seinen Bauch mit etwas Öl einreiben – Sie können Olivenöl verwenden, wir lieben allerdings ein hervorragendes Öl aus lokal angebautem Raps. Den Teig an einem warmen Ort 2 Stunden ruhen lassen. Sie können ihn abdecken, aber die eingeölte Oberfläche verhindert, dass sich eine Haut bildet.
2. Den Backofen auf 220 °C Ober-/Unterhitze (200 °C Umluft/Gas Stufe 7) vorheizen.
3. Nach der Ruhezeit noch etwas mehr Öl über den Teig träufeln und wie bei einer Massage mit den Fingerspitzen sanft die Oberfläche eindrücken. (Sie können gerne »entspannen, entspannen« murmeln.) Anschließend die Rosmarinnadeln und die Meersalzflocken über den Teigling streuen.
4. Die Focaccia im heißen Ofen 20–25 Minuten backen, bis sie knusprig und goldfarben ist. Dann aus dem Ofen nehmen und nochmals mit Öl einstreichen. Aus der Form holen und auf einem Gitterrost 10 Minuten abkühlen lassen.

Serviervorschlag: In einem kleinen Topf mit einer Mischung aus Olivenöl und Balsamicoessig übergossen (oder getränkt), oder quer aufgeschnitten und belegt (wir mögen als Belag Mozzarella, Tomate, Avocado und etwas Salami).

CHALLA

Challa ist uns zum ersten Mal begegnet, als wir uns *Friday Night Dinner*, eine brillante Serie über eine jüdische Familie in North London, im Fernsehen angesehen haben. Es handelt sich um ein briocheähnliches, geflochtenes Brot, das für das Schabbatmahl gebacken wird. Es ist weniger reichhaltig als eine normale Brioche und schmeckt getoastet ganz wunderbar – und noch besser, wenn es für French Toast in Ei getränkt und in Butter gebraten wird.

FÜR 1 LAIB

- 500 g backstarkes Weizenmehl Type 550 plus etwas mehr zum Arbeiten
- 10 g feines Meersalz
- 7 g Trockenhefe (2 TL oder 1 Pck.)
- 50 ml Rapsöl (alternativ Sonnenblumenöl) plus mehr zum Einölen
- 2-4 EL flüssiger Honig (mindestens 2 EL, aber experimentieren Sie, wie süß Sie Ihr Challa mögen)
- 2 Eier
- 50 g weiche ungesalzene Butter
- 1 Ei mit 1 EL Milch leicht verquirlt, für die Eistreiche
- 1 Handvoll Mohn- oder Sesamsamen (optional)

1. Das Mehl in eine große Schüssel sieben. Das Salz und die Hefe hinzufügen und untermischen. In einer separaten Schüssel 170 ml Wasser, das Öl und den Honig verrühren. Die Eier dem Wasser-Öl-Gemisch hinzufügen und alles gut vermengen. Wenn Sie festen Honig verwenden, ist es vielleicht einfacher, heißes Wasser zum Mischen mit dem Öl zu verwenden – lassen Sie dann die Öl-Wasser-Mischung einfach ein wenig abkühlen, bevor Sie weitermachen.
2. In die Mitte des Mehles eine kleine Vertiefung drücken und die Öl-Wasser-Ei-Mischung hineingeben. Den Teig 5 Minuten mit der Hand (oder 3 Minuten in einer Küchenmaschine mit Knethaken) kneten. Dann nach und nach die Butter hinzufügen – einen großzügigen Klecks nach dem anderen – und dabei weiterkneten, bis der Teig glatt und elastisch ist. Das dauert 9–10 Minuten (oder 5–6 Minuten in der Küchenmaschine).
3. Den Teig in eine gut eingeölte Schüssel geben und mit einem Küchentuch oder einer Duschhaube abdecken. An einem warmen Ort 1–2 Stunden gehen lassen, bis sich das Teigvolumen verdoppelt hat.
4. Sobald der Teig luftig und prall ist, auf eine leicht bemehlte Arbeitsfläche geben und in drei gleich große Stücke teilen. Jedes Stück zu einem 40 cm langen, 2–3 cm dicken Strang rollen (dieselbe Länge ist hier wichtiger als eine gleichmäßige Dicke). Die Teigstränge nebeneinander auf eine Lage Backpapier legen und die oberen Enden zusammendrücken.
5. Das Flechten eines Challa geht genauso wie das Flechten von Haaren: Die rechte Strähne über die mittlere Strähne legen, sodass die rechte Strähne zur mittleren Strähne wird. Dann die linke Strähne über die mittlere Strähne legen, sodass die linke Strähne zur mittleren Strähne wird. Diese Schritte wiederholen, bis die gesamten Stränge verflochten sind. Die unteren Enden zusammendrücken und unter den Zopf schieben, damit das Challa ordentlicher aussieht.
6. Das Backpapier mit dem geflochtenen Challa auf ein Backblech legen. Mit einem feuchten Küchentuch oder einer geölten Frischhaltefolie abdecken und an einem warmen Ort 1 Stunde gehen lassen.
7. Den Backofen auf 200 °C Ober-/Unterhitze (180 °C Umluft/ Gas Stufe 6) vorheizen.

8. Das Challa nach der Ruhezeit rundum mit dem Ei-Milch-Gemisch einstreichen und nach Geschmack mit Mohn- oder Sesamsamen bestreuen. Anschließend im heißen Ofen 30–35 Minuten backen, bis es goldbraun ist. Herausnehmen und 20–30 Minuten auf einem Gitterrost abkühlen lassen.

Serviervorschlag: Für French Toast 2 Eier und etwas Milch in einer flachen Schüssel verquirlen. 2 Challa-Scheiben auf beiden Seiten für jeweils 2 Minuten in der Eimischung einweichen. 1 EL Butter in einer beschichteten Pfanne erhitzen und die eingeweichten Challa-Scheiben von beiden Seiten darin knusprig braun braten. Mit knusprig gebratenem Speck servieren und mit Ahornsirup beträufeln.

BIGA-BROT

Eine Biga wird hergestellt, indem eine bestimmte Menge Teig über Nacht vorfermentiert wird. Genau wie beim Rezept für das Helle Overnight-Wunder-Brot auf den Seiten 153 und 154 müssen Sie nichts weiter tun, als alle Zutaten miteinander zu vermischen. Am nächsten Morgen sollte Ihre Biga bereits größer geworden sein, eine pralle Oberfläche haben und leicht alkoholisch riechen. Das bedeutet, dass der Gärungsprozess begonnen hat. Als Nächstes müssen nur noch etwas mehr Mehl, Wasser und Hefe untergemengt werden.
In diesem neuen Teig müssen die Glutenstränge gestärkt werden. Sie können dazu beitragen, indem Sie den Teig in den folgenden Stunden mehrmals dehnen und falten, bevor Sie ihn zu einem Brot formen und gehen lassen. Dieses Verfahren entspricht weitgehend dem der Herstellung von Sauerteig, und auch das fertige Brot ist einem Sauerteigbrot sehr ähnlich (deshalb nennen wir es auch »Schummel-Sauerteig-Brot«). Es hat eine reichhaltige, nussige Butternote, die daher rührt, dass der Teig ein wenig Zeit hatte, sein Aroma zu entwickeln. Ein zusätzlicher Vorteil ist, dass der Teig durch die Verwendung handelsüblicher Hefe (nicht sehr viel) ziemlich zuverlässig funktioniert. Wenn Sie also noch nicht bereit sind für die Welt der Sauerteigansätze und die damit verbundene Pflege, dann ist dies der perfekte Mittelweg. Die Menge, die ich hier angegeben habe, reicht für zwei Brote, denn in unserer Familie ist eines nie genug. Wenn Sie nicht so viel Brot brauchen, können Sie die Hälfte des Teiges zu einem Laib backen und die andere Hälfte für Pizzas oder Fladenbrote verwenden.

FÜR 2 LAIBE ODER
1 LAIB UND
4-6 PIZZABÖDEN

FÜR DIE BIGA

- 800 g backstarkes Weizenmehl Type 550 plus etwas mehr zum Arbeiten
- 2 g Trockenhefe (etwa ½ TL)

FÜR DEN HAUPTTEIG

- 200 g backstarkes Weizenmehl Type 550
- 20 g feines Meersalz
- 2 g Trockenhefe (etwa ½ TL)

1. Am Vorabend für die Biga das Mehl und die Hefe sowie 550 ml kaltes Wasser in einer großen Schüssel gut vermischen (das Wasser muss kalt sein, da die Hefeaktivität nicht durch warmes Wasser beschleunigt werden soll; eine langsamere Gärung ist von entscheidender Bedeutung). Mit einem Küchentuch abgedeckt, über Nacht bei Zimmertemperatur stehen lassen. Bis zum nächsten Morgen ist die Biga »bigger« – also »größer« – geworden (ein englischer Wortwitz, der uns nie langweilig wird).
2. Am nächsten Tag die Zutaten für den Hauptteig sowie 200 ml lauwarmes (!) Wasser hinzufügen und mit den Händen oder in der Küchenmaschine mit dem Knethaken gründlich durchkneten.
3. Sobald ein homogener Teig entstanden ist, diesen 3 Stunden reifen lassen. In den ersten 2 Stunden den Teig etwa alle 30 Minuten mit angefeuchteten Händen dehnen und falten, um das Gluten zu stärken: Stellen Sie sich vor, dass die Teigkugel in der Schüssel ein Zifferblatt ist. Beginnen Sie bei 12 Uhr, nehmen Sie von dort ein Stück Teig und dehnen Sie es. Falten Sie es dann zur Mitte der Kugel. Drehen Sie die Schüssel um 90 Grad und wiederholen Sie das Falten mit dem Ende, das nun auf 12 Uhr steht. Diesen Vorgang wiederholen Sie noch zweimal, bis alle Seiten einmal gedehnt und zur Mitte geschlagen wurden. Dann wiederholen Sie die vier Faltungen noch einmal. Sie können auch die gesamte Teigkugel mit beiden Händen von der Mitte aus

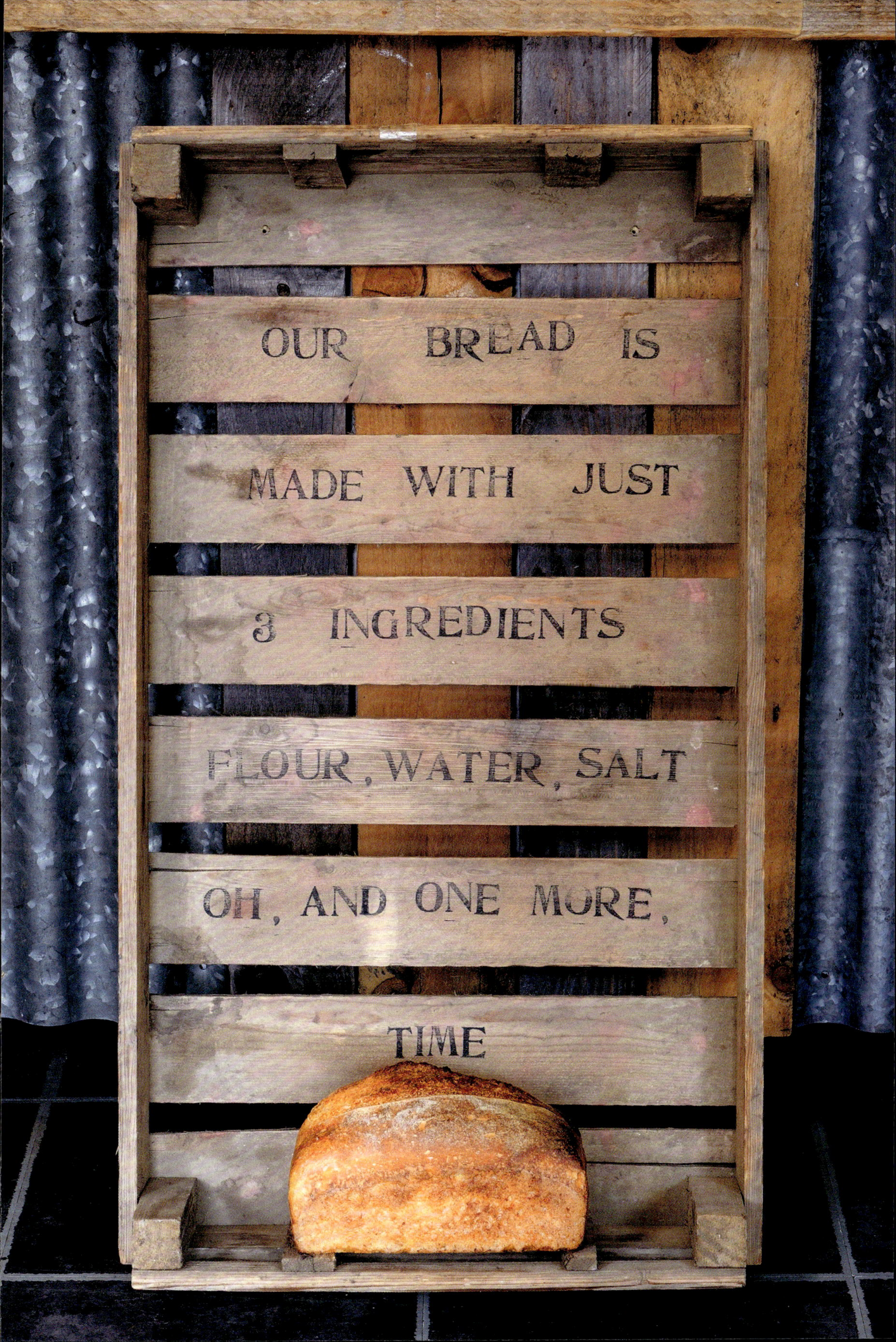
OUR BREAD IS
MADE WITH JUST
3 INGREDIENTS
FLOUR, WATER, SALT
OH, AND ONE MORE,
TIME

anheben – wie ein kleines schlafendes Hündchen –, es dehnen und dann in sich selbst falten (machen Sie das allerdings nicht mit echten Hündchen). Sie werden bald spüren, dass das Gluten im Teig viel stärker wird. Ihre Kugel ist dann nicht mehr schlaff, sondern ganz fest und straff. Das ist die Arbeit des Glutens. In den ersten 2 Stunden sollten Sie mindestens drei Faltungen vornehmen, in der letzten Stunde den Teig aber ruhen lassen.

4. Den Teig nach der Ruhezeit auf einer leicht bemehlten Arbeitsfläche auskneten, dann mit einer Teigkarte in zwei gleich große Stücke teilen. Für Pizzas eine Hälfte des Teiges in 4–6 Stücke schneiden und kühl stellen (siehe »Variante«).
5. Das Teigstück, das für Brot vorgesehen ist, vorsichtig rund formen. Die Teigkugel auf eine bemehlte Lage Backpapier legen und zurück in die Schüssel setzen. Alternativ den Teig in eine gut eingeölte Kastenform geben. Abgedeckt an einem warmen Ort 1 Stunde reifen lassen.
6. Nach etwa der Hälfte der Reifezeit den Backofen auf 250 °C Ober-/Unterhitze (230 °C Umluft/Gas Stufe 9) beziehungsweise so heiß wie möglich vorheizen. Einen gusseisernen Topf mit passendem Deckel und hitzebeständigen Griffen zum Aufheizen für 30 Minuten in den Ofen stellen (nicht nötig, wenn Sie das Brot in der Kastenform backen).
7. Wenn der Topf richtig schön heiß ist, vorsichtig aus dem Ofen holen und den Deckel abnehmen. Den Teig abdecken und mithilfe des Backpapiers in den Topf setzen. Den Topfdeckel auflegen und das Brot in den Ofen schieben. Alternativ die Kastenform einfach mit Deckel in den Ofen stellen. Wenn Sie nur einen gusseisernen Topf haben und zwei Brote backen wollen, legen Sie die zweite Teigkugel in den Kühlschrank, während Sie das erste Brot backen. Denken Sie daran, den Topf vor dem Backen von Brot Nummer zwei wieder richtig heiß werden zu lassen.
8. Das Brot 30 Minuten mit geschlossenem Deckel backen, dann den Deckel abnehmen und das Brot weitere 20 Minuten backen. Durch das etwas längere Backen ohne Deckel erhält der Laib eine besonders kräftige Kruste, die einen wunderbaren Kontrast zur weichen Krume bildet. Die Backzeit für ein Kastenbrot beträgt etwa 40 Minuten, für eine dunklere Kruste etwas länger.

VARIATION

Wenn eine Teighälfte für Pizzas reserviert ist, diese Portion in 4–6 Stücke teilen und zu Kugeln rollen. Mit einem Küchentuch abgedeckt, kühl stellen – dort können sie ein paar Tage ruhen, bis Sie Lust auf Pizza haben. Dann die Kugeln einfach auf die gewünschte Dicke ausrollen und mit Ihren Lieblingszutaten belegen. Backen Sie die Pizza bei höchster Ofentemperatur knusprig und goldbraun. Jeder spricht davon, dass der Belag eine Pizza ausmacht, aber wenn Sie diesen Teig einmal probiert haben, werden Sie feststellen, dass es nur auf den Boden ankommt.

1

2

3

1. Biga-Brot → Seite 162   2. Trostbrot »The Comfort« → Seite 155
3. Der Backstubentanz (das sind meine Haare, nicht Dads Bart)

FIVE GO TO BILLYCOCK HILL
ENID BLYTON
FIVE GO TO MYSTERY MOOR
ENID BLYTON
ADVENTURING AGAIN
ENID BLYTON
HODDER & STOUGHTON
WHAT KATY DID
SUSAN COOLIDGE
WARNE

SODABROT

Dies ist so ziemlich das schnellste Brot, das man backen kann. Das beste Sodabrot der Welt wird in Irland hergestellt, und der Laib hier fühlt sich an, als würde man von einer Oma aus Galway umarmt werden. Im Grunde genommen brauchen Sie nur einfaches Mehl und Natron. Das Natron beginnt mit seiner Arbeit, sobald Sie es mit etwas Flüssigem vermischt haben, daher ist Schnelligkeit wichtig. Der Teig muss nicht geknetet werden und sieht vielleicht etwas unordentlich aus, aber es erstaunt mich immer noch, dass etwas so Leckeres so schnell gehen kann. Sollte man keine Buttermilch zu Hause haben, kann man kann sie auch selbst herstellen, indem man 1 EL Zitronensaft mit Vollmilch vermengt.

FÜR 1 LAIB

- 250 g Weizenmehl Type 405 plus etwas mehr zum Arbeiten
- 250 g Weizenvollkornmehl
- 50 g Haferflocken (egal ob fein oder grob)
- 1 TL Natron
- 10 g feines Meersalz
- 1 EL Sesamsamen (optional)
- 420 ml Buttermilch (alternativ 420 ml Vollmilch und 1 EL Zitronensaft mit einem Schneebesen verrühren und das Gemisch 5 Minuten leicht gerinnen lassen)
- 1 EL Melasse (optional, aber trotz der Aussage von Muriels Ehemann auf Seite 93 sehr lecker)

1. Den Backofen auf 200 °C Ober-/Unterhitze (180 °C Umluft/Gas Stufe 6) vorheizen und ein Backblech mit Backpapier auslegen.
2. Beide Mehle in eine große Schüssel sieben. Die Haferflocken, das Natron, das Salz und den Sesam (falls verwendet) hinzufügen und vermengen. In der Mitte der Mischung eine kleine Vertiefung bilden und die Buttermilch und die Melasse (falls verwendet) hineingießen. Nur so lange rühren, bis keine Mehlnester mehr zu sehen sind – nicht zu viel mischen. Seien Sie unbesorgt, wenn Ihr Teig einer nassen Sandburg ähnelt.
3. Den Teig auf eine leicht bemehlte Arbeitsfläche geben und rund formen. Da der Teig klebrig ist, mit gut bemehlten Händen oder einer gut bemehlten Teigkarte arbeiten. Die Teigkugel auf das vorbereitete Backblech legen und mit einem scharfen Messer das traditionelle Kreuz in den Laib schneiden (das soll die bösen Geister fernhalten, und die wollen Sie auf keinen Fall in Ihrer Küche haben). Damit der Laib beim Backen die Kreuzform behält, tief einschneiden, nur bis auf wenige Zentimeter vor dem Boden.
4. Das Sodabrot im heißen Ofen 40–45 Minuten backen. Anschließend herausnehmen, auf einen Gitterrost setzen und vor dem Aufschneiden 30 Minuten abkühlen lassen.

Serviervorschlag: Mit Käse, Käse und noch ein bisschen mehr Käse.

GUINNESS-SODABROT

In der Bäckerei stellen wir ein Brot mit Malzkörnern her, die 24 Stunden in Guinness eingeweicht wurden, um ihnen eine schöne saure Saftigkeit zu verleihen. Für dieses Brot braucht man auf jeden Fall etwas Sirup oder schwarze Melasse, aber wenn man beides nicht bekommen sollte, kann man auch Honig verwenden – man braucht einfach etwas Süßes, um die bittere Note des Guinness auszugleichen.

FÜR 1 LAIB

- 250 g Weizenmehl Type 405 plus etwas mehr zum Arbeiten
- 250 g Weizenvollkornmehl
- 50 g kernige Haferflocken
- 1 TL Natron
- 10 g feines Meersalz
- 40 g weiche ungesalzene Butter
- 200 ml Buttermilch (alternativ 200 ml Vollmilch und 1 TL Zitronensaft mit einem Schneebesen verrühren und das Gemisch 5 Minuten leicht gerinnen lassen)
- 150 ml Guinness oder anderes dunkles Stout
- 60 g Melasse oder Zuckerrübensirup (alternativ dunkler Honig)

1. Den Backofen auf 200 °C Ober-/Unterhitze (180 °C Umluft/ Gas Stufe 6) vorheizen und ein Backblech mit Backpapier auslegen.
2. Beide Mehle in eine große Schüssel sieben. Die Haferflocken, das Natron, das Salz und die Butter in Flöckchen hinzufügen. In der Mitte der Mischung eine kleine Vertiefung bilden und die Buttermilch, das Guinness sowie die Melasse oder den Zuckerrübensirup hineingießen. Nur so lange rühren, bis keine Mehlnester mehr zu sehen sind – nicht zu viel mischen, sonst wird der Teig klebrig und das Brot geht nicht auf.
3. Den Teig auf eine leicht bemehlte Arbeitsfläche geben und rund formen. Da der Teig klebrig ist, mit gut bemehlten Händen oder einer gut bemehlten Teigkarte arbeiten. Die Teigkugel auf das vorbereitete Backblech legen. Mit einem scharfen Messer das traditionelle Kreuz tief in den Laib schneiden, nur bis auf wenige Zentimeter vor dem Boden.
4. Das Sodabrot im heißen Ofen 55–60 Minuten backen, bis es beim Klopfen auf die Unterseite hohl klingt. Anschließend auf einen Gitterrost setzen und vor dem Aufschneiden 30 Minuten abkühlen lassen.

Serviervorschlag: Dieses Brot eignet sich hervorragend zum Eintauchen in eine Suppe, insbesondere in eine beruhigende Suppe aus Lauch und Kartoffeln.

GUINNESS
ORIGINAL
EXTRA STOUT
DARK AND LIVELY
TYPHOON

we love
POET'S PUB

PITAS

Ich bin besessen von Eiern. Alles an ihnen ist genial: ihre Form, ihre Farben, die Tatsache, dass sie auf der ganzen Welt gegessen werden und es so viele Rezepte zur Auswahl gibt. Ich füge fast jedem Gericht ein Ei hinzu, weswegen ich in Gedanken sofort auf gepackten Koffern nach Tel Aviv, der Heimat des besten Sabich der Welt, saß, als ich auf das Rezept für Sabich gestoßen bin (im Grunde ein Pita, gefüllt mit Tahina, Hummus, gebratenen Auberginen und so vielen Eiern, wie sich nur reinquetschen lassen). Als Erstes musste ich ein gutes, zuverlässiges Rezept für das Pita finden. Hier ist es.

FÜR 8 PITAS

- 450 g backstarkes Weizenmehl Type 550 plus etwas mehr zum Arbeiten
- 50 g Weizenvollkornmehl
- 12 g feines Meersalz
- 7 g Trockenhefe (2 TL oder 1 Pck.) oder 50 g Sauerteig-Anstellgut (siehe Seite 190)
- 10 ml Olivenöl plus etwas mehr für die Schüssel

1. Alle Zutaten für den Teig sowie 300 ml lauwarmes Wasser entweder 10 Minuten mit der Hand in einer großen Schüssel oder 5–6 Minuten in einer Küchenmaschine mit dem Knethaken vermengen, bis ein glatter, glänzender Teig entsteht. Den Teig in eine leicht geölte Schüssel geben, mit einem Küchentuch oder einer Duschhaube abdecken und an einem warmen Ort bei Verwendung von Trockenhefe 1 Stunde gehen lassen, bei Verwendung von Sauerteig 3 Stunden, und dabei nach jeweils 1 Stunde, wie auf Seite 162 beschrieben, dehnen und falten.
2. Den Teig nach der Ruhezeit auf eine leicht bemehlte Arbeitsfläche geben und in acht gleich große Stücke à etwa 100 g teilen. Jedes Stück rund formen und 30 Minuten ruhen lassen. Das gibt dem Teig die Möglichkeit zu entspannen.
3. Den Backofen auf 230 °C Ober-/Unterhitze (210 °C Umluft/ Gas Stufe 8) vorheizen. Zum Aufheizen außerdem ein Backblech oder einen Backstein in den Ofen schieben.
4. Nach der 30-minütigen Ruhezeit jeden Teigling länglich oder oval etwa 1 cm dick – auch dünner, wenn Sie mögen – ausrollen.
5. Die Teigfladen mit einem Backschieber auf das heiße Backblech oder den Stein in den Ofen einschießen und etwa 6 Minuten backen, bis die Pitas aufgebläht und schön prall sind. Als Backschieber können Sie ein gut bemehltes Stück Sperrholz oder auch einen gut bemehlten festen Karton verwenden.
6. Die fertig gebackenen Pitas herausnehmen, sofort mit einem Küchentuch abdecken und etwas abkühlen lassen. Dann aufschneiden und noch heiß essen.

Serviervorschlag: Mit frischem Hummus, gebratenen Auberginenscheiben (mit etwas Zatar bestreut), einigen Essiggurken und in Scheiben geschnittenen Eiern (so lange gekocht, dass das Eigelb gerade hart ist) füllen – und zwar jede Menge davon. P.S.: Für perfekt gekochte Eier Wasser in einem Topf zum Kochen bringen, die Eier hineingeben und 6 Minuten kochen. Die Eier anschließend sofort für 1 Minute in kaltes Wasser tauchen und dann pellen.

BROTSTANGEN

Sie sind das ideale Brot für unterwegs. Die süße Version macht sich perfekt als Reiseproviant und eignet sich ausgezeichnet zum Aufbrechen und Eintauchen in schwarzen Kaffee (Dad) oder Erdnussbutter (ich). Die herzhaften Brotstangen kann man außerdem wunderbar zum Picknick mitnehmen und entweder pur genießen oder in Hummus oder Pesto dippen.

FÜR 5 BROTSTANGEN

- 500 g backstarkes Weizenmehl Type 550 plus etwas mehr zum Arbeiten
- 10 g feines Meersalz
- 7 g Trockenhefe (2 TL oder 1 Pck.)
- 50 g Sauerteig-Anstellgut (siehe Seite 190; keine Sorge, falls Sie keines haben, es dient hier nur dazu, ein wenig zusätzlichen Geschmack hinzuzufügen)
- zusätzliche Zutaten nach Belieben (siehe nebenstehende Varianten)
- neutrales Pflanzenöl für die Schüssel
- Grieß zum Bestreuen

1. Zwei Backbleche mit Backpapier auslegen.
2. Das Mehl und das Salz in eine große Schüssel sieben. In der Mitte der Mischung eine kleine Vertiefung bilden und 320 ml lauwarmes Wasser, die Hefe und das Sauerteig-Anstellgut (falls vorhanden) hineingeben. Entweder von Hand oder in einer Küchenmaschine mit dem Knethaken zu einem glatten Teig kneten. Mit der Hand dauert dies 7–8 Minuten, mit der Küchenmaschine 4–5 Minuten. Den Teig danach 5 Minuten ruhen lassen.
3. Falls verwendet, anschließend zusätzliche Zutaten (siehe nebenstehende Varianten) 2 Minuten von Hand oder 1 Minute in der Küchenmaschine unter den Teig kneten.
4. Den Teig in eine leicht geölte Schüssel geben und mit einem feuchten Küchentuch oder einer Plastiktüte abdecken. An einem gemütlichen Ort 1 Stunde gehen lassen – oder über Nacht kühl stellen (durch die langsamere Gärung bei kühleren Temperaturen entwickelt das Brot einen viel intensiveren Geschmack).
5. Nach der Ruhezeit den Teig auf eine leicht mit Mehl und Grieß bestaubte Arbeitsfläche geben und in fünf gleich große Stücke à etwa 180 g teilen. Jedes Stück zu einem langen Strang rollen. Dann ein Ende in jede Hand nehmen und den Strang wie bei einer Käsestange verdrehen. Mit den restlichen Strängen ebenso verfahren. Mit Grieß bestreuen, auf die vorbereiteten Backbleche legen und noch mal 1 Stunde gehen lassen.
6. Den Backofen auf 220 °C Ober-/Unterhitze (200 °C Umluft/ Gas Stufe 7) vorheizen. Ein mit Wasser gefülltes Blech auf den Boden des Ofens stellen, um Dampf zu erzeugen.
7. Nach der Teigruhe die Brotstangen im heißen Ofen 15–20 Minuten backen, bis sie goldgelb sind. Herausnehmen und 10 Minuten auf den Blechen abkühlen lassen (die Stangen schmecken noch warm – am besten mit etwas gesalzener Butter bestrichen – köstlich).

VARIANTEN

- **Käse und Oliven**
  100 g fein gewürfelten Käse (wir mögen den nussigen Geschmack von Red Leicester, aber es geht auch jeder andere Hartkäse), 100 g gehackte entsteinte schwarze oder grüne Oliven und 2 g gewürfelte Jalapeños (perfekt für einen kleinen Kick) hinzufügen.

- **Zartbitterschokolade, Haselnuss und Meersalz**
  50 g dunkle Schokosplitter, 50 g gehackte geröstete Haselnüsse und 2 EL Honig oder Ahornsirup dazugeben und die Sticks kurz vor dem Backen mit groben Meersalzflocken bestreuen.

BAGUETTES

Man denkt immer, dass Baguette das am einfachsten herzustellende Brot sein müsste, tatsächlich aber sind eine Menge verschiedener Stadien zu beachten. Keine Sorge also, wenn es eine Weile dauert, bis das Brot perfekt ist. Denken Sie daran, dass die meisten Baguettes in Fabriken hergestellt werden, damit sie vollkommen identisch aussehen. Seien Sie also nicht zu streng mit Ihren möglicherweise fehlgeformten Exemplaren, denn sie werden auf jeden Fall köstlich schmecken. Dieses Rezept ergibt fünf Brote – perfekt für ein großes Picknick. Sollten Sie weniger benötigen, können Sie nach dem Backen immer noch einige einfrieren oder verschenken. Alternativ können Sie die unten angegebenen Mengen auch einfach halbieren.

FÜR 5 BAGUETTES

FÜR DEN POOLISH (FLÜSSIGER HEFEVORTEIG)

- 50 g backstarkes Weizenmehl Type 550
- 1 g Trockenhefe (eine kleine Spitze von einem TL)

FÜR DEN HAUPTTEIG

- 700 g Weizenmehl Type 405 plus etwas mehr zum Arbeiten
- 300 g backstarkes Weizenmehl Type 550
- 14 g Trockenhefe (4 TL oder 2 Pck. à 7 g)
- 25 g feines Meersalz
- 100 g Poolish (siehe oben, optional, aber für den Geschmack einen Versuch wert)
- Grieß zum Bestreuen

1. Zuerst muss der Poolish hergestellt werden. Das ist so etwas wie ein Sauerteig-Anstellgut für Arme. Er fügt dem Laib etwas von der Qualität eines sauerteigfermentierten Brotes hinzu. Ein Poolish ist zwar nicht unbedingt nötig, verleiht dem Brot aber etwas Besonderes.
2. Für den Poolish das Mehl, die Hefe und 50 ml lauwarmes Wasser in einer Schüssel vermischen. Die Mischung abgedeckt mindestens 4 Stunden, besser noch über Nacht, gehen lassen.
3. Für den Hauptteig die beiden Mehle, die Hefe, das Salz, 500 ml lauwarmes Wasser und den Poolish in eine Schüssel geben. Entweder 10 Minuten mit der Hand oder 6–7 Minuten in einer Küchenmaschine mit dem Knethaken verkneten. Der Teig ist fester als bei vielen der anderen Rezepte in diesem Buch. Den Teig anschließend etwa 1 Stunde gehen lassen, bis sich sein Volumen etwa verdoppelt hat.
4. Nach der Ruhezeit den Teig auf eine leicht bemehlte Arbeitsfläche geben und in fünf gleich große Stücke teilen. Die Stücke mit der Handfläche flach zu Rechtecken drücken. Die Stücke zweimal übereinanderfalten, wie bei einem Brief, der in einen dieser nervig engen Umschläge passen muss. Die Teiglinge dann 5 Minuten entspannen lassen.
5. In der Zwischenzeit ein sehr großes Backblech – wahrscheinlich besser zwei – mit Backpapier auslegen. Das Backpapier gründlich mit Mehl bestauben.
6. Sobald sich der Teig entspannt hat, die kürzere von Ihnen abgewandte Kante jedes der dicken Teigstreifen zur Mitte falten und andrücken. Den Vorgang zwei- bis dreimal wiederholen, damit kompakte Teigrollen entstehen.
7. Mit den Handflächen von der Mitte der Teiglinge aus mit leichtem, gleichmäßigen Druck zu den Enden ausrollen, bis die Baguettes die gewünschte Länge (aber nicht länger als das Backblech) und Dicke haben.
8. Die Baguettes mit Grieß bestreuen (oder mit normalem Mehl, wenn Sie keinen Grieß haben) und vorsichtig, mit etwas Abstand zueinander, auf die vorbereiteten Bleche legen. Nochmals mindestens 1 Stunde gehen lassen.

9. Den Backofen auf 220 °C Ober-/Unterhitze (200 °C Umluft/ Gas Stufe 7) vorheizen. Ein mit Wasser gefülltes Blech auf den Boden des Ofens stellen, um Dampf zu erzeugen.
10. Nach der Teigruhe die Baguettes mit einem Bäckermesser oder einem anderen scharfen Messer diagonal mehrmals einschneiden. Im heißen Ofen 20–25 Minuten backen, bis die Oberfläche goldbraun ist, dann herausnehmen. Anschließend mindestens 15 Minuten abkühlen lassen. Danach aufschneiden und mit gesalzener Butter bestreichen.

BIALYS

Das Tolle an Instagram ist, dass man sieht, was andere Bäckereien auf der ganzen Welt herstellen. Eine unserer liebsten ist Northern Rye in Newcastle, denn genau wie wir haben sie dort nur mit ein paar kleinen Rofco-Öfen angefangen. Als sie ihre Bialys posteten, waren wir fasziniert – so etwas hatten wir noch nie gesehen.
Ein Bialy sieht aus wie eine Mischung aus einem Bagel und einer Pizza. Offensichtlich wurden Bialys ursprünglich von aschkenasischen Juden in Białystok (daher der Name) in Polen hergestellt – Dad liebt solche historischen Details. Traditionell werden sie mit langsam geschmorten Zwiebeln und Mohn gefüllt (was köstlich ist), aber man kann alles Mögliche für die Füllung verwenden (siehe unten für ein paar Ideen). Das Rezept basiert auf der einfachen No-Knead-Methode, wie wir sie für unser Helles Overnight-Wunder-Brot verwenden (siehe Seite 153). Der Teig gelingt sehr einfach, aber Sie müssen ihn am Vorabend herstellen.

FÜR 8 BIALYS

FÜR DEN TEIG

- 500 g backstarkes Weizenmehl Type 550 plus etwas mehr zum Arbeiten
- 10 g feines Meersalz
- 5 g Zucker
- 3 g Trockenhefe (etwa 1 TL oder knapp ½ Pck. à 7 g)

AUSSERDEM

- Füllung nach Wahl (siehe unten)

1. Für den Teig alle Zutaten sowie 320 ml lauwarmes Wasser in einer Schüssel verrühren, bis sie sich gerade verbunden haben. Die Schüssel mit einem Küchentuch oder einer Duschhaube abdecken und über Nacht an einem nicht zu warmen und nicht zu kalten Ort stehen lassen – die goldene Mitte.
2. Am nächsten Morgen den Teig auf einer leicht bemehlten Arbeitsfläche auskneten. Dann in acht gleich große Stücke teilen und jedes Stück zu einer Kugel rollen. Ein Backblech mit Backpapier auslegen und das Papier gut bemehlen. Die Kugeln darauf verteilen und 1 Stunde gehen lassen, bis sich ihr Volumen verdoppelt hat. Inzwischen den Backofen auf 220 °C Ober-/Unterhitze (200 °C Umluft/Gas Stufe 7) vorheizen.
3. Nach der Ruhezeit eine tiefe Mulde in jeder Kugel formen und mit zwei Fingern jeder Hand die Vertiefung zu einem Krater ausdehnen – wie bei einem kleinen Maulwurfshügel. Den Hohlraum mit den ausgewählten Zutaten füllen.
4. Anschließend im heißen Ofen 12–15 Minuten backen, bis der Teigrand hellbraun ist. Herausnehmen und auf einem Gitterrost 10 Minuten abkühlen lassen. Man kann die Bialys entweder so essen, wie sie sind, oder sie aufschneiden und belegen, sodass sie die ultimativen Foodporn-Brötchen sind.

VORSCHLÄGE FÜR DIE FÜLLUNG

- Karamellisierte Zwiebeln und Mohn (das ist die traditionelle Variante)
- Pesto, Chorizo in Scheiben, ein paar Oliven, Käse nach Wahl
- Oliventapenade, sonnengetrocknete Tomaten, Parmesanspäne
- Ein dickes Stück Camembert und ein beliebiges Chutney (Dads Favorit)

FATAYERS

Wir haben diese Fladenbrote zum ersten Mal in einem legendären Café namens Zatar Bakehouse in der Cowley Road in Oxford gesehen, das von Mahmoud betrieben wird. Seine Leidenschaft gilt dem Brot und dem gesamten Erlebnis Essen, und man kann seinem Bäckerteam beim Kreieren und Zusammenstellen der Speisen und beim Backen in einem riesigen, glühend heißen Holzbackofen zusehen. Wir verwenden stattdessen eine trockene Bratpfanne, die ebenfalls ein sehr gutes Ergebnis liefert, aber Sie sollten vielleicht Ihre Fenster öffnen, weil es ein bisschen rauchig werden kann.

FÜR 6 FLADENBROTE

- 250 g backstarkes Weizenmehl Type 550 plus etwas mehr zum Arbeiten
- 250 g Weizenmehl Type 405
- 10 g feines Meersalz
- 7 g Trockenhefe (2 TL oder 1 Pck.)
- 1 EL flüssiger Honig
- 50 ml gutes Oliven- oder Rapsöl
- 50 g Sauerteig-Anstellgut (siehe Seite 190, optional, gut für zusätzlichen Geschmack, aber nicht unbedingt erforderlich)
- ein beliebiges aromatisiertes Öl zum Einpinseln (siehe gegenüber)

1. Beide Mehle und das Salz in eine große Schüssel sieben. In einer weiteren Schüssel die Hefe, den Honig, das Öl und 250 ml lauwarmes Wasser verquirlen. In der Mitte der Mehl-Salz-Mischung eine kleine Vertiefung bilden und das Wasser-Öl-Gemisch hineingießen. Auch das Anstellgut (falls verwendet) hinzufügen. Die Zutaten so lange vermischen, bis keine Mehlnester mehr zu sehen sind.
2. Entweder von Hand auf einer leicht bemehlten Arbeitsfläche 7–8 Minuten oder in einer Küchenmaschine mit dem Knethaken 4–5 Minuten verkneten, bis der Teig glatt und glänzend ist. Dann in eine Schüssel geben, mit einem feuchten Küchentuch abdecken und 1 Stunde gehen lassen. Bei Verwendung von Sauerteig verlängert sich die Reifezeit auf 2 Stunden, wobei der Teig in dieser Zeit mehrfach gefaltet werden sollte.
3. Sobald sich das Teigvolumen fast verdoppelt hat, auf den Teig schlagen und ihn durchkneten, um alle Gase herauszudrücken. Anschließend für 12–16 Stunden kühl stellen – dadurch erhält er vielschichtige Aromen, und er lässt sich leichter verarbeiten. Bei Bedarf können Sie den Teig aber auch sofort verwenden.
4. Den Teig in sechs gleich große Stücke teilen und jedes zu einem dünnen Oval ausrollen. Frischer Teig kann recht elastisch sein, daher ist es ratsam, den Teig nach dem ersten Ausrollen 5 Minuten ruhen zu lassen und dann erneut auszurollen. Dadurch kann das Gluten entspannen, und es ist leichter, den Teig zu verarbeiten.
5. Eine Pfanne erhitzen, bis sie zu rauchen beginnt (Fenster öffnen!). Sobald die Pfanne heiß ist, einen Teigling in die Pfanne legen (je nach Größe der Pfanne passen vielleicht mehrere hinein). Auf einer Seite 3–4 Minuten backen, dann wenden und die geröstete Seite mit dem aromatisierten Öl bestreichen. Sobald beide Seiten goldbraun sind, die Fladenbrote noch einmal mit dem aromatisierten Öl bestreichen und noch heiß aus der Pfanne genießen.

VARIANTEN

Machen Sie das aromatisierte Öl selbst: ein paar EL Olivenöl oder Rapsöl mit Aromaten Ihrer Wahl vermengen. Unten finden Sie ein paar Ideen für Aromazutaten. Die Fladenbrote mit dem Öl bestreichen, solange sie noch warm sind.

- Geräuchertes Paprikapulver und fein gehackter Knoblauch
- Honig und Zatar
- Rosmarinnadeln, grobe Meersalzflocken und getrocknete Chiliflocken

Serviervorschlag: Mit selbst gemachtem Hummus und Baba Ganoush – einem Dip aus gerösteten Auberginen und Tahina – belegen.

BAGELS

Wir haben uns daran gewöhnt, Bagels, ebenso wie Crumpets in Plastik verpackt und mit der US-amerikanischen Flagge verziert, im Supermarkt zu kaufen. Das ist absolut in Ordnung, aber wenn man einmal einen echten Bagel isst, merkt man plötzlich, was man die ganze Zeit verpasst hat. Wir bewahren den Bagelteig am liebsten über Nacht im Kühlschrank auf, weil er sich dann viel leichter verarbeiten lässt. Außerdem sind die Bagels dann zum Frühstück fertig. Sie können sie aber auch am selben Tag zubereiten, wenn Sie wenig Zeit haben.

FÜR 8 BAGELS

FÜR DEN TEIG

- 500 g backstarkes Weizenmehl Type 550 plus etwas mehr zum Arbeiten
- 7 g Trockenhefe (2 TL oder 1 Pck.)
- 10 g feines Meersalz
- 30 g brauner Zucker (z.B. Muscovadozucker)
- 20 g Melasse oder Malzsirup (oder Honig, falls Sie weder Melasse noch Malzsirup finden können)

AUSSERDEM

- neutrales Pflanzenöl für die Schüssel
- 5 TL Natron zum Kochen
- Eiweiß zum Einpinseln (das Eigelb für eine Carbonara-Sauce oder für eine selbst gemachte Mayo aufheben)
- Mohn- oder Sesamsamen zum Bestreuen

1. Für den Teig in einer Schüssel das Mehl, die Hefe, das Salz und den Zucker vermischen. Anschließend die Melasse oder den Malzsirup und 300 ml lauwarmes Wasser hinzufügen. Zunächst locker vermischen, dann mit der Hand 6–8 Minuten oder in einer Küchenmaschine mit dem Knethaken 4 Minuten verkneten. Der Teig ist relativ fest, sollte aber gut zusammenhalten und ziemlich glatt sein. Den Teig in eine leicht geölte Schüssel geben, mit einem feuchten Küchentuch abdecken und 1 Stunde gehen lassen, bis sich sein Volumen etwa verdoppelt hat.
2. Nach der Ruhezeit den Teig auf einer leicht bemehlten Arbeitsfläche auskneten. Anschließend mit einer Teigkarte in acht gleich große Stücke à 100–110 g teilen.
3. Jedes Stück zu einer Kugel rollen und mit dem Finger ein Loch durchstechen. Mit Daumen und Zeigefinger das Loch nach und nach vergrößern. Die fertig geformten Bagels auf einem mit eingeöltem Backpapier ausgelegten Backblech verteilen.
4. Wir stellen die Bagels dann erst einmal über Nacht in den Kühlschrank. So können sie durchziehen und zum Frühstück frisch gebacken werden. Außerhalb vom Kühlschrank müssen sie nur 40 Minuten reifen.
5. Den Backofen auf 240 °C Ober-/Unterhitze (220 °C Umluft/Gas Stufe 9) vorheizen.
6. In einem sehr großen Topf Wasser zum Kochen bringen. Dann das Natron einstreuen (dadurch erhalten die Bagels ihre charakteristische Bissfestigkeit).
7. Die Bagels portionsweise 1 Minute in das kochende Natronwasser geben, nach 30 Sekunden wenden. Dann herausnehmen, abtropfen lassen und wieder auf das Backblech setzen. Sobald alle Bagels im Wasser waren, mit Eiweiß bestreichen und mit Mohn oder Sesam bestreuen.
8. Die Bagels im heißen Ofen 15–20 Minuten backen, je nachdem, wie dunkel Sie Ihre Bagels mögen. Herausnehmen, nach dem Abkühlen waagerecht halbieren und nach Belieben belegen.

VORSCHLÄGE FÜR DEN BELAG

- Frischkäse, Räucherlachs, Cornichons und knusprige Röstzwiebeln
- Speck und Spiegelei (hier ist ein Lätzchen unerlässlich)
- Schinken, Emmentaler, Avocado und dünn geschnittene Tomaten

FLO
R. J. UPTON HERRINGSWELL
R. J. UPTON HERRINGSWELL
R LEACH

range
akery
BREADS
TARTINE £3
MICHE £3
ALBERT £3
★ SPECIAL £3
TOAST
HOMEMADE BUTTER £3 WITH CHOICE OF SPREADS ON HOUSE SOURDOUGH
PASTRIES
CINNAMON BUN £1.50
HOUSE COOKIE £1
PAIN AU CHOCLATE £1.50
CHEESE TWIST £1
ECCLE ROLL £1
★SPECIALS
J. T. Brant, Orford Suffolk, Smokehouse & Fishmonger
FRY'S CHOCOLATE
cheese twist
TODAY'S SPECIAL BREAD
TODAY'S
PAS

SAUERTEIG-BROT

Sauerteig wird häufig als ein einschüchterndes und grausames Wesen angesehen, das allem und jedem überlegen ist. Die Herstellung von Sauerteigbrot wird oft mit einem Marathonlauf oder dem Erlernen einer anderen Sprache in einen Topf geworfen. Die Wahrheit ist jedoch, dass er eigentlich ziemlich tolerant und freundlich ist. Alles, was er möchte, ist ein wenig Liebe und Respekt. Die Herstellung von Sauerteig ist keine Hexerei; man lernt, indem man Fehler macht, sie korrigiert und dann noch mehr Fehler macht. Vielleicht haben Sie das Gefühl, dass Sie versagt haben, wenn Ihr Sauerteigbrot nicht aufgeht und 48 Stunden Arbeit in den Müll wandern, aber das ist in Ordnung. Sauerteig lässt sich schließlich immer wieder neu ansetzen.

Nehmen Sie sich einfach Zeit und seien Sie sich bewusst, dass der Einsatz sich lohnt, denn wenn Sie einen prallen, goldenen Laib aus dem Ofen holen, werden Sie auf einer weichen, brotigen Wolke schweben. Für mich ist Sauerteig eine der größten Lieben meines Lebens, aber Sie müssen den Umgang mit ihm nicht beherrschen, Sie müssen ihn nicht einmal mögen, um gutes Brot backen zu können. Beschäftigen Sie sich also nur mit diesem Kapitel, wenn Sie Lust dazu haben, und nicht, weil Sie sich dazu verpflichtet fühlen. Aber wenn Sie Lust haben, helfen Ihnen die folgenden Seiten hoffentlich dabei, Sauerteig von dem enervierenden Kampf mit einem Zauberwürfel in ein einfaches Schnippschnapp-Spiel zu verwandeln.

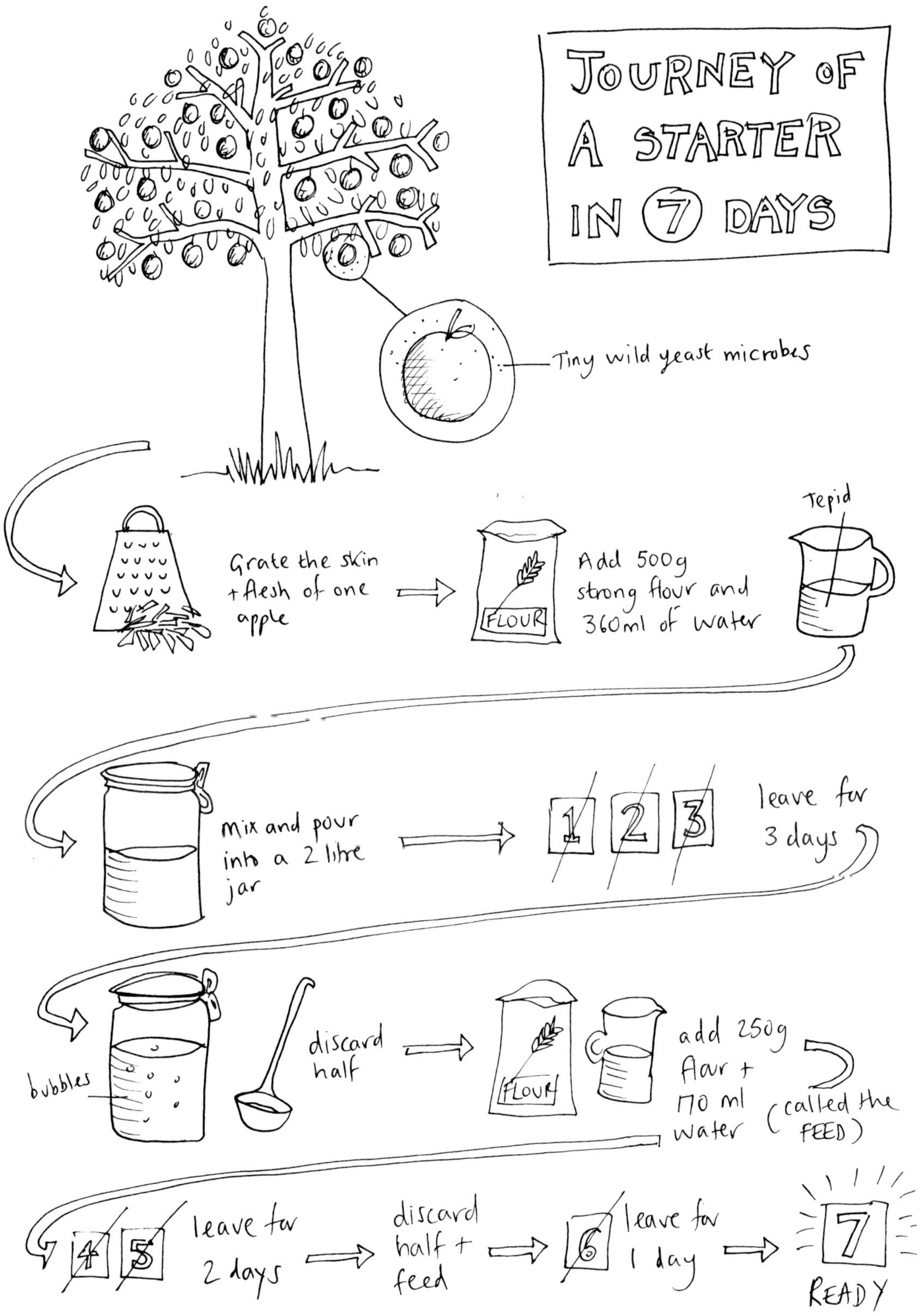
JOURNEY OF A STARTER IN 7 DAYS
Tiny wild yeast microbes
Grate the skin + flesh of one apple
FLOUR
Add 500g strong flour and 360ml of water
Tepid
mix and pour into a 2 litre jar
1 2 3
leave for 3 days
bubbles
discard half
FLOUR
add 250g flour + 170 ml water (called the FEED)
4 5
leave for 2 days
discard half + feed
6
leave for 1 day
7
READY

BACKEN MIT EINEM SAUERTEIG-ANSTELLGUT

Brotbacken ist Magie, und das Sauerteig-Anstellgut ist Ihr Zauberstab. Ich denke dabei an Harry Potter. Ohne ein lebendiges Sauerteig-Anstellgut, das Ihr Brot zum Aufgehen bringt, ähnelt das Backergebnis vielleicht einem Ziegelstein; gut zum Bauen einer Gartenmauer, weniger gut zum Essen. Ich hatte schon immer eine sehr Hufflepuff-artige Herangehensweise an Herausforderungen – wenn ich mich nur genug anstrenge und viel Zeit investiere, werde ich sie schließlich meistern. Aber Sauerteig ist anders. Er ist eine mystische, rätselhafte Kreatur. Er ist wie ein Greif; er braucht Respekt.

Das Sauerteig-Anstellgut ist lebendig; es isst, atmet und schläft, und es kann jahrhundertelang leben. Sauerteig-Anstellgut wird von Generation zu Generation weitergegeben. Es ist bedürftig und anspruchsvoll, will Liebe und ständige Fütterung (mir geht es ganz ähnlich), aber mit ein wenig Zeit kann Ihr Sauerteig-Anstellgut zu einem guten Freund werden, der Ihnen hilft, Laib für Laib einen schönen, weichen, fluffigen Sauerteig zu machen. Sie müssen nur ein bisschen wie ein Ravenclaw sein: Geben Sie ihm Zeit und Respekt und beobachten Sie ihn genau.

BESCHWÖRUNG IHRES ANSTELLGUTS

Der Versuch, ein Sauerteig-Anstellgut von Grund auf selbst herzustellen, führt oft zu vielen Gläsern mit übel riechendem, gräulichem Brei. Ich habe mein erstes Sauerteig-Anstellgut online gekauft (einfach mal googeln), und ich habe es heute noch. Ich habe es Ferguson genannt. Auf der Website stand, dass er 51 Jahre alt war, was bedeutet, dass ihn jemand ein halbes Jahrhundert am Leben gehalten hatte (angeblich gibt es in San Francisco sogar Anstellgut, das sich bis auf den Goldrausch zurückdatieren lässt). Nachdem ich mich ein paar Wochen um Ferguson gekümmert hatte, merkte ich, dass er einsam aussah (Midlife-Crisis) und ich ihm einen Freund suchen musste. Dieses Mal beschloss ich, ihm einen zu machen.

Sauerteig-Puristen schaffen es, ein Sauerteig-Anstellgut nur aus Mehl und Wasser herzustellen und dabei die natürliche wilde Hefe im Mehl zu verwenden. Ich habe es versucht und bin einige Male gescheitert, ehe ich von dem Trick gelesen habe, die Schale und das Fruchtfleisch eines Apfels zu verwenden, um den Gärungsprozess in Gang zu setzen. Auf der Außenseite von Äpfeln (und auch grünen Weintrauben) gibt es eine Menge wilder Hefemikroben. Die Früchte müssen aus biologischem Anbau stammen, weil Pestizide die natürliche Hefe abtöten können.

Aus demselben Grund ist es auch hilfreich, entweder gefiltertes oder abgekochtes Wasser zu verwenden (das dann natürlich abgekühlt wird). Wenn das Sauerteig-Anstellgut einmal in Gang gekommen ist, ist das Wasser nicht mehr so wichtig, aber zu Beginn seines Lebens muss man ein wenig vorsichtig sein.

Ich pflückte also einen schmutzigen Apfel vom Baum in unserem Garten, wusch ihn ab und raspelte seine Schale in ein Einmachglas mit Schraubverschluss. Dann rührte ich zu gleichen Teilen Wasser und Mehl ein, bis ich einen blassen, dicken Klecks erhielt, der an Tapetenkleister erinnerte. Ich schraubte den Deckel darauf (aber nicht zu fest, da ein wenig Luftzufuhr erforderlich ist) und stellte ihn an einen warmen, gemütlichen Ort neben Ferguson, der inzwischen sehr aufgeregt war. Und das Warten begann ...

Es fühlte sich an wie Monate, Jahre, Jahrzehnte, aber ich musste drei Tage warten, bevor ich den Deckel abschrauben konnte. In der Erwartung, einen Blick auf eine lebhaft blubbernde saure Materie werfen zu können, sank mein Herz, als nur eine einzige, sich zu entschuldigen scheinende Blase an die Oberfläche der Flüssigkeit stieg. Doch jetzt wurde ich trotzig, und ich beschloss, nicht aufzugeben. Ich entsorgte die Hälfte des Sauerteig-Anstellguts und fügte dem Rest mehr Mehl und Wasser hinzu, das ich mit einer Gabel gut durchmischte. Ich schraubte den Deckel wieder auf und ließ das Glas zwei weitere Tage stehen.

Diesmal rief ich mir vor dem Öffnen des Deckels ein paar aufmunternde Worte zu, um nicht allzu enttäuscht zu sein. Als ich das Glas öffnete, wurde ich von derselben Blase begrüßt, aber diesmal war sie nicht allein. Ein paar Kumpels hatten sich dazugesellt. Das Anstellgut roch leicht säuerlich und war definitiv lebendig.

Es war an der Zeit, meinem neuen Stammspieler einen Namen zu geben. Ich entschied mich für Muriel, weil Ferguson von Zeit zu Zeit ein bisschen Ausgleich zwischen den Geschlechtern gut tut.

TAG 1

- 1 EL geriebener Bio-Apfel oder -Birne (Schale und Fruchtfleisch, aber nicht das Kerngehäuse verwenden)
- 500 g Weizenmehl Type 550, Vollkornmehl oder Roggenmehl

Ein 2-Liter-Einmachglas oder etwas Ähnliches wiegen. Das hilft später beim Herausnehmen und Hinzufügen von Zutaten. Die Apfel- oder die Birnenraspel mit dem Mehl (normales Weizenmehl ist in Ordnung, aber ein bisschen Vollkorn oder Roggen ist perfekt) und 360 ml lauwarmem Wasser mischen. Die Mischung mit der Rückseite eines Teelöffels etwas andrücken und den Deckel locker aufsetzen. Mit einem Permanentmarker eine Markierung auf dem Glas anzeichnen, die mit dem Füllstand der Mischung übereinstimmt, oder ein Gummiband über das Glas ziehen und in Höhe des Füllstands umspannen. So kontrollieren, ob die magischen Mikroben ihr Werk getan haben und das Sauerteig-Anstellgut gewachsen ist. Das Glas an einem warmen Ort stehen lassen – er muss nicht hell, aber gemütlich sein. Ein Schrank oder eine Fensterbank über einem Heizkörper beispielsweise. Nun drei Tage warten ...

TAG 4

- 250 g Weizenmehl Type 550, Vollkornmehl oder Roggenmehl

Das Glas öffnen – das Sauerteig-Anstellgut sollte nun den säuerlichen Geruch von Apfelessig verströmen und einige Blasen sollten an der Oberfläche zu sehen sein. Nun die Mischung mit dem Rücken eines Löffels wieder herunterdrücken und die Hälfte entsorgen. Entweder streng sein und die Hälfte der Mischung abwiegen (denken Sie daran, das Gewicht des Glases abzuziehen), oder das Ganze lockerer angehen (wie ich) und einfach nach Augenmaß vorgehen. Wenn die Hälfte des Sauerteig-Anstellguts abgeschöpft ist, das Mehl und 170 ml lauwarmes Wasser in das Glas geben und gründlich verrühren. Den Deckel aufsetzen. Die Markierung verschieben und das Anstellgut weitere zwei Tage ruhen lassen.

TAG 6

- 250 g Weizenmehl Type 550, Vollkornmehl oder Roggenmehl

Heute sollte alles schön blubbern und noch höher steigen als nach den ersten drei Tagen. Sollte sich auf der Oberfläche des Sauerteig-Anstellguts eine Schicht grauer Flüssigkeit gebildet haben, nicht entmutigen lassen, einfach gut umrühren.
Erneut die Hälfte des Sauerteig-Anstellguts entsorgen und die andere Hälfte mit dem Mehl und 170 ml lauwarmem Wasser füttern. Nach dem Einrühren prüfen, ob etwas mehr Wasser (30–40 ml) benötigt wird, damit die Mischung nicht zu zähflüssig ist. Sie sollte glatt, aber nicht zu flüssig sein. Die Mischung einen weiteren Tag stehen lassen, bevor sie zum Backen verwendet wird.

FÜTTERUNG UND LAGERUNG DES SAUERTEIG-ANSTELLGUTS

Im Grunde genommen leben all die kleinen Mikroben in der wilden Hefe, um zu essen und zu rülpsen. Sie bauen die Stärke im Mehl zu Zucker ab – davon leben sie, aber dann stoßen sie Kohlendioxid-Pupse aus, um Blasen zu erzeugen. Wenn Sie ein Sauerteig-Anstellgut zu lange stehen lassen, ohne Mehl und Wasser nachzufüllen, geht den Mikroben die Nahrung aus. Alles, was Sie also tun müssen, ist, Ihr Sauerteig-Anstellgut entweder weiter zu füttern (die erste Option) oder seinen Appetit zu unterdrücken (die zweite Option).

Bei der ersten Option, der Fütterung, müssen Sie nur etwas mehr als die Hälfte des vorhandenen Sauerteig-Anstellguts entsorgen (dies sind sogenannte Sauerteig-Reste, für die wir auf den Seiten 211–213 einige Rezepte vorstellen) und mehr Mehl und Wasser hinzufügen, bis Sie wieder einen dicken Kleister haben. Wir fügen etwas mehr Mehl als Wasser hinzu – etwa 60 % Mehl und 40 % Wasser –, aber Sie werden bald ein Gefühl für die richtige Konsistenz bekommen (denken Sie an Tapetenkleister).

Wenn Sie regelmäßig backen, das heißt, jeden oder jeden zweiten Tag, sollten Sie das Sauerteig-Anstellgut bei Zimmertemperatur aufbewahren und jedes Mal füttern, wenn Sie es verwenden.

Wenn Sie eher nur einmal pro Woche backen, bewahren Sie das Sauerteig-Anstellgut am besten im Kühlschrank auf – das ist die zweite Möglichkeit. Die kältere Temperatur verlangsamt die Geschwindigkeit, mit der die Mikroben essen. Sie müssen das Sauerteig-Anstellgut auf Zimmertemperatur bringen, bevor Sie damit backen können. Nehmen Sie es also am Vorabend aus dem Kühlschrank, entsorgen Sie etwa die Hälfte und füttern Sie es mit frischem Mehl und Wasser. Am nächsten Morgen sollte das Anstellgut gut gelaunt und einsatzbereit sein.

Wenn Sie nicht vorhaben, in den nächsten zwei Wochen zu backen, legen Sie das Sauerteig-Anstellgut in den Gefrierschrank. In gefrorenem Zustand ist es jahrelang haltbar. Wenn Sie wieder Brot backen wollen, nehmen Sie es aus dem Gefrierschrank und lassen es auftauen. Dann entsorgen Sie die Hälfte und füllen frisches Mehl und Wasser nach.

The Watlington

UNSER ULTIMATIVES SAUERTEIGBROT

Dies ist unser Teig Nummer eins und ergibt ein irrwitzig weißes Sauerteigbrot, das wir »Das Watlington« nennen. In unserem Laden sind die entsprechenden Brote im Handumdrehen ausverkauft. Dieser Teig ist die perfekte Basis, um verschiedene Geschmacksrichtungen einzubringen.

FÜR 1 LAIB

ZUR FÜTTERUNG DES ANSTELLGUTS

- 90 g backstarkes Weizenmehl Type 550

FÜR DEN TEIG

- 120 g Sauerteig-Anstellgut (siehe Seite 190)
- 450 g backstarkes Weizenmehl Type 550 plus etwas mehr zum Arbeiten
- 50 g Weizenvollkornmehl
- 10 g feines Meersalz, in 2 EL warmem Wasser aufgelöst

1. Am Vorabend den Sauerteig füttern: Einen Teil des Anstellguts entsorgen und das übrige Anstellgut mit dem Mehl und 60 ml lauwarmem Wasser in einem Glas verrühren. Den Deckel aufsetzen und den Sauerteig-Starter über Nacht ruhen lassen.
2. Am Backtag für den Teig 350 ml lauwarmes Wasser und das vorbereitete Anstellgut (120 g) in einer Schüssel oder einem Becher – am besten aus Glas, um die Entwicklung des Teiges beobachten zu können – verrühren. Die beiden Mehle mit einem stabilen Rührlöffel untermischen, bis ein zotteliger Scooby-Teig entsteht. Das Gefäß mit einem feuchten Küchentuch abdecken und den Teig mindestens 30 Minuten an einem warmen Ort ruhen lassen.
3. Danach den Teig mit den Fingerspitzen vorsichtig eindrücken und das in Wasser gelöste Salz darübergießen. Den Teig zwischen den Fingern zusammendrücken und so das gesamte Salzwasser einarbeiten. Dann wieder mit einem feuchten Küchentuch abdecken und 1 Stunde reifen lassen. Dieser Vorgang nennt sich »Beendigung der Autolyse« – damit fühlt man sich wie ein professioneller Bäcker.
4. Anschließend wird der Teig genau wie beim Biga-Brot (siehe Seite 162) gedehnt und gefaltet: Stellen Sie sich vor, dass die Teigkugel in der Schüssel ein Zifferblatt ist. Beginnen Sie bei 12 Uhr, nehmen Sie mit angefeuchteten Händen von dort ein Stück Teig und dehnen Sie es. Falten Sie es dann zur Mitte der Kugel. Drehen Sie die Schüssel um 90 Grad und wiederholen Sie das Falten mit dem Ende, das nun auf 12 Uhr steht. Diesen Vorgang wiederholen Sie noch zweimal, bis alle Seiten einmal gedehnt und zur Mitte geschlagen wurden. Dann wiederholen Sie die vier Faltungen noch einmal. Der Teig muss anschließend 3 Stunden reifen, in dieser Zeit sollte er noch zweimal, wie zuvor beschrieben, gedehnt und gefaltet werden.
5. Sie müssen es mit den Zeiten nicht so genau nehmen. In jedem Fall sind drei Faltungen über 3 Stunden verteilt gut. Der Prozess wird als lange Teigreife, lange Gare oder Stockgare bezeichnet. In dieser Zeit erledigt der Teig die meiste Arbeit selbst und baut von alleine alles ab, einschließlich des Glutens. Mit dem Dehnen und Falten unterstützen Sie diesen Prozess nur.

6. Den blasigen Teig 30–45 Minuten nach dem letzten Dehnen und Falten auf eine leicht bemehlte Arbeitsfläche geben. Mit bemehlten Händen oder einer Teigkarte den Teig erstmals formen. Jeder hat dafür seine eigene Technik. Unsere ist es, wie beim Dehnen und Falten vorzugehen: Die Teigstücke rund um das gedachte Zifferblatt herausziehen und den Teigling dann wie eine Schildkröte umdrehen. Als Nächstes die Seiten nacheinander wieder vorsichtig nach oben ziehen, dann zur Mitte falten. Starten Sie auf der 3-Uhr-Position. Sie werden feststellen, dass sich die Haut des Teiges bald strafft und eine glattere Form annimmt. Wiederholen Sie diesen Vorgang noch ein paar Mal, bis der Teig eine festere Form annimmt.
7. Nach diesem Mini-Workout muss der Teig 30 Minuten entspannen – das nennt man Zwischengare. Denken Sie aber nicht zu viel über die Details nach, Ihr Brot verzeiht viel. Wenn Sie also ein paar Dehnungen und Faltungen vergessen oder keine Zeit für die Zwischengare haben, wird Ihr Brot trotzdem überleben – und Ihnen vielleicht sogar interessantere Ergebnisse liefern.
8. Nach der Zwischengare den Teigling rund oder länglich formen, je nach verwendeter Backform. Dann in eine bemehlte Kastenform (Schluss nach unten), in ein bemehltes Gärkörbchen oder auch in eine mit einem bemehlten Küchentuch ausgelegte Schüssel (beide mit dem Schluss nach oben) legen – jeder mag es anders, Sie entscheiden. Den Teig mit einem feuchten Küchentuch oder einer Duschhaube abdecken, damit sich keine Haut bildet. Um das Brot am selben Tag zu backen, den Teig an einem warmen Ort 2 Stunden gehen lassen. Für vielschichtige Aromen den Teig bis zum nächsten Morgen kühl stellen. Trotz der kalten Umgebung geht der Teig noch auf.
9. Wenn der Teig fast vollständig gereift ist, den Backofen auf höchste Temperatur vorheizen (als wir mit dem Brotbacken anfingen, schaffte unser alter Ofen nur 180 °C). Wenn das Brot nicht in einer Kastenform gebacken wird, außerdem einen gusseisernen Topf mit Deckel zum Aufheizen für 30 Minuten in den Ofen stellen.
10. Ein Brot in der Kastenform nach der Reifezeit im heißen Ofen 40 Minuten backen, bis es beim Klopfen auf die Unterseite der Form hohl klingt. Beim Einschießen ein mit Wasser gefülltes Backblech unter das Brot in den Ofen stellen, um Dampf zu erzeugen. (Das Brot muss nicht eingeschnitten werden, Sie können den Teigling aber auch einmal längs einschneiden.)
11. Einen im Gärkörbchen oder in einer Schüssel gereiften Teigling nach der Reifezeit auf eine Lage Backpapier stürzen und die Oberseite mit einem scharfen Messer (z.B. Bäckermesser) einschneiden.
12. Wenn der Topf richtig schön heiß ist, vorsichtig aus dem Ofen holen und den Deckel abnehmen. Den Teigling mit dem

1. Falten des Teiges 2. Teig zu einer Kugel formen
3. Teig in ein Gärkörbchen legen 4. Dad beim Brotbacken

Backpapier in den Topf legen. Ein paar EL Wasser rund um den Brotteig in den Topf gießen und den Deckel schnell aufsetzen. Das Brot 30 Minuten mit geschlossenem Deckel backen, dann den Deckel abnehmen (der Moment der Wahrheit) und ohne Deckel weitere 10 Minuten goldbraun backen, für eine sehr dunkle Kruste (mein Favorit) 15 Minuten. Das fertig gebackene Brot herausnehmen und mindestens 30 Minuten auf einem Gitterrost abkühlen lassen.

VARIANTEN ZUM SAUERTEIG-THEMA

Sobald Sie mit der Methode zur Herstellung von Sauerteig vertraut sind, können Sie ganz einfach mit verschiedenen Mehlen oder zusätzlichen Zutaten experimentieren. Letztere fügen wir in der Regel erst nach der ersten Ruhephase hinzu – also frühestens 30 Minuten nach dem Anrühren der Grundzutaten.

▸ **Vollkornbrot**

Gehen Sie wie im Rezept »Unser ultimatives Sauerteigbrot« vor, verwenden Sie aber statt 450 g nur 200 g backstarkes Weizenmehl Type 550 und 300 g Vollkornmehl statt 50 g.

Serviervorschlag: Dieses Brot schmeckt hervorragend zu einer feinen Wurst (warm oder kalt) und einem Klecks Dijonsenf.

▸ **Porridge-Brot**

In einem mittelgroßen Topf bei niedriger Temperatur 75 g Haferflocken und 100 ml Wasser erwärmen, bis die Mischung dick und cremig ist. Dann auf einer Lage Backpapier oder in einer eingefetteten Backform ausstreichen. Mit einem Küchentuch bedeckt, abkühlen lassen.

Gehen Sie wie im Rezept »Unser ultimatives Sauerteigbrot« vor, verwenden Sie aber statt 450 g nur 250 g backstarkes Weizenmehl Type 550 und 250 g Vollkornmehl statt 50 g. Nach dem ersten Dehnen und Falten mengen Sie den Porridge unter den Teig. Wälzen Sie den Teig in Haferflocken, bevor Sie ihn in einer Kastenform, einem Gärkörbchen oder einer Schüssel reifen lassen.

Serviervorschlag: Dieses Brot hat eine fast cremige Textur und eignet sich hervorragend für Marmelade oder Honig als Aufstrich.

SAUERTEIG-FOCACCIA

Ja, wir haben bereits ein Focaccia-Rezept in diesem Buch, aber dieses Rezept mit Sauerteig-Anstellgut hebt es auf eine ganz neue Ebene. Eine unserer ersten Reisen zu verschiedenen Backstuben führte uns zu der brillanten Bäckerei Dusty Knuckle in Dalston, East London. Sie ist eine Oase der Ruhe und Kühle, und ihre Focaccia ist wie eine knusprige Wolke, voller Blasen und gesalzenem Crunch. Dies hier ist unsere Hommage an dieses Backwerk. Wir machen sie nur freitags, und einige unserer Kunden nennen den Tag stattdessen »Focaccia Day« (Tag der Focaccia). Also, weg mit Freya oder wer auch immer dem Freitag seinen ursprünglichen Namen gegeben hat, deine Zeit ist vorbei.

FÜR 1 LAIB

FÜR DEN POOLISH (FLÜSSIGER HEFEVORTEIG)

- 50 g backstarkes Weizenmehl Type 550
- 1 g Trockenhefe (eine kleine Spitze von einem TL)

FÜR DEN HAUPTTEIG

- 120 g Sauerteig-Anstellgut (siehe Seite 190), am Vorabend gefüttert (siehe Seite 191)
- 100 g Poolish (siehe oben)
- 50 ml Oliven- oder Rapsöl plus 2 weitere EL für das Backblech
- 500 g backstarkes Weizenmehl Type 550
- 10 g feines Meersalz, in 2 EL warmem Wasser aufgelöst

AUSSERDEM

- Toppings nach Wahl (siehe unten)

1. Wenn Sie Ihr Anstellgut am Vorabend füttern, setzen Sie auch einen Poolish an. Der ist im Grunde ein Turbobooster für Ihre Focaccia und verleiht ihr geschmacklich zusätzliche Tiefe.
2. Für den Poolish das Mehl, die Hefe sowie 50 ml lauwarmes Wasser in einer Schüssel vermischen. Die Mischung abgedeckt über Nacht ruhen lassen.
3. Am Backtag den Teig, wie beim Ultimativen Sauerteigbrot von Seite 193 beschrieben, herstellen und reifen lassen, dabei den Poolish und das Öl zusammen mit dem Gemisch aus Anstellgut (120 g) und 350 ml lauwarmem Wasser zum Mehl hinzufügen. Außerdem, wie beschrieben, das in Wasser gelöste Salz einarbeiten und den Teig dehnen und falten.
4. Nach der 3-stündigen Teigruhe können Sie die Zwischengare überspringen. Stattdessen ein mittelgroßes Backblech mit Backpapier auslegen und mit etwas Öl beträufeln. Den Teig auf das vorbereitete Backblech geben und ausziehen, sodass er 2 ½ cm dick ist. Noch mehr Öl über den Teig träufeln (ja, ich bin ein bisschen besessen) und 1 Stunde gehen lassen.
5. Den Backofen auf 220 °C Ober-/Unterhitze (200 °C Umluft/ Gas Stufe 7) vorheizen.
6. Den Teig nach der erneuten Teigruhe mit den Fingerspitzen leicht eindrücken und dann mit dem gewünschten Topping bestreuen. Im heißen Ofen 30–35 Minuten goldbraun backen. Herausnehmen und 30 Minuten abkühlen lassen. Danach genießen!

VORSCHLÄGE FÜR DAS TOPPING

- Rosmarinnadeln und grobe Meersalzflocken
- Confierter oder gerösteter Knoblauch, in dünne Scheiben geschnittene Kartoffeln und Zwiebeln
- Sonnengetrocknete Tomaten, Chorizo in Scheiben und Oliven
- Ziegenkäse, Pfirsich, Thymianzweige und getrocknete Chiliflocken (wenn Sie sich trauen)

1

2

3

4

1. Sauerteig-Focaccia → Seite 198 2. »Das Albert« → Seite 203
3. »Das Rosie« mit Cider → Seite 200 4. Miso und gerösteter Sesam-Sauerteig → Seite 201

DAS ROSIE MIT CIDER

← ABBILDUNG SEITE 199

Wenn man dem Teig neben dem Wasser einen Spritzer Apfelwein hinzufügt, erhält das Brot eine wirklich schöne Würze. Im Grunde genommen haben wir hier so etwas wie ein *ploughman's loaf* kreiert, wie es bei uns in England üblicherweise mit Chutney und Käse serviert wird.

FÜR 1 LAIB

FÜR DEN HAUPTTEIG

- 120 g Sauerteig-Anstellgut (siehe Seite 190), am Vorabend gefüttert (siehe Seite 191)
- 150 ml Cider
- 350 g backstarkes Weizenmehl Type 550
- 150 g Weizenvollkornmehl
- 10 g feines Meersalz, in 2 EL warmem Wasser aufgelöst

SPÄTER DAZUGEBEN

- 50 g Walnusskerne, grob zerkleinert
- 50 g kräftiger Käse, gerieben oder gewürfelt, ganz nach Belieben
- 1 Apfel, entkernt und gerieben (oder auf einer Mandoline in feine Scheiben gehobelt)

1. Die hier angegebenen Zutaten verwenden und den Teig, wie für das Ultimative Sauerteigbrot auf Seite 193 beschrieben, herstellen und reifen lassen, dabei den Cider zusammen mit dem Gemisch aus Sauerteig-Anstellgut und 200 ml lauwarmem Wasser hinzufügen.
2. Beim ersten Dehnen und Falten vor der 3-stündigen Teigruhe die gehackten Walnusskerne, den Käse und den Apfel untermengen. Achten Sie darauf, dass die Zutaten gleichmäßig im Teig verteilt sind.
3. Nach der 3-stündigen Teigruhe den Arbeitsschritten auf den Seiten 194–197 für das Ultimative Sauerteigbrot folgen.

Serviervorschlag: Genießen Sie das Brot zu einer Brotzeit mit Käse und Chutney.

SAUERTEIGBROT MIT MISO UND GERÖSTETEM SESAM

← ABBILDUNG SEITE 199

Dies war eines unserer Experimente in der Cowley Road. Wir fanden einen fantastischen koreanischen Supermarkt, der einfach alles, von Tintenfischbällchen bis zu Seetangchips, führte. Dort gab es auch rotes Miso, eine fermentierte Sojabohnenpaste, zu kaufen. Durch die Zugabe von Miso erhält das Brot eine ganz eigene, subtile Salzigkeit (weshalb wir die Salzmenge reduzieren) – und die Kombination mit geröstetem Sesam ist einfach genial.

FÜR DEN TEIG

- 120 g Sauerteig-Anstellgut (siehe Seite 190), am Vorabend gefüttert (siehe Seite 191)
- 400 g backstarkes Weizenmehl Type 550
- 100 g Vollkornweizenmehl
- 8 g feines Meersalz, in knapp 2 EL warmem Wasser aufgelöst

SPÄTER DAZUGEBEN

- 1 gehäufter EL rote Misopaste
- 50 g Sesamsamen (die Sesamsamen in einer Pfanne ohne Fettzugabe oder im Ofen rösten, das gibt geschmacklich zusätzliche Tiefe) plus etwas mehr zum Wälzen

1. Für den Teig die hier angegebenen Zutaten verwenden (das Sauerteig-Anstellgut mit 350 ml lauwarmem Wasser mischen) und den Teig, wie für das Ultimative Sauerteigbrot auf Seite 193 beschrieben, herstellen und reifen lassen.
2. Beim ersten Dehnen und Falten vor der 3-stündigen Teigruhe die Misopaste auf dem Teig verstreichen oder die Paste in kleinen Klecksen auf den Teig geben, dann den Sesam darüberstreuen. Die Zutaten beim Dehnen und Falten in den Teig einarbeiten.
3. Nach der 3-stündigen Teigruhe den Arbeitsschritten auf den Seiten 194–197 für das Ultimative Sauerteigbrot folgen. Den Teigling, bevor er in die Kastenform, das Gärkörbchen oder die mit einem bemehlten Küchentuch ausgelegte Schüssel gelegt wird, im Sesam wälzen. So entsteht eine schöne Sesamkruste.

Serviervorschlag: Dieses Brot schmeckt hervorragend zu einer Ramen-Nudelsuppe.

DAS ALBERT

Dieses Kastenbrot ist nach meinem Bruder benannt. Er liebt Weißbrot in Scheiben, denn nichts eignet sich besser für einen Bacon Buttie – klassisches Sauerteigbrot hat zu viele Löcher und eine zu knusprige Kruste. Ich beschloss, ein Brot zu entwickeln, das einem geschnittenen Weißbrot ähnelt, aber immer noch aus Sauerteig hergestellt wird. Wir waren der Sache schon etwas nähergekommen, als wir auf die Tangzhong-Methode stießen. Sie stammt aus dem nördlichsten Teil Japans, Hokkaido, wo man Weizen statt Reis anbaut. Im Grunde genommen wird dabei eine Mehlschwitze aus Mehl und Wasser hergestellt, die man dann mit dem Teig vermischt. Wir verwenden eine Kombination aus Hefe und Sauerteig-Anstellgut und fügen Butter und Milchpulver hinzu, sodass man ein einfaches weißes Brot erhält, das erstaunlich weich und geradezu gefährlich köstlich ist. Das Albert hat einen eigenen Kult-Fanclub in unserer Bäckerei.

FÜR 1 LAIB

FÜR DAS TANGZHONG-KOCHSTÜCK

- 20 g backstarkes Weizenmehl Type 550

FÜR DEN HAUPTTEIG

- 100 g Sauerteig-Anstellgut (siehe Seite 190), am Vorabend gefüttert (siehe Seite 191)
- 3 g Trockenhefe (1 TL oder knapp ½ Pck. à 7g)
- 25 g Milchpulver (wenn Sie kein Milchpulver finden, verwenden Sie statt 300 ml Wasser nur 150 ml und fügen Sie 150 ml Milch dazu)
- 500 g backstarkes Weizenmehl Type 550 plus etwas mehr zum Arbeiten

SPÄTER DAZUGEBEN

- 10 g feines Meersalz
- 50 g weiche ungesalzene Butter

AUSSERDEM

- neutrales Pflanzenöl für die Form

1. Zuerst das Tangzhong-Kochstück zubereiten. Dafür in einem mittelgroßen Topf das Mehl und 80 ml lauwarmes Wasser bei niedriger Temperatur verquirlen und erwärmen, bis die Masse anfängt einzudicken. Zum Abkühlen beiseitestellen.
2. Für den Hauptteig die hier angegebenen Zutaten verwenden (das Sauerteig-Anstellgut mit 300 ml lauwarmem Wasser mischen) und den Teig, wie für das Ultimative Sauerteigbrot auf Seite 193 beschrieben, herstellen und reifen lassen. Die Hefe und das Milchpulver zusammen mit dem Mehl hinzufügen. Das Kochstück, das Salz und die Butter nach der ersten 30-minütigen Ruhezeit nach dem Anrühren des Teiges unterkneten.
3. Nach der 3-stündigen Teigruhe den Teig wie das Ultimative Sauerteigbrot formen. Wir backen dieses Brot immer in einer Kastenform. Da es ein weicher, feuchter Teig ist, benötigen Sie beim Formen etwas Mehl zum Bestauben. Den geformten Teig ohne vorherige Zwischengare in eine gut geölte Kastenform legen. Dann entweder über Nacht im Kühlschrank oder an einem warmen Ort 1–1½ Stunden gehen lassen.
4. Den Backofen auf 240 °C Ober-/Unterhitze (220 °C Umluft/Gas Stufe 9) vorheizen.
5. Das Brot im heißen Ofen 40–45 Minuten backen. Anschließend herausnehmen und in der Form etwas abkühlen lassen. Dann auf einen Gitterrost stürzen und vollständig abkühlen lassen. Erst dann aufschneiden; wenn es warm ist, ist das Brot noch zu teigig.

Serviervorschlag: Wir verwenden dieses Brot für Käse-Toasties. Dafür etwas Dijonsenf, Mayo und etwas Sriracha-Sauce verrühren und eine Brotscheibe damit bestreichen. Auf eine Hälfte dann eine Mischung aus Cheddar, Red Leicester und fein gehackten Frühlingszwiebeln geben. Das Sandwich zusammenklappen und die Außenseiten mit etwas Senf bestreichen. Auf einer Grillplatte von beiden Seiten rösten, bis es herrlich duftet.

GARLIC FOCCACIA
ingredients FLOUR, WATER SALT, GARLIC
baked by KITTY
price 3.
PTON HERRINGSWELL
W. B. LEACH
1978

albert
ingredients FLOUR, SALT
MILK
baked by KITTY
price
R. J. UPTON HERRINGSWELL
miche
FLOUR WATER
SALT
R. J. UPTON HERRINGS

ULLAS ROGGENBROT

Dieses Brot ist nach Ulla benannt, der dänischen Oma, die mir beigebracht hat, wie man Roggenbrot backt. In Dänemark kann man alkoholfreies Malzbier für die Herstellung von Roggenbrot kaufen. Bei uns im Vereinigten Königreich gibt es nur Supermalt, ein Malzgetränk, das dem am nächsten kommt. Sie können hier auch ein richtiges Bier verwenden – ein eher rötlich dunkles eignet sich gut.

FÜR 3 KLEINE BROTE (ODER 1 GROSSES)

FÜR DEN ROGGENSAUERTEIG-STARTER

- 1 gehäufter EL Sauerteig-Anstellgut (siehe Seite 190)
- 125 g Roggenmehl plus etwas mehr zum Bestauben

FÜR DEN HAUPTTEIG

- 250 g Roggensauerteig-Starter (siehe oben)
- 500 ml Malzbier, Malzgetränk, Ruby-Bier (wenn weniger als 500 ml in der Flasche oder Dose sind, füllen Sie den Rest mit Wasser auf) oder Wasser
- 200 g Saaten-Körner-Mischung aus Kürbiskernen, Sonnenblumenkernen, Leinsamen und Dinkel- oder Roggenkörnern
- 30 g Melasse, Zuckerrüben-sirup oder flüssiger Honig
- 500 g Weizenvollkornmehl
- 15 g feines Meersalz

AUSSERDEM

- Butter für die Form

1. Zuerst den Roggensauerteig-Starter herstellen. Dazu in einer großen Schüssel das Anstellgut mit dem Roggenmehl und 125 ml lauwarmem Wasser verrühren. Abgedeckt einige Stunden an einem warmen Ort reifen lassen.
2. Anschließend für den Hauptteig das Malzgetränk (oder das Wasser) in die Schüssel gießen und mit dem gereiften Sauerteig-Starter (250 g) gründlich verrühren.
3. Die Saaten-Körner-Mischung sowie die Melasse (oder den Zuckerrübensirup beziehungsweise den Honig) hinzufügen und alles gut vermengen. Die Mischung wird nun recht unappetitlich aussehen – um ehrlich zu sein: ekelhaft. Aber keine Bange! Das ist gut so.
4. Die Schüssel abdecken und über Nacht an einem kühlen Ort reifen lassen. Im Kühlschrank ist es etwas zu kühl, aber der Teig soll auch nicht übergären und daher nicht warm reifen.
5. Am nächsten Morgen das Mehl und das Salz hinzufügen und gründlich untermengen. Die Masse wird eindicken, aber ziemlich feucht bleiben. Den Teig dann 1 Stunde ruhen lassen. Anschließend in drei Portionen teilen und in gut gebutterte kleine Kastenformen geben, oder den gesamten Teig in eine große gebutterte Kastenform geben. Wir bevorzugen für dieses Brot die kleinen 450-g-Formen, die Mischung reicht für drei dieser Formen – oder für eine 1,5-kg-Form, das Brot braucht darin einfach etwas länger zum Backen.
6. Einen Teigschaber mit Wasser befeuchten und die Oberseite der Brote damit glatt streichen, danach mit etwas Roggenmehl bestauben. Die Brote dann abgedeckt 2 Stunden gehen lassen. In dieser Zeit werden sich feine Risse in der Mehlschicht bilden, so als hätte ein kleines Erdbeben stattgefunden.
7. Den Backofen auf 200 °C Ober-/Unterhitze (180 °C Umluft/Gas Stufe 6) vorheizen.
8. Die Brote im heißen Ofen 1 Stunde backen, bis die Oberseite schön dunkel ist – aber nicht verbrannt. Ein Brot in einer 1,5-kg-Kastenform benötigt etwa 80 Minuten. Die fertigen Brote herausnehmen, auf einen Gitterrost stürzen und mindestens 5 Stunden abkühlen lassen. Viele sagen, dass man Roggenbrot erst am nächsten Tag essen sollte. Aber es erfordert eine Menge Willenskraft und Geduld, sich daran zu halten. Die positive Kehrseite ist, dass diese Brote lange haltbar sind.

Serviervorschlag: Dieses Brot lässt sich mit einem guten, scharfen Brotmesser dünn schneiden. Damit können Sie sich mit *smørrebrød* (ein dänisches belegtes Brot) austoben. Bestreichen Sie eine Scheibe mit Butter und belegen Sie sie mit Aufschnitt (Schinken, Rinderpastrami), gekochten Eiern, Avocado, Mayonnaise oder ein wenig Meerrettich. Wenn Sie sich für Fisch entscheiden, legen Sie zuerst den Hering auf oder probieren Sie eine Scheibe Räucherlachs. Noch besser ist es, wenn Sie den Fisch mit Garnelen und einem Spritzer Zitronensaft garnieren. Essiggurken sind ein Muss, ebenso wie knusprige Zwiebeln – und wir mögen Kartoffelscheiben. Wenn Sie es vegetarisch bevorzugen, werden dünne Käse- und Tomatenscheiben mit etwas Feigenkonfitüre oder roter Zwiebelkonfitüre auf dem Brot Ihr Herz erfreuen. Sie können es wie ein Kunstwerk aussehen lassen oder wie ein totales Durcheinander, das ist ganz egal – es ist immer unglaublich lecker.

SAUERTEIG-BURGER-BUNS

Wir wollten Burgerbrötchen machen, die so weich wie Briochebrötchen sind, aber nicht in den Händen zerfallen. Die Tangzhong-Methode, die wir für das »Albert« auf Seite 203 verwenden, funktioniert auch hier sehr gut. Durch das Ei und die Butter werden die Brötchen reichhaltiger und damit perfekt für Burger oder Fischstäbchen. Nach dem Backen liebe ich es, die Brötchen zusammenzudrücken und zu beobachten, wie sie wieder ihre ursprüngliche Form annehmen.

FÜR 12 BURGER-BUNS

FÜR DAS TANGZHONG-KOCHSTÜCK

- 20 g backstarkes Weizenmehl Type 550

FÜR DEN HAUPTTEIG

- 500 g backstarkes Weizenmehl Type 550 plus etwas mehr zum Arbeiten
- 7 g Trockenhefe (2 TL oder 1 Pck.)
- 50 g Sauerteig-Anstellgut (siehe Seite 190, optional)
- 50 g weiche ungesalzene Butter
- 1 großes Ei
- 1 EL flüssiger Honig
- 10 g feines Meersalz

AUSSERDEM

- 1 Ei mit 1 EL Milch leicht verquirlt, für die Eistreiche
- 1 großzügiger EL Sesamsamen zum Bestreuen

1. Zuerst das Tangzhong-Kochstück zubereiten. Dafür in einem mittelgroßen Topf das Mehl und 80 ml lauwarmes Wasser bei niedriger Temperatur verquirlen und erwärmen, bis die Masse anfängt einzudicken. Zum Abkühlen beiseitestellen.
2. Für den Hauptteig in einer großen Schüssel alle Zutaten für den Teig sowie 250 ml lauwarmes Wasser mit dem Kochstück vermengen. So lange rühren, bis keine Mehlnester mehr zu sehen sind.
3. Den Teig 10 Minuten auf einer leicht bemehlten Arbeitsfläche von Hand oder 5–6 Minuten in der Küchenmaschine mit dem Knethaken verkneten. Wenn der Teig glatt und elastisch ist, zurück in die Schüssel geben, mit einem feuchten Küchentuch abdecken und 1 Stunde gehen lassen, bis sich das Teigvolumen etwa verdoppelt hat.
4. Den Teig nach der Teigruhe auf eine leicht bemehlte Arbeitsfläche geben und in zwölf gleich große Stücke à 120 g teilen. Jedes Stück zu einer Kugel rollen und mit einem Abstand von 5 cm auf einem mit Backpapier ausgelegten Backblech verteilen. Das feuchte Küchentuch wieder darüberlegen und die Teiglinge weitere 30 Minuten gehen lassen.
5. Inzwischen den Backofen auf 220 °C Ober-/Unterhitze (200 °C Umluft/Gas Stufe 7) vorheizen.
6. Die Brötchen mit der Eistreiche bestreichen und mit dem Sesam bestreuen. Dann im heißen Ofen 20–25 Minuten backen, bis sie schön goldbraun sind. Herausnehmen und auf einem Gitterrost abkühlen lassen.

DIAL 999
FIRE
POLICE
AMBULANCE
100 OPERATOR
burger bun hotline

SAUERTEIGRESTE

Es fühlt sich schlecht an, beim Füttern des Sauerteig-Anstellguts jedes Mal so viel wegzuwerfen, vor allem, wenn Sie hart gearbeitet haben, um das Ganze überhaupt erst in Gang zu bringen. Die folgenden Rezepte funktionieren am besten, wenn man nicht das frisch gefütterte Sauerteig-Anstellgut verwendet, sondern das etwas ältere, das man sonst entsorgen würde.

RESTE-CRUMPETS

Dieses Rezept wurde von der bösen Sauerteighexe Martha de Lacey, ihres Zeichens eine grandiose britische Brotbäckerin, inspiriert. Sie können Teigringe recht günstig online kaufen oder alternativ einen Satz runder Ausstechformen verwenden. Sie erhalten dann verschiedene Gebäckgrößen, aber das ist Teil ihres Charmes.

FÜR 7-10 CRUMPETS (JE NACH GRÖSSE DER KREISE)

FÜR DEN TEIG

- 150 g Sauerteigreste (siehe Seite 191)
- 75 g Weizenmehl Type 405
- 3 g feines Meersalz
- 1 TL Backpulver

AUSSERDEM

- Oliven- oder Rapsöl zum Einfetten

1. Für den Teig die Zutaten sowie 75 ml lauwarmes Wasser in einer großen Schüssel zu einer glatten Masse verrühren. Die Mischung in einen Becher mit Ausguss umfüllen (das ist nicht unbedingt notwendig, erleichtert aber das Ausgießen) und 20–30 Minuten ruhen lassen.
2. Teigringe oder Ausstechformen mit etwas Öl einfetten. Eine große Pfanne bei mittlerer Temperatur erhitzen und mit etwas Öl einfetten. Die Teigringe in die Pfanne setzen und 1 Minute aufwärmen.
3. Jeweils etwa 2 EL Teig in jeden Ring gießen – die Crumpets gehen ziemlich hoch auf, also nicht zu viel einfüllen – und 7–8 Minuten backen, bis die Oberfläche durchgebacken und mit kleinen Löchern übersät ist. Die Crumpets dann wenden und auf der anderen Seite 1 weitere Minute backen.
4. Die ersten Crumpets aus der Pfanne nehmen und die Ringe entfernen – Achtung, sie werden heiß sein, wir verwenden daher ein Küchentuch und ein Messer. Die heißen Crumpets dick mit Butter bestreichen. Essen Sie die ersten schon, während Sie am Herd stehen und die restlichen braten.

Serviervorschlag: Mit geschmolzener Butter und Marmite genießen. (Ich empfehle außerdem, ein Lätzchen zu tragen.)

KNÄCKEBROT

Das Coolste an diesen klassisch schwedischen Sauerteig-Roggencrackern ist, dass der Geschmack umso interessanter wird, je länger man sie vor dem Backen fermentieren lässt. Das weniger klassisch schwedische als vielmehr orientalische Zatar-Gewürz ist eine Mischung aus Sesamsamen, Thymian und Salz. Sollten Sie einen nahöstlichen Lebensmittelladen in der Nähe haben, halten Sie dort danach Ausschau, denn es wird oft in großen Tüten verkauft. Wenn Sie diese Cracker in einem Ziplock-Beutel aufbewahren, sind sie lange haltbar. Knäckebrot schmeckt einfach fantastisch, vor allem, wenn es mit viel Käse belegt wird (Käse macht alles noch köstlicher).

FÜR 10-15 KNÄCKEBROTE

- 150 g Sauerteigreste (siehe Seite 191)
- 125 g backstarkes Weizenmehl Type 550 plus etwas mehr zum Arbeiten
- 75 g Roggenmehl Type 1150
- 50 ml Oliven- oder Rapsöl
- ½ TL feines Meersalz
- 1 EL Sesamsamen oder Zatar (orientalische Gewürzmischung)

1. Alle Zutaten sowie 50 ml lauwarmes Wasser in einer großen Schüssel zu einem festen Teig vermengen. Die Schüssel mit einem Küchentuch abdecken und den Teig 24 Stunden bei Zimmertemperatur ruhen lassen. (Sie können den Teig auch sofort verwenden, wir lassen ihn allerdings gerne ruhen, damit sich die Aromen besser entfalten können.)
2. Den Backofen auf 180 °C Ober-/Unterhitze (160 °C Umluft/ Gas Stufe 4) vorheizen und ein Backblech mit Backpapier auslegen.
3. Den Teig auf einer leicht bemehlten Arbeitsfläche so dünn wie möglich ausrollen (etwa 2 mm dick). Scheuen Sie sich nicht, den Teig kräftig mit Mehl zu bestauben, wenn er etwas klebrig wird.
4. Den ausgerollten Teig mit einem scharfen Messer oder Pizzaschneider in etwa 5 cm breite Rechtecke schneiden. Die Stücke mehrfach mit einer Gabel einstechen und auf dem vorbereiteten Backblech verteilen.
5. Die Knäckebrote im heißen Ofen 12–15 Minuten backen, bis sie schön gebräunt sind. Dann herausnehmen, auf einen Gitterrost stürzen und vollständig abkühlen lassen. Anschließend in einem luftdichten Behälter, z. B. einem Ziplock-Gefrierbeutel, aufbewahren.

Serviervorschlag: Der säuerliche, scharfe Geschmack dieser Cracker passt sehr gut zu einem cremigen Käse wie Camembert oder Cambozola, darauf noch ein paar Gewürzgurken oder einen Klecks Feigenkonfitüre.

1. Albert 2. Aggie 3. Shop-Katie

4. Kitty 5. Al 6. Das hölzerne Ladenschild von Justin 7. Gattin Katie

SÜSSE BRÖTCHEN

Prince's
Slazenger

FIKA-BUNS

Ich glaube, wenn wir alle eine Fika machen würden, wäre die Welt ein viel besserer Ort. Fika ist ein skandinavisches Ritual, wie der britische Nachmittagstee. Traditionell werden dazu verschiedene Brötchen serviert, die man mit seinen Nachbarn, Arbeitskollegen oder (imaginären oder anderen) Freunden teilt. Das ist ein toller Brauch, und sogar im großen Volvo-Werk in Schweden ist die tägliche Fika Pflicht. Im Folgenden finden Sie Rezepte für drei verschiedene Geschmacksrichtungen von Brötchen, die alle aus demselben Teig hergestellt werden, aber unterschiedliche Füllungen und Glasuren haben. Wir empfehlen für die Zimtbrötchen die Milky-Way-Glasur, für die Kardamom-Orangen-Brötchen die Kaffeeglasur und für die Nuss-Nugat-Brötchen die Orangenglasur, aber das bleibt ganz Ihnen überlassen. Wir haben Mengenangaben für die Butter- und Glasurrezepte gemacht, aber um ehrlich zu sein, können Sie sie nach Belieben anpassen, je nachdem, ob Sie einen Hauch Aroma oder die volle Geschmacksexplosion bevorzugen, also fühlen Sie sich nicht an die Mengenangaben gebunden.

FÜR 15 FIKA-BUNS

- 200 ml warme Vollmilch (so warm wie ein entspannendes Bad)
- 1 Ei
- 7 g Trockenhefe (2 TL oder 1 Pck.)
- 500 g Weizenmehl Type 405 oder Type 550 plus etwas mehr zum Arbeiten
- 10 g feines Meersalz
- 30 g feiner Zucker
- 1 EL gemahlener Kardamom (optional; für ein feines Skandinavien-Aroma und sehr lecker, wenn die Brötchen mit Zimtbutter gefüllt werden)
- 125 g weiche ungesalzene Butter, gewürfelt
- Schalenabrieb von 1 unbehandelten Orange (bei Brötchen mit Nuss-Nugat-Füllung)

1. In einer kleinen Schüssel die Milch, das Ei und die Hefe verquirlen. In einer zweiten, großen Schüssel das Mehl, das Salz, den Zucker und (falls verwendet) den Kardamom vermischen. In der Mitte der Mischung eine kleine Vertiefung bilden, das Milch-Ei-Hefe-Gemisch hineingießen und alles grob zu einem Teig verrühren.
2. Entweder von Hand auf einer leicht bemehlten Arbeitsfläche 7–8 Minuten oder in einer Küchenmaschine mit dem Knethaken 4–5 Minuten verkneten, dabei nach und nach die Butterwürfel einarbeiten. Der Teig soll am Ende glatt und glänzend sein.
3. Den Teig zurück in die Schüssel geben, mit einem feuchten Küchentuch oder einer Duschhaube abdecken und 1–1½ Stunden an einem gemütlichen Ort gehen lassen, bis sich das Teigvolumen fast verdoppelt hat. Alternativ die Schüssel für mindestens 4 Stunden oder über Nacht kühl stellen. Der Teig geht dann immer noch auf, nur langsamer, und er lässt sich viel leichter verarbeiten.
4. Den Teig nach der Teigruhe auf einer leicht bemehlten Arbeitsfläche zu einem 30 × 20 cm großen und 5 mm dicken Rechteck ausrollen. Auf ein mit Backpapier ausgelegtes Backblech legen und für etwa 10 Minuten kühl stellen. (Durch das Kühlen wird der Teig fester und die Butterfüllung lässt sich später leichter verteilen.) Die Butterfüllung Ihrer Wahl (siehe Seite 221) inzwischen zubereiten.
5. Sobald der Teig gekühlt und die Butterfüllung fertig ist, das Teigrechteck auf die Arbeitsfläche legen, sodass die längere Seite zu Ihnen zeigt. Auf zwei Drittel des Teigrechtecks (von der längeren Seite ausgehend) die Butterfüllung verteilen. Das nicht bestrichene Drittel zur Mitte einschlagen. Das

verbleibende bestrichene Drittel wiederum darüberschlagen. So entsteht ein dreistöckiges Sandwich aus Teig- und Butterschichten, die den Brötchen ihre charakteristische Laminierung verleihen.

6. Das Teig-Sandwich erneut zu einem 30 × 20 cm großen Rechteck ausrollen. Von der längeren Seite ausgehend, mit einem scharfen Messer oder einem Pizzaschneider in 15 gleich große Streifen à 2 × 20 cm schneiden, sodass der Teig wie ein Zaun aussieht.
7. Die Teigstreifen zu Schneckenrollen aufwickeln. Die letzten 2 cm der Streifen über den oberen Teil der Rolle ziehen und darunter einstecken – die Schnecken sehen jetzt so aus, als würden sie ihr Fahrwerk überprüfen.
8. Die zusammengerollten Fika-Buns mit einigen Zentimetern Abstand zueinander auf zwei mit Backpapier ausgelegten Backblechen verteilen. Mit einem feuchten Küchentuch abdecken und an einem warmen Ort 30 Minuten gehen lassen.
9. Den Backofen auf 180 °C Ober-/Unterhitze (160 °C Umluft/Gas Stufe 4) vorheizen.
10. Die Buns im heißen Ofen 15–20 Minuten backen, bis sie goldbraun sind. Herausnehmen und auf einem Gitterrost 15 Minuten abkühlen lassen, dann mit der Glasur Ihrer Wahl bestreichen.

BUTTERFÜLLUNGEN & GLASUREN

ZIMTBUTTER

- 100 g weiche ungesalzene Butter
- 100 g feiner Zucker
- 1 gehäufter EL gemahlener Zimt

Alle Zutaten in eine Schüssel geben und mit einem Holzlöffel so lange vermengen, bis eine glatte Masse entsteht.

KARDAMOM-ORANGEN-BUTTER

- 100 g weiche ungesalzene Butter
- 100 g brauner Zucker
- 1 gehäufter EL gemahlener Kardamom
- Schalenabrieb von 1 unbehandelten Orange

Alle Zutaten in eine Schüssel geben und mit einem Holzlöffel so lange vermengen, bis eine glatte Masse entsteht.

NUSS-NUGAT-BUTTER

- ½ 350-g-Glas Nuss-Nugat-Creme (z. B. Nutella)
- 1 EL Tahina (optional)

Das ist die einfachste Füllung überhaupt – kein Mixen, kein Abmessen, einfach ein halbes Glas Nuss-Nugat-Creme verwenden (das ist reichlich, aber ich verspreche, Sie werden am Ende noch etwas mehr daraufgeben, deswegen sollte das Glas griffbereit stehen). Wenn Sie abenteuerlustig sind, können Sie etwas Tahina hinzufügen – das verleiht dem Ganzen eine zusätzliche Nussigkeit. Träufeln Sie das Tahina einfach über die auf dem Teig verstrichene Nuss-Nugat-Creme.

MILKY-WAY-GLASUR

- 100 ml Vollmilch
- 50 g feiner Zucker

Die Milch in einem kleinen Topf bei mittlerer Temperatur erwärmen, den Zucker hinzufügen und rühren, bis er sich vollständig aufgelöst hat.

Die abgekühlten Brötchen mit der warmen Glasur bestreichen und fest werden lassen. Die Glasur haftet als dünne Schicht auf den Brötchen, zieht aber auch in den Teig ein und verleiht ihm eine weitere Geschmacksnote.

KAFFEEGLASUR

- 100 ml schwarzer Kaffee (Espresso oder Filterkaffee)
- 50 g brauner Zucker

Den Kaffee in einem kleinen Topf bei mittlerer Temperatur erwärmen, den Zucker hinzufügen und rühren, bis er sich vollständig aufgelöst hat.

Die abgekühlten Brötchen mit der warmen Glasur bestreichen und fest werden lassen.

ORANGENGLASUR

- 100 ml Orangensaft
- 1 gehäufter EL Orangenmarmelade (am besten eine Variante mit dünnen Schalenstreifen)
- 1 EL grob gehackte Haselnusskerne (optional)

Den Orangensaft in einem kleinen Topf bei mittlerer Temperatur erwärmen, die Marmelade hinzufügen und verrühren, bis ein köstlicher Sirup entsteht.

Die abgekühlten Brötchen mit der warmen Glasur bestreichen oder mit einem Löffel beträufeln. Nach Belieben gehackte Haselnusskerne darüberstreuen.

TEIG FÜR ALLES

Wir verwenden diesen Teig für so gut wie alles, daher der Name. Er enthält mehr Butter, Eier und Zucker als der Teig für die Fika-Buns (siehe Seiten 219–221), was ihn geschmacklich einer Brioche ähneln lässt. Für die herzhaften Rezepte, die mit diesem Teig zubereitet werden – die Ende-der-Woche-Pull-Apart-Brötchen (siehe Seite 232), die Frühstücks-Buns mit Béchamel, Schinken und Wurst (siehe Seite 231) und die Hefeschnecken mit Zatar, Feta und Honig (siehe Seite 234) –, reduzieren Sie einfach die Zuckermenge auf 10 g.

FÜR 1 PORTION

- 200 ml Vollmilch
- 7 g Trockenhefe (2 TL oder 1 Pck.)
- 500 g Weizenmehl Type 550 oder Weizenmehl Type 405 plus etwas mehr zum Arbeiten
- 80 g feiner Zucker für einen süßen Teig oder 10 g feiner Zucker für einen herzhaften Teig
- 10 g feines Meersalz
- 2 Eier
- 125 g weiche ungesalzene Butter, gewürfelt

1. In einem kleinen Topf die Milch leicht erwärmen. Dann den Topf vom Herd nehmen und die Hefe einrühren. Beiseitestellen und 5 Minuten ruhen lassen.
2. In einer großen Schüssel das Mehl, den Zucker und das Salz vermischen. In der Mitte der Mischung eine kleine Vertiefung bilden und das Milch-Hefe-Gemisch hineingießen. Die Eier hinzufügen und alles grob zu einem Teig verrühren.
3. Entweder von Hand auf einer leicht bemehlten Arbeitsfläche 10 Minuten oder in einer Küchenmaschine mit dem Knethaken 4–5 Minuten verkneten, dabei nach und nach die Butterwürfel einarbeiten. Der Teig soll am Ende weich, seidig-glänzend und elastisch sein.
4. Den Teig zurück in die Schüssel geben, mit einem feuchten Küchentuch oder einer Duschhaube abdecken und 1 Stunde an einem gemütlichen Ort gehen lassen, bis sich das Teigvolumen fast verdoppelt hat. Alternativ den Teig abgedeckt über Nacht kühl stellen. Diese längere Reifezeit einzuplanen lohnt sich, da sich der kalte Teig viel leichter verarbeiten lässt.

HEFESCHNECKEN MIT AHORNSIRUP, SPECK UND PEKANNÜSSEN

Dies ist eine wirklich gelungene Mischung aus süß und herzhaft. Wir können uns einfach nicht entscheiden, in welchem Lager sich diese Hefeschnecken am wohlsten fühlen würden. Das Abziehen des Backpapiers am Ende ist vielleicht etwas knifflig, aber selbst wenn es nicht ganz gelingt, bleiben schöne Reste übrig, die man einfach verputzen muss, denn das erleichtert schließlich den Abwasch, oder?

FÜR 15 HEFESCHNECKEN

FÜR DEN TEIG

- 1 Portion »Teig für alles« (siehe gegenüber)
- Mehl für die Arbeitsfläche

FÜR DIE FÜLLUNG

- 1-2 EL Ahornsirup
- 8 Scheiben Speck, knusprig geröstet

FÜR DEN BELAG

- 2 Handvoll ganze Pekannusskerne
- 1 EL brauner Zucker

1. Den Teig auf einer leicht bemehlten Arbeitsfläche zu einem 30 × 20 cm großen und 1 cm dicken Rechteck ausrollen. Wenn der Teig über Nacht im Kühlschrank geruht hat und noch kalt ist, geht das am besten.
2. Den Teig mit Ahornsirup bestreichen und den Speck darauf verteilen. Dann den Teig der Länge nach zu einer Roulade aufrollen. Mit einem scharfen Messer oder einem überkreuzt geführten Faden gleichmäßig in 15 Scheiben à 2 cm Breite schneiden.
3. Zwei Backbleche mit Backpapier auslegen. Die Pekannusskerne darauf verteilen und mit dem braunen Zucker bestreuen. Die Teigscheiben mit den Schnittflächen nach unten und mit einem Abstand von 5 cm zueinander auf die Pekannüsse setzen. Die Bleche mit einem feuchten Küchentuch oder einer Frischhaltefolie abdecken und die Teiglinge an einem warmen Ort 40–45 Minuten gehen lassen, bis sich ihr Volumen etwa verdoppelt hat.
4. Den Backofen auf 180 °C Ober-/Unterhitze (160 °C Umluft/ Gas Stufe 4) vorheizen.
5. Die Hefeschnecken im heißen Ofen 20–25 Minuten backen, bis sie goldbraun sind. Herausnehmen und 5 Minuten auf dem Blech abkühlen lassen. Dann mithilfe des Backpapiers vom Blech heben und auf einen Gitterrost legen. Nach weiteren 5–10 Minuten ein weiteres Backblech oder Schneidebrett über die Brötchen legen und schnell wenden, sodass nun die Seiten mit den Pekannüssen oben liegen. Das Backpapier abziehen. Das kann etwas knifflig sein, aber Sie werden sehr stolz sein, wenn Sie es geschafft haben (im wörtlichen und übertragenen Sinne).

NEXT-LEVEL CHELSEA BUNS

Früher habe ich Chelsea Buns gehasst; ich konnte den Sinn von allem, was Rosinen oder Sultaninen enthielt, einfach nicht erkennen. Ab und zu kaute ich einen Keks, ein Brötchen oder ein Gebäckstück, das mit Schokoladensplittern gesprenkelt war, nur um dann festzustellen, dass es gar keine Schokoladensplitter waren, sondern in Wirklichkeit zähe, trockene kleine Kügelchen – Rosinen oder Sultaninen, meine Nemesis. Nachdem ich jedoch viele Anfragen nach Chelsea Buns erhalten hatte, hauptsächlich von Kunden einer bestimmten Altersgruppe, beschloss ich, es zu versuchen. Wie in Roald Dahls *Danny oder Die Fasanenjagd* habe ich die Trockenfrüchte eingeweicht. Dadurch wurden sie prall und saftig. Zusammen mit dem in dünne Scheiben geschnittenen Apfel ist das Ergebnis ein erstaunlich weiches Brötchen, das jetzt zu den Favoriten der Bäckerei gehört (sogar bei unseren Kunden unter 70 Jahren).

FÜR 12 CHELSEA BUNS

FÜR DIE FÜLLUNG

- 150 g Rosinen, Sultaninen oder gemischte Trockenfrüchte
- 1 TL Garam Masala
- 50 g getrocknete Cranberrys (optional)
- 1 Teebeutel Earl Grey (alternativ English Breakfast)
- 50 g ungesalzene Butter, geschmolzen
- 50 g brauner Zucker
- 1 EL gemahlener Zimt
- 1 Apfel, in dünne Scheiben geschnitten (optional, aber unbedingt empfohlen)
- Schalenabrieb von 1 unbehandelten Zitrone (optional)

FÜR DEN TEIG

- 1 Portion »Teig für alles« (siehe Seite 222)
- Mehl für die Arbeitsfläche

FÜR DIE GLASUR

- 1 EL Orangenmarmelade oder Aprikosenkonfitüre

FÜR DEN ZUCKERGUSS

- 100 g Puderzucker

1. Für die Füllung die Rosinen, Sultaninen oder gemischten Trockenfrüchte, das Garam Masala und (falls verwendet) die Cranberrys in einer Schüssel vermengen. Den Teebeutel dazugeben (English Breakfast ist gut, aber Earl Grey verleiht ein noch feineres Aroma) und mit so viel kochendem Wasser überbrühen, dass alles bedeckt ist (etwa 100 ml). Mindestens 15 Minuten (oder über Nacht) ziehen lassen.
2. Den Teig nach der Ruhezeit auf einer leicht bemehlten Arbeitsfläche zu einem 30 × 20 cm großen und 1 cm dicken Rechteck ausrollen. Wenn der Teig über Nacht im Kühlschrank geruht hat und noch kalt ist, geht das am besten.
3. Den Teig mit der geschmolzenen Butter bestreichen, mit Zucker und Zimt bestreuen und mit den Apfelscheiben belegen. Die Rosinen, Sultaninen oder Trockenfrüchte in einem Sieb abtropfen lassen und den Teebeutel entfernen. Die prallen Früchte zusammen mit der Zitronenschale (falls verwendet) auf dem Teig verteilen.
4. Den Teig der Länge nach zu einer Roulade aufrollen. Mit einem scharfen Messer oder einem überkreuzt geführten Faden gleichmäßig in zwölf Scheiben schneiden.
5. Ein tiefes Backblech mit Backpapier auslegen. Die Teigscheiben mit der Schnittfläche nach unten und mit einem Abstand von 1 cm zueinander auf dem Backblech verteilen. Ein feuchtes Küchentuch über das Blech legen und die Teiglinge an einem warmen Ort 40–45 Minuten gehen lassen, bis sich ihr Volumen etwa verdoppelt hat.
6. Den Backofen auf 200 °C Ober-/Unterhitze (180 °C Umluft/ Gas Stufe 6) vorheizen.
7. Die Buns im heißen Ofen 18–20 Minuten backen, bis sie goldbraun sind. Kontrollieren Sie die Brötchen nach der Hälfte der Backzeit. Wenn sie ungleichmäßig bräunen, wenden Sie das

Blech um. Wenn sie zu schnell braun werden, legen Sie eine Lage Alufolie über die Brötchen – freiliegende Rosinen können sonst verbrennen und dann bitter schmecken. Die fertig gebackenen Brötchen aus dem Ofen nehmen und 5 Minuten auf dem Blech abkühlen lassen, dann auf einen Gitterrost legen.

8. Für die Glasur 50 ml Wasser und die Marmelade oder Konfitüre in einem kleinen Topf bei mittlerer Temperatur erwärmen. Die Brötchen großzügig mit der Glasur bestreichen. Überschüssige Glasur können Sie für später aufbewahren, sie ist mehrere Tage haltbar.
9. Für den Zuckerguss den Puderzucker und 1 EL Wasser in einer kleinen Schüssel oder einem Messbecher verquirlen, bis eine seidige, glatte Masse entsteht. Sobald die Brötchen vollständig abgekühlt sind, den Zuckerguss darüberträufeln.

SCHLANGEN-SNACKS

Ich habe damit angefangen, diese kleinen Snacks zu backen und zu verteilen, weil ich ein schlechtes Gewissen hatte, wenn die Leute an Samstagen in der Schlange vor unserem Laden warten mussten, als wir nur eine Person auf einmal reinlassen konnten.

FÜR 20 SCHLANGEN-SNACKS

- 1 Portion »Teig für alles« (siehe Seite 222)
- 100 g Schokoriegel, gehackt (wir mögen Snickers, Twix oder Terry's Chocolate Orange; alternativ zerkleinerte Kekse, Mini-Marshmallows und Schokostückchen für S'mores)
- 1 Ei mit 1 EL Milch leicht verquirlt, für die Eistreiche
- Hagelzucker (optional, aber toll, wenn Sie welchen haben)

1. Den Teig in 20 gleich große Stücke teilen. In die Mitte eines jeden Stückes eine kleine Menge der gehackten Schokoriegel drücken. Die Teigränder über die Schokostücke ziehen und zusammendrücken. Die Teiglinge rund rollen und mit dem Schluss nach unten mit 5 cm Abstand zueinander auf einem mit Backpapier ausgelegten Backblech verteilen.
2. Leicht mit der Eimasse bestreichen und (falls verwendet) mit Hagelzucker bestreuen. Mit einem feuchten Küchentuch abdecken und die Teiglinge 30 Minuten an einem gemütlichen Ort gehen lassen, bis sich ihr Volumen etwa verdoppelt hat.
3. Den Backofen auf 200 °C Ober-/Unterhitze (180 °C Umluft/ Gas Stufe 6) vorheizen.
4. Die Teiglinge im heißen Ofen 10–15 Minuten backen, bis sie goldbraun sind. Dann herausnehmen und 5 Minuten abkühlen lassen. Noch warm essen.

SEMLOR

Semlor werden von den Schweden ähnlich gegessen wie bei uns Krapfen – am Faschingsdienstag, vor Beginn der Fastenzeit. Irgendwann haben sie jedoch beschlossen, dass es genauso in Ordnung ist, Semlor auch an allen anderen Tagen bis Ostern zu essen – eine ausgezeichnete Idee. Ich habe in meinem Rezept gebratenen Rhabarber hinzugefügt, da dieser zur gleichen Zeit Saison hat und ich ihn gerne verwende, aber das ist ganz Ihnen überlassen. Es gibt eine tolle Geschichte über einen schwedischen König, der verstarb, nachdem er 14 Semlor gegessen hatte. Ich habe Sie gewarnt!

FÜR 10 BRÖTCHEN

FÜR DIE BRÖTCHEN

- 1 Portion »Teig für alles« (siehe Seite 222) mit 1 EL gemahlenem Kardamom (den Kardamom mit dem Mehl mischen)
- 1 Ei mit 1 Prise Salz leicht verquirlt, für die Eistreiche
- Puderzucker zum Bestauben

FÜR DEN GERÖSTETEN RHABARBER

- 2-3 Stängel Rhabarber
- 70 g feiner Zucker

FÜR DIE MANDELFÜLLUNG

- 100 g Mandelkerne, gemahlen
- 100 g Zucker
- 1 TL Mandel- oder Vanilleextrakt

FÜR DIE VANILLECREME

- 250 g Crème double
- 1 EL Puderzucker
- 1 TL Vanilleextrakt
- 1 TL gemahlener Kardamom (optional)

1. Den Teig in zehn gleich große Stücke schneiden. Jedes Stück zu einer festen Kugel rollen und diese mit etwa 5 cm Abstand zueinander auf einem mit Backpapier ausgelegten Backblech verteilen. Mit einem feuchten Küchentuch abdecken und die Teiglinge an einem warmen Ort 1–2 Stunden gehen lassen, bis sich ihr Volumen etwa verdoppelt hat.
2. Den Backofen auf 200 °C Ober-/Unterhitze (180 °C Umluft/Gas Stufe 6) vorheizen.
3. Für den gerösteten Rhabarber die Rhabarberstangen schälen, in 3 cm lange Stücke schneiden und in einer Auflaufform verteilen. Mit dem Zucker bestreuen, die Form mit Alufolie abdecken und den Rhabarber 10 Minuten im heißen Ofen garen. Dann die Folie entfernen und den Rhabarber offen noch weitere 5 Minuten rösten. Herausnehmen und abkühlen lassen.
4. Die aufgegangenen Teiglinge mit der Eimasse bestreichen und im heißen Ofen 15 Minuten backen, bis sie goldgelb sind. Herausnehmen und auf einem Gitterrost abkühlen lassen.
5. Vom verlockenden Duft der Brötchen können Sie sich ablenken, indem Sie die Füllung vorbereiten: Für die Mandelfüllung alle Zutaten sowie 3 EL kaltes Wasser zu einer glatten Paste verarbeiten. In einer zweiten Schüssel alle Zutaten für die Vanillecreme verquirlen. Sobald die Vanillecreme dickflüssig ist, mit einem Löffel in einen Spritzbeutel füllen (oder einen Gefrierbeutel verwenden und eine Ecke abschneiden, um eine Spritztüte zu erhalten) und beiseitestellen.
6. Jetzt kommt mein Lieblingsteil: das Aushöhlen (was mich an Kürbisschnitzen erinnert). Mit einem scharfen Messer ein Dreieck aus der Oberseite jedes abgekühlten Brötchens schneiden. Die dreieckigen »Hüte« beiseitestellen und die Vertiefungen in den Brötchen noch etwas aushöhlen. Die Mandelfüllung hineingeben, mit gerösteten Rhabarberstückchen belegen und dann mit etwas Vanillecreme toppen. Den dreieckigen Hut aufsetzen, mit Puderzucker bestauben – und fertig.

TOP TIPP

Wenn Sie beim Verzehren keine Creme und keinen Puderzucker im Gesicht haben möchten, können Sie den dreieckigen Deckel zum Löffeln der Creme verwenden.

FRÜHSTÜCKS-BUNS MIT BÉCHAMEL, SCHINKEN UND WURST

Dies ist eine Hommage an den Frühstückspie meines Dads. Vor Jahren beschloss er, ihn zu perfektionieren: Schichten von gebackenen Bohnen, Blutwurst, Wurst und Ei, eingewickelt in einen Blätterteig – es hätte fast geklappt (die Bohnenflüssigkeit war der Fehler, die dem Pie nicht gut bekam).
Aber dann sah ich ein Frühstücksbrötchen bei Ten Belles in Paris. Das Konzept gefiel mir, und ich beschloss, es zu probieren. Schluss mit Frühstückskeksen – diese Brötchen sind perfekt für das Frühstück unterwegs. Die Béchamelsauce lässt sich auch im Voraus zubereiten und später für alles Mögliche verwenden.

FÜR 12 BUNS

FÜR DIE BUNS

- 1 Portion »Teig für alles« (siehe Seite 222) mit 10 g Zucker, da es ein herzhaftes Gebäck ist
- Mehl für die Arbeitsfläche
- 6 dünne Scheiben Schinken, halbiert
- 2 gekochte Würste, in kleine Würfel geschnitten
- 1 Ei, leicht verquirlt, für die Eistreiche

FÜR DIE BÉCHAMELSAUCE

- 20 g ungesalzene Butter
- 20 g Weizenmehl Type 405
- 200 ml lauwarme Vollmilch
- 1 EL geriebener reifer Cheddar
- ½ TL gemahlener schwarzer Pfeffer
- ½ TL feines Meersalz
- ½ TL Dijonsenf (optional)

1. Den Teig auf einer leicht bemehlten Arbeitsfläche in zwölf gleich große Stücke schneiden. Diese zu Kugeln rollen und mit einem Abstand von etwa 5 cm zueinander auf zwei mit Backpapier ausgelegten Backblechen verteilen. Ein feuchtes Küchentuch darüberlegen und die Teiglinge 30 Minuten gehen lassen.
2. Sobald die Brötchen aufgegangen sind und sich elastisch anfühlen, mit der Rückseite eines Löffels eine tiefe Mulde in die Mitte der Teiglinge drücken. Die Vertiefung sollte wirklich richtig tief sein, da die Brötchen aufgehen und die Zutaten aus zu flachen Mulden herausfallen würden.
3. Den Backofen auf 200 °C Ober-/Unterhitze (180 °C Umluft/ Gas Stufe 6) vorheizen.
4. Für die Béchamelsauce in einem mittelgroßen Topf bei niedriger Temperatur die Butter schmelzen. Dann das Mehl darüberstauben und unter Rühren etwa 1 Minute anschwitzen. Nun die Milch nach und nach einrühren, bis die Masse glatt und dickflüssig ist. Das dauert 5–7 Minuten. Zuletzt den Käse, den Pfeffer, das Salz und (falls verwendet) den Senf hinzufügen. Rühren, bis der Käse geschmolzen und die Sauce glatt ist. Vom Herd nehmen und 5–10 Minuten abkühlen lassen. (Im Kühlschrank hält sich die Masse einige Tage. Reste können Sie für ein käsiges Nudelgericht verwenden.)
5. Etwas abgekühlte Béchamelsauce in die Mitte eines jeden Brötchens geben und einige Schinken- und Wurststücke darauflegen. Die Buns mit der Eimasse bestreichen und im heißen Ofen 15–20 Minuten backen, bis sie goldgelb sind. Herausnehmen und etwas abkühlen lassen. Am besten noch warm mit einer schönen Tasse Tee oder Kaffee genießen.

ENDE-DER-WOCHE-PULL-APART-BRÖTCHEN

Dies ist eine gute Möglichkeit, Reste im Kühlschrank zu verwerten. Formen Sie die Brötchen zu runden Stücken und legen Sie sie dicht nebeneinander auf ein Backblech. Auf diese Weise verschmelzen sie während des Backvorgangs, sodass das Aufreißen und Teilen funktioniert.

FÜR 12 BRÖTCHEN

- 1 Portion »Teig für alles« (siehe Seite 222) mit 10 g Zucker, da es ein herzhaftes Gebäck ist
- etwas Mehl für die Arbeitsfläche
- was immer Sie in Ihrem Kühlschrank oder Vorratsschrank haben (Vorschläge siehe unten) zum Füllen
- 1 Ei, leicht verquirlt, für die Eistreiche
- Sesam- oder Mohnsamen zum Bestreuen (optional)

1. Den Teig auf einer leicht bemehlten Arbeitsfläche in zwölf gleich große Stücke schneiden. Die Teigstücke flach drücken und die gewünschte Füllung in die Mitte geben. Die Seiten um die Füllung hochziehen und zusammendrücken, um die Zutaten einzuschließen.
2. Ein tiefes Backblech mit Backpapier auslegen. Die Brötchen mit der Nahtseite nach unten mit etwa 1 cm Abstand zueinander auf dem Blech verteilen. Mit Ei bestreichen und (falls verwendet) mit Sesam oder Mohn bestreuen. Ein feuchtes Küchentuch über das Blech legen und die Teiglinge an einem warmen Ort 40–45 Minuten gehen lassen, bis sich ihre Größe etwa verdoppelt hat.
3. Den Backofen auf 200 °C Ober-/Unterhitze (180 °C Umluft/Gas Stufe 6) vorheizen.
4. Die Brötchen im heißen Ofen 20–25 Minuten backen, bis sie goldbraun sind. Herausnehmen und 5 Minuten abkühlen lassen, aber noch warm essen.

MÖGLICHE FÜLLUNGEN

Hier einige Füllungen, die wir ausprobiert haben und die wirklich gut funktionieren:

- Reste von Schwarze-Bohnen-Chili und Koriander
- Pesto, Chorizo und Bratkartoffeln
- Käse, Oliven und Röstzwiebeln (wir lieben die, die man in Packungen in orientalischen Supermärkten kaufen kann)

1

2

3

4

1.+2. Ende-der-Woche-Pull-Apart-Brötchen → Gegenüber 3. Hefeschnecken mit Zatar, Feta und Honig → Seite 234 4. Hefebrötchen mit Erdnussbutter, Banane und dunkler Schokolade → Seite 235

HEFESCHNECKEN MIT ZATAR, FETA UND HONIG

← ABBILDUNG SEITE 233

Sie haben vielleicht schon gemerkt, dass ich ein Faible für nahöstliche Gerichte habe. Ich liebe die Mischung aus Gewürzen und Kräutern, und Zatar ist so ziemlich mein Liebling. Es gibt viele verschiedene Zatar-Mischungen, je nachdem, wo sie hergestellt wurden, aber Basis sind immer Thymian, Sesam und Sumach. Diese Brötchen werden genauso geformt wie die Fika-Buns (Seiten 219 und 220). Sie passen hervorragend zu einer Suppe.

FÜR 12 BRÖTCHEN

FÜR DIE BRÖTCHEN

- 1 Portion »Teig für alles« (siehe Seite 222) mit 10 g Zucker, da es ein herzhaftes Gebäck ist
- etwas Mehl für die Arbeitsfläche
- 1 EL Olivenöl
- 2 gehäufte EL Zatar (orientalische Gewürzmischung)
- 100 g Feta
- Sesamsamen zum Bestreuen

FÜR DIE HONIGGLASUR

- 1 EL flüssiger Honig
- Saft von 1 Zitrone

1. Den Teig auf einer leicht bemehlten Arbeitsfläche zu einem 30 × 20 cm großen und 5 mm dicken Rechteck ausrollen. Den Teig mit dem Öl bestreichen und zwei Drittel des Rechtecks (von der Längsseite ausgehend) mit Zatar bestreuen. Den Feta darüberbröckeln.
2. Genau wie bei den Fika-Buns auf Seite 219 von der langen Seite ausgehend, ein Drittel des Rechtecks zur Mitte falten, dann das verbleibende Drittel über die zwei übereinanderliegenden Stücke falten.
3. Den zusammengelegten Teig wieder zu einem 30 × 20 cm großen Rechteck ausrollen. Von der langen Seite ausgehend, mit einem scharfen Messer oder einem Pizzaschneider gleichmäßig in zwölf Streifen schneiden. Dann bei einem Streifen ein Ende in jede Hand nehmen, den Teig in sich verdrehen und dann zu einer Schneckenrolle aufrollen. Die letzten 2 cm des Streifens über den oberen Teil der Rolle ziehen und darunter einstecken. Bei den übrigen Streifen wiederholen. Die aufgerollten Teiglinge mit einigen Zentimetern Abstand zueinander auf einem mit Backpapier ausgelegten Backblech verteilen. Mit Sesam bestreuen, mit einem feuchten Küchentuch abdecken und an einem warmen Ort 1 Stunde gehen lassen.
4. Den Backofen auf 200 °C Ober-/Unterhitze (180 °C Umluft/ Gas Stufe 6) vorheizen.
5. Die Hefeschnecken im heißen Ofen 15–20 Minuten backen, bis sie goldbraun sind.
6. In der Zwischenzeit für die Honigglasur 50 ml Wasser in einem Topf aufkochen. Den Honig und den Zitronensaft einrühren. Die Brötchen frisch aus dem Ofen mit der Honigglasur bestreichen und auf einem Gitterrost 10–15 Minuten abkühlen lassen.

Serviervorschlag: Diese Brötchen schmecken hervorragend mit Hummus oder Baba Ganoush oder als ausgefallene Brötchenalternative zu einer kräftigenden Suppe.

HEFEBRÖTCHEN MIT ERDNUSSBUTTER, BANANE UND DUNKLER SCHOKOLADE

← ABBILDUNG SEITE 233

Diese Brötchen haben etwas an sich, das einen völlig aus dem Konzept bringt. Mein Dad hasst Bananen und Erdnussbutter, aber von allen Brötchen, die ich backe, mag er diese am liebsten. Achten Sie darauf, die Brötchen etwas abkühlen zu lassen, bevor Sie die Schokoladen-Ganache auftragen. Das Meersalz macht's.

FÜR 12 BRÖTCHEN

FÜR DIE BRÖTCHEN

- 1 Portion »Teig für alles« (siehe Seite 222)
- etwas Mehl für die Arbeitsfläche
- 150 g feine oder crunchy Erdnussbutter
- 1 Banane, geschält und in 12 Scheiben geschnitten

FÜR DIE GLASUR

- 100 g dunkle Schokolade
- 50 g ungesalzene Butter
- 2 EL Crème double (alternativ Crème fraîche)
- grobe Meersalzflocken zum Bestreuen

1. Den Teig auf einer leicht bemehlten Arbeitsfläche in zwölf gleich große Stücke schneiden. Jedes Stück zwischen den Handflächen zu einem runden Fladen formen.
2. 2 TL Erdnussbutter in die Mitte jedes Teiglings geben und 1 Bananenscheibe daraufsetzen. Die Teigränder in der Mitte über der Füllung zusammendrücken, um die Füllung zu umschließen.
3. Die Brötchen mit dem Schluss nach unten auf einem mit Backpapier ausgelegten Blech verteilen. Mit einem feuchten Küchentuch abdecken und die Teiglinge an einem warmen Ort 1 Stunde gehen lassen, bis sich ihr Volumen etwa verdoppelt hat.
4. Den Backofen auf 200 °C Ober-/Unterhitze (180 °C Umluft/ Gas Stufe 6) vorheizen.
5. Die Brötchen im heißen Ofen 15 Minuten backen. Herausnehmen und 5 Minuten auf einem Gitterrost abkühlen lassen.
6. Als Nächstes für die Glasur die Schokolade zusammen mit der Butter über einem Wasserbad schmelzen. Danach vom Wasserbad nehmen und die Crème double einrühren.
7. Die Brötchen an der Unterseite festhalten und mit der Oberseite in die Glasur tauchen. Die Brötchen wieder auf den Gitterrost setzen. Die Glasur 5 Minuten anziehen lassen (eventuell im Kühlschrank), dann die Buns mit Meersalzflocken bestreuen. Anschließend direkt in den Mund schieben (das ist die beste Art und Weise, sie zu essen).

SAFRAN-CORGI-BUTTER-BÄCKCHEN

Jemand hat mir einmal ein Bild von ein paar Brötchen geschickt, die wie ein Corgi von hinten aussahen. Corgis haben – wie soll man es höflich ausdrücken? – einen großzügigen Pfirsichhintern, und diese Brötchen waren unverkennbar Corgi. Ich habe hier ein wenig Safran für die Farbe verwendet (ich habe das Rezept von einem Safranbrötchen-Rezept übernommen, das uns unsere liebe schwedische Nachbarin Marianne gegeben hat), aber die Brötchen schmecken auch ohne.

FÜR 10 BRÖTCHEN

FÜR DEN TEIG

- 220 ml Vollmilch
- 120 g feiner Zucker
- 1 große Prise Safranfäden (oder ein ganzes 0,4-g-Glas)
- 500 g Weizenmehl Type 550 oder Weizenmehl Type 405 plus etwas mehr zum Arbeiten
- 10 g Trockenhefe (etwa 3 TL oder etwa 1½ Pck. à 7 g)
- 1 TL feines Meersalz
- 1 TL gemahlener Kardamom (optional, verleiht aber eine zusätzliche Geschmacksdimension)
- 3 Eier
- 50 g saure Sahne
- 120 g weiche ungesalzene Butter
- 100 g Schokoladentropfen oder Johannisbeeren (optional)

AUSSERDEM

- 1 Ei, leicht verquirlt, für die Eistreiche
- Hagelzucker zum Verzieren
- 50 g kalte gesalzene Butter

1. Für den Teig in einem Topf die Milch, den Zucker und den Safran verrühren und erhitzen. 6 Minuten auf niedrigster Temperatur köcheln lassen, dann zum Abkühlen beiseitestellen.
2. In einer großen Schüssel das Mehl, die Hefe, das Salz und (falls verwendet) den Kardamom vermischen. In der Mitte der Mehlmischung eine Vertiefung bilden und die süße Safranmilch hineingießen. Die Eier und die saure Sahne hinzufügen. Vorsichtig mischen, bis keine Mehlnester mehr sichtbar sind. Dann nach und nach die Butter dazugeben und einarbeiten. Anschließend den Teig entweder 5 Minuten mit der Hand oder 3 Minuten in einer Küchenmaschine mit dem Knethaken verkneten.
3. Falls verwendet, danach die Schokoladenstückchen oder die Johannisbeeren langsam einarbeiten. Weitere 3 Minuten mit der Hand oder 2 Minuten mit der Küchenmaschine kneten, bis der Teig schön glänzend und glatt ist. Ein feuchtes Küchentuch über die Schüssel legen und den Teig an einem warmen, gemütlichen Ort 40 Minuten gehen lassen, bis sich sein Volumen etwa verdoppelt hat.
4. Nach der Ruhezeit den Teig auf einer leicht bemehlten Arbeitsfläche ausrollen und in 20 gleich große Stücke schneiden. Die Stücke rund rollen oder zu »Bäckchen« formen und auf einem mit Backpapier ausgelegten Backblech paarweise zusammenlegen – zu kleinen, frechen Popos.
5. Die Popos mit dem Ei bestreichen und mit dem Hagelzucker bestreuen. Die kalte Butter in zehn Würfel schneiden und diese in die Mitte der Popos setzen. Ein feuchtes Küchentuch über das Blech legen und die Teiglinge 30 Minuten schön prall aufgehen lassen. Die Butter sollte danach ein wenig eingesunken sein.
6. Den Backofen auf 200 °C Ober-/Unterhitze (180 °C Umluft/Gas Stufe 6) vorheizen.
7. Die Teiglinge im heißen Ofen 15–20 Minuten backen, bis sie goldbraun sind. Dann herausnehmen und auf einem Gitterrost abkühlen lassen.

THIS PACKAGE CONTAINS 10 lbs. INCLUDING IMMEDIATE WRAPPINGS
BLUE BIRD

KRAPFEN

Diese Krapfen sind inspiriert von einem Rezept aus einem Buch, das neben *Tartine* wahrscheinlich unser meistgelesenes und am meisten mit Teig verziertes Kochbuch ist: *Bread, Cake, Doughnut, Pudding* von Justin Gellatly, der die Bäckerei Bread Ahead gegründet hat und für seine Donuts berühmt ist. Wir verwenden einen ähnlichen Teig, machen aber kleine Krapfen daraus, die wir dann in aromatisiertem Zucker wälzen. Als ich erkannt habe, dass man den Teig um ein Stück Schokolade wickeln kann, war es, als hätte ich das Rad neu erfunden (zumindest in meiner Vorstellung). Eine ganze Welt von Möglichkeiten tat sich auf – Orangenschokolade, alle möglichen Mini-Schokoriegel ... Ich übergebe den Staffelstab an Sie – jetzt sind Sie dran.

FÜR 25 KRAPFEN

FÜR DEN TEIG

- 500 g Weizenmehl Type 550 plus etwas mehr zum Arbeiten
- 80 g feiner Zucker plus mehr zum Wälzen
- 7 g Trockenhefe (2 TL oder 1 Pck.)
- 10 g feines Meersalz
- Schalenabrieb von ½ unbehandelten Zitrone oder Orange (optional)
- 4 Eier
- 125 g weiche ungesalzene Butter
- 1 Stück Ihres Lieblingsschokoriegels (optional)

AUSSERDEM

- Pflanzenöl (z.B. Sonnenblumenöl) zum Frittieren

1. Für den Teig in einer Schüssel das Mehl, den Zucker, die Hefe, das Salz und die Zitronenschale vermengen. Die Eier und 150 ml Wasser hinzufügen. Zunächst alles vermischen, dann 4 Minuten kneten, bis keine Mehlnester mehr sichtbar sind. Der Teig ist sehr feucht, daher ist ein elektrischer Handmixer die beste Wahl.
2. Nach und nach die Butter einarbeiten (ein Stückchen nach dem anderen), bis der Teig glatt und elastisch ist. Den Teig abdecken und etwa 1 Stunde gehen lassen, bis sich sein Volumen etwa verdoppelt hat. Dann die Luft aus dem Teig drücken und diesen für 4 Stunden oder über Nacht kühl stellen. Der Teig muss unbedingt gekühlt werden, bevor Sie ihn verarbeiten.
3. Den Teig nach der Kühlzeit in 25 Stücke à 30–40 g schneiden und diese zu Kugeln rollen. Wenn Sie eine Schokoladenfüllung hinzufügen möchten, rollen Sie die Teigkugeln einfach um die Leckerei Ihrer Wahl. Die Teigkugeln mit genügend Abstand zueinander auf einem bemehlten Backblech verteilen. Locker mit Frischhaltefolie abdecken und an einem warmen, gemütlichen Ort 2–3 Stunden gehen lassen.
4. Einen Topf mit schwerem Boden oder eine Fritteuse bis zur Hälfte mit Pflanzenöl füllen und das Öl auf 180 °C erhitzen. Die Krapfen darin portionsweise 1–2 Minuten frittieren, bis sie gut gebräunt sind. Dann mit einer Gabel wenden und die Krapfen auf der anderen Seite frittieren. Anschließend herausheben, auf Küchenpapier gut abtropfen lassen und in einer Schüssel mit feinem Zucker wälzen, bis die Krapfen damit gut überzogen sind. Wenn Sie es besonders raffiniert mögen, können Sie den Zucker mit Zimt oder Ingwer aromatisieren.

HAPPY BREAD

Happy Bread war das Ergebnis eines verrückten Zufalls, der zu einer meiner stolzesten Kreationen aller Zeiten führte. Irgendwann einmal habe ich die Menge an Krapfenteig, die ich benötigte, überschätzt. Also habe ich die übrig gebliebene Menge Teig auf ein Focaccia-Blech gegeben und mit restlicher Karamellsauce von Brötchen, die ich gerade gebacken hatte, übergossen. Als der Teig goldgelb und blubbernd aus dem Ofen kam, wusste ich sofort, dass er ein Kassenschlager werden würde. Als wir gerade mit der Bäckerei begonnen hatten, fragte uns ein örtliches Unternehmen, ob wir ihr CBD verkaufen wollten (ein Marihuana-Extrakt, der einen legalen Rausch bewirken kann). Wir bekamen eine Probepackung und tupften anfangs vor dem Backen ein wenig CBD auf das Brot – daher der Name Happy Bread. Ich denke, Sie werden feststellen, dass es Sie auch ohne chemische Unterstützung ziemlich glücklich macht.

FÜR 8 STÜCKE

- ½ Portion Krapfenteig (siehe Seite 239)

FÜR DIE KARAMELLSAUCE

- 200 g brauner Zucker
- 60 g weiche Butter (nach Belieben gesalzen oder ungesalzen)
- 120 g Schlagsahne oder Crème double
- 1 Prise grobe Meersalzflocken (optional)

1. Ein kleines Backblech (etwa 20 × 15 cm) mit Backpapier auslegen. Den Teig auf das Blech kippen und vorsichtig zu den Rändern und Ecken drücken. Der Teig sollte 3–5 cm dick sein. Das Blech mit einem Küchentuch abdecken und den Teig an einem warmen, gemütlichen Ort 1–2 Stunden gehen lassen. (Wenn der Teig im Kühlschrank geruht hat, dauert es wahrscheinlich ein paar Stunden länger.)
2. In der Zwischenzeit für die Karamellsauce den Zucker, die Butter und die Sahne oder Crème double in einem großen Topf mit schwerem Boden verrühren und aufkochen. Bei niedriger Temperatur unter ständigem Rühren mit einem Schneebesen köcheln lassen. Nach etwa 5 Minuten beginnt die Sauce leicht einzudicken, dann noch 1 Minute köcheln lassen. Anschließend den Topf vom Herd nehmen und die Sauce abkühlen lassen – sie dickt auch ohne Wärmezufuhr weiter ein.
3. Wenn der Teig schön aufgegangen ist, den Backofen auf 220 °C Ober-/Unterhitze (200 °C Umluft/Gas Stufe 7) vorheizen.
4. Den Teig mit den Fingerspitzen oder dem Ende eines Holzlöffels wie bei einer Focaccia mehrfach vorsichtig eindrücken. Die Karamellsauce darübergießen, sodass die Vertiefungen gefüllt werden. Für eine Salted-Caramel-Variante noch ein paar grobe Meersalzflocken darüberstreuen.
5. Das Happy Bread im heißen Ofen 25–30 Minuten bis zur gewünschten Bräune backen. Nach 20 Minuten kontrollieren. Wenn der Karamell etwas dunkel wird, eine Lage Alufolie locker über das Blech legen, damit er nicht verbrennt. Das fertig gebackene Happy Bread herausnehmen und 5 Minuten abkühlen lassen, dann mithilfe des Backpapiers vom Blech heben und auf einem Gitterrost abkühlen lassen.

TOP TIPP

Die Karamellsauce ist in einem verschlossenen Glas im Kühlschrank mindestens 1 Woche haltbar. Sie können also die doppelte Menge zubereiten und den Rest zum Beispiel zum Toppen von Eiscreme verwenden.

MINI-PANETTONE-BRÖTCHEN

Alljährlich kommt dem Panettone die Rolle des enttäuschendsten Weihnachtsgeschenks zu. Er mutet wirklich weihnachtlich an und ist meist in eine schöne, große Schachtel verpackt. Er sieht aus wie ein seltsamer, märchenhafter Kuchen, der Wachstumshormone bekommen hat, aber wenn man ihn anschneidet, ist er fast immer etwas alt, ziemlich trocken und enthält nur wenige Früchte. Ich war fest entschlossen, den Geschmack einzufangen, den ein Panettone meiner Meinung nach haben sollte. Also habe ich mir die Brötchen hier ausgedacht.

FÜR 12 BRÖTCHEN

FÜR DEN TEIG

- 500 g Weizenmehl Type 550 plus etwas mehr zum Arbeiten
- 50 g Rohrohrzucker
- 7 g Trockenhefe (2 TL oder 1 Pck.)
- 10 g feines Meersalz
- Schalenabrieb von 1 unbehandelten Orange
- 2 Eier
- 1 Eigelb (das Eiweiß wird für den Belag benötigt)
- 150 ml warme Vollmilch
- 1 EL Rum, Brandy oder Amaretto (optional)
- 100 g weiche ungesalzene Butter
- 100 g Rosinen oder dunkle Schokoladentropfen
- 50 g Orangeat-Zitronat-Mischung
- 50 g getrocknete Cranberrys

FÜR DEN BELAG

- 40 g Mandelkerne, gemahlen
- 70 g feiner Zucker
- 1 Eiweiß
- 1 Handvoll Mandelblättchen
- Puderzucker zum Bestauben (optional)

1. Für den Teig in einer Schüssel das Mehl, den Zucker, die Hefe, das Salz und die Orangenschale vermischen. In der Mitte der Mischung eine Vertiefung bilden. Die Eier und das Eigelb dort hineingeben, dann die Milch und (falls verwendet) den Rum, Brandy oder Amaretto hinzugießen. So lange vermengen, bis keine Mehlnester mehr sichtbar sind. Mit einem Löffel die Butter, die Rosinen oder Schokoladenstückchen, die Orangeat-Zitronat-Mischung und die Cranberrys unterheben.
2. Den Teig in der Küchenmaschine mit dem Knethaken 8–10 Minuten verkneten, bis er sich sauber von der Schüsselwand löst. (Wir empfehlen sehr, den Teig in der Küchenmaschine zu verkneten, da er sehr klebrig ist.) Anschließend abgedeckt 1½ Stunden an einem warmen Ort oder über Nacht im Kühlschrank gehen lassen. (Durch eine kalte Reifung entwickelt der Teig vielschichtigere Aromen.)
3. Nach der Ruhezeit den Teig auf einer leicht bemehlten Arbeitsfläche in zwölf gleich große Stücke schneiden. Diese rund formen und auf ein oder zwei mit Backpapier ausgelegten Backblechen mit etwa 1 cm Abstand zueinander verteilen. Mit einem feuchten Küchentuch abdecken und die Teiglinge an einem warmen, gemütlichen Ort mindestens 2 Stunden gehen lassen, bis sich ihr Volumen etwa verdoppelt hat.
4. Den Backofen auf 200 °C Ober-/Unterhitze (180 °C Umluft/Gas Stufe 6) vorheizen.
5. Inzwischen für den Belag in einer kleinen Schüssel die gemahlenen Mandeln, den Zucker und das Eiweiß miteinander verquirlen. Die Teiglinge mit einer dicken Schicht der Mischung bestreichen und dann die Mandelblättchen darüberstreuen. (Sie können die Reste des Belags für das nächste Mal einfrieren.)
6. Die Teiglinge im heißen Ofen 15–20 Minuten backen, bis sie goldfarben und knusprig sind. Herausnehmen und auf einem Gitterrost abkühlen lassen. Zuletzt nach Belieben mit Puderzucker bestauben, dann auf den Weihnachtsmann warten.

HOT CROSS BUNS

Dies ist ein weiteres Beispiel für etwas, das ich nie wirklich mochte, als ich klein war. Aber wenn man einmal selbst Hot Cross Buns gebacken hat, versteht man, wovon alle anderen reden. Sie sind weich, haben aber dennoch Biss, sie schmecken frisch ganz wunderbar, getoastet und mit kalter gesalzener Butter bestrichen aber noch besser. Die Aprikosenglasur macht hier den Unterschied – sie hat genau die richtige Süße für das Brötchen.

FÜR 14 BUNS

FÜR DEN TEIG

- 60 g ungesalzene Butter
- 250 ml Vollmilch
- 500 g Weizenmehl Type 550 plus etwas mehr zum Arbeiten
- 100 g feiner Zucker
- 7 g Trockenhefe (2 TL oder 1 Pck.)
- 1 gehäufter TL feines Meersalz
- 2 TL gemahlener Zimt
- 1 Ei
- Schalenabrieb von 1 unbehandelten Orange
- 1 Apfel, entkernt, geschält und gerieben (optional, aber lecker)
- Trockenfrüchte und/oder dunkle Schokoladentropfen (optional)

FÜR DIE PASTE

- 75 g Weizenmehl Type 405

FÜR DIE APRIKOSENGLASUR

- 4 EL Aprikosenkonfitüre

1. Für den Teig die Butter in einem Topf bei niedriger Temperatur schmelzen. Dann die Milch einrühren und die Mischung zum Abkühlen beiseitestellen.
2. Das Mehl in eine große Schüssel sieben, dann mit dem Zucker vermischen. Die Hefe, das Salz und den Zimt hinzufügen und alles verrühren. In der Mitte der Mehlmischung eine kleine Vertiefung bilden und das Ei hineingeben. Dann die Butter-Milch-Mischung, die Orangenschale und (falls verwendet) den geriebenen Apfel hinzufügen. Die Zutaten mit den Händen vermengen, bis ein zotteliger Teigklops ohne sichtbare Mehlnester entsteht.
3. Den Teig auf einer leicht bemehlten Arbeitsfläche oder in der Küchenmaschine mit dem Knethaken etwa 5 Minuten zu einem glatten und elastischen Teig auskneten. Anschließend (falls verwendet) die Trockenfrüchte und/oder Schokoladenstückchen gleichmäßig einarbeiten. Dann den Teig weitere 5 Minuten von Hand oder 3 Minuten in der Küchenmaschine kneten, bis er seidig und elastisch ist.
4. Den Teig wieder in die Schüssel geben, mit einem feuchten Küchentuch abdecken und an einem warmen, gemütlichen Ort mindestens 1 Stunde, besser 2 Stunden, gehen lassen, bis sich sein Volumen etwa verdoppelt hat.
5. Zwei Backbleche mit Backpapier auslegen. Den Teig auf einer bemehlten Arbeitsfläche in 14 gleich große Stücke teilen. Diese rund rollen und mit einem Abstand von 3 cm zueinander auf den vorbereiteten Backblechen verteilen. Jedes Blech abdecken (beispielsweise in einer Plastiktüte, die man aufblasen kann, damit nichts die Teiglinge berührt) und den Teig 1 Stunde gehen lassen.
6. Für die Paste das Mehl und 5 EL Wasser mit einer Gabel verquirlen, bis die Paste dickflüssig und glatt ist. Die Masse in einen Spritzbeutel füllen (oder in einen Gefrierbeutel und eine Ecke abschneiden) und in Form eines Kreuzes auf jedes Brötchen auftragen.

7. Den Backofen auf 220 °C Ober-/Unterhitze (200 °C Umluft/ Gas Stufe 7) vorheizen.
8. Die Buns im heißen Ofen etwa 20 Minuten backen, bis sie goldbraun sind. Anschließend herausnehmen und 5 Minuten auf einem Gitterrost abkühlen lassen.
9. Inzwischen für die Glasur in einem kleinen Topf einige EL Wasser mit der Konfitüre unter Rühren erwärmen. Die Buns mit der warmen Glasur bestreichen und vollständig abkühlen lassen.

being
to support really good
Proud to shop LOCAL
We use LOCAL flour
Wessex Mill
Strong White Bread Flour
LOCAL eggs
LOCAL milk
CALNANS
ANGELA
TUTU
SO SUSTAINABLE
and our LOCAL shops

1. Enteneier von unserem örtlichen Lieferanten 2. Kitty macht Croissants
3. Unser »History Loaf«, hergestellt aus alten Getreidesorten 4. Die Ladenkasse

BLÄTTERTEIG

BLÄTTERTEIG

Blätterteig ist Dads Domäne. Er verwendet ihn für seine Käsestangen, Wurstrollen, Eccles Cakes (siehe Seite 255) und alle möglichen anderen Rezepte. Es ist für mich noch immer eine Freude zu sehen, wie der Teig sich zu luftigen Schichten aufbläht.

FÜR 500 G TEIG

- 250 g Weizenmehl Type 405 plus etwas mehr zum Arbeiten
- 150 g ungesalzene Butter (120 g in den Gefrierschrank legen, die übrigen 30 g für den Teig verwenden)
- 1 TL feines Meersalz
- 1 EL Weißweinessig oder Zitronensaft

1. Das Mehl in eine große Schüssel sieben. Die 30 g Butter hinzufügen und in das Mehl einarbeiten, bis es wie feines Paniermehl aussieht. Wir machen das in unserer alten Küchenmaschine, aber es klappt auch von Hand. Reiben Sie einfach die Butter zwischen Daumen und Zeigefinger in das Mehl.
2. Das Salz und den Essig oder den Zitronensaft hinzufügen. Nach und nach 100 ml kaltes Wasser dazugeben und die Zutaten zu einem glatten, aber festen Teig verarbeiten – entweder von Hand oder in der Küchenmaschine mit dem Knethaken. Den Teig am besten für etwa 1 Stunde kühl stellen, denn kalter Teig lässt sich viel besser bearbeiten; es ist aber nicht unbedingt erforderlich, den Teig zu kühlen.
3. Zur Fertigstellung des Blätterteigs die tiefgekühlte Butter grob raspeln.
4. Den Teig zu einem 5 mm dicken Rechteck ausrollen. Die Hälfte der geriebenen Butter auf zwei Drittel des ausgerollten Teiges streuen (von der schmalen Seite des Rechtecks ausgehend). Das ungebutterte Drittel des Teiges in die Mitte klappen, dann das gebutterte Drittel darüberlegen, sodass ein dreistöckiges Butter-Teig-Sandwich entsteht.
5. Den Teig mit etwas Mehl bestauben und erneut zu einem 5 mm dicken Rechteck ausrollen. Zwei Drittel mit der restlichen Butter bestreuen und wie zuvor zweimal falten. Das Ausrollen und Falten ohne Butterzugabe noch drei weitere Male wiederholen. So entstehen mehrere dünne Teigschichten – bei fünfmaligem Falten entstehen zwei mit Butter und drei ohne.
6. Den Blätterteigblock in Frischhaltefolie einwickeln oder in einem luftdicht schließenden Behälter aufbewahren. Im Kühlschrank hält sich der Teig gut 4–5 Tage. Sie können ihn auch bis zur Verwendung tiefkühlen.

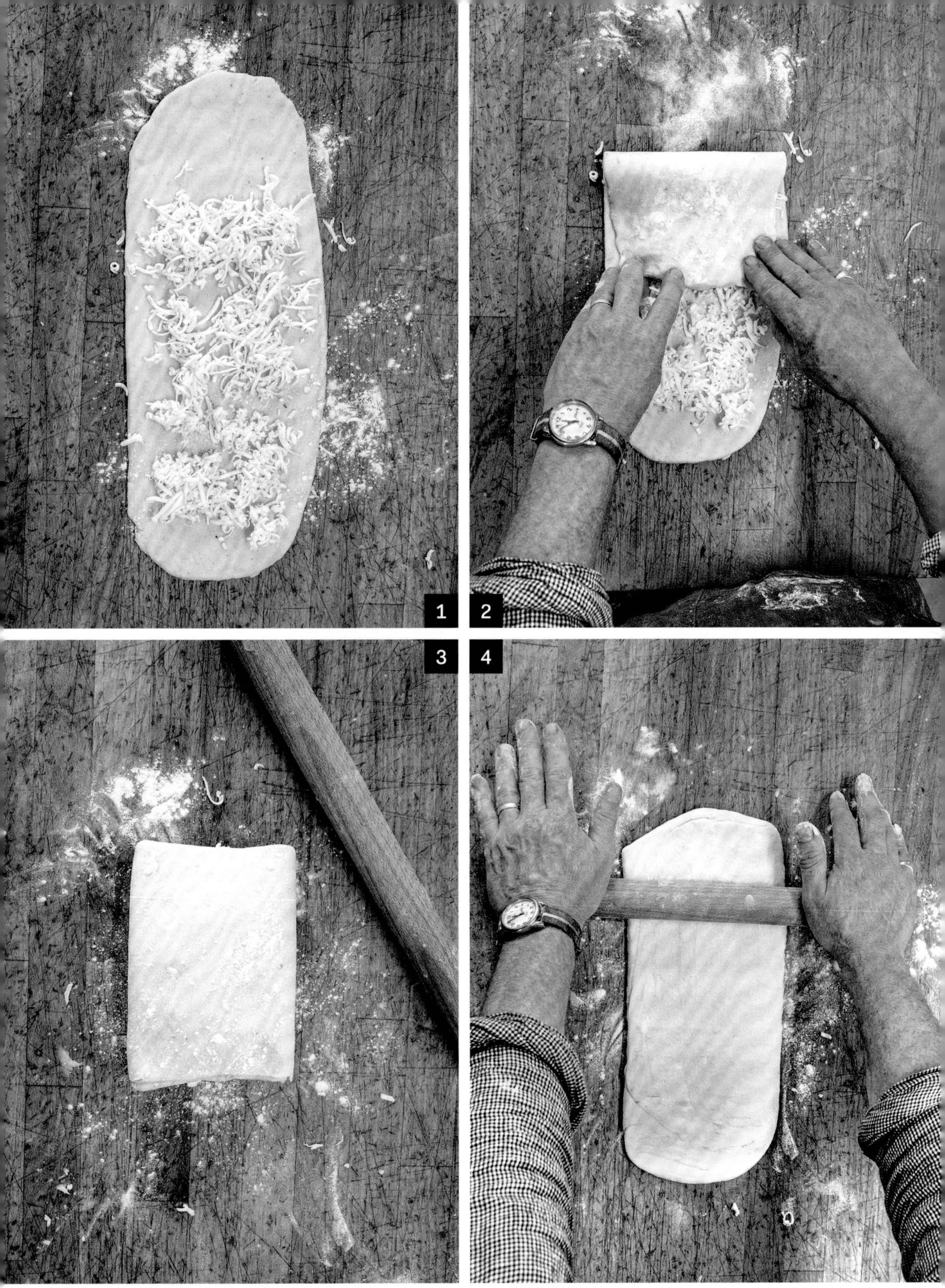

1. Butterraspel über den Teig streuen 2. Das erste Drittel des Teiges darüberklappen
3. Das zweite Drittel des Teiges einschlagen 4. Den Teig erneut ausrollen; und wiederholen ...

KÄSESTANGEN

Meine Oma macht diese Käsestangen jedes Jahr zu Weihnachten. Sie sind immer ausgezeichnet, aber man kann erkennen, ob sie von einer besonders dramatischen Folge des Radio-Hörspiels *The Archers* abgelenkt war, denn manchmal enthalten die Käsestangen genug Cayennepfeffer, um einem ein Loch in den Kopf, in die Decke und danach in das Dach zu blasen. Sparsam verwendet, liefert Cayennepfeffer aber den ultimativen Kick.

FÜR 16-20 KÄSESTANGEN

- 1 Portion Blätterteig (selbst gemacht siehe Seite 250 oder 500 g Fertigprodukt, aufgetaut, falls tiefgekühlt)
- etwas Mehl für die Arbeitsfläche
- 1 gehäufter TL Dijonsenf (körniger Senf geht auch; wenn Sie englischen Senf verwenden, seien Sie etwas sparsamer)
- 100 g Red Leicester oder kräftiger Cheddar, gerieben (wir verwenden eine Mischung aus beiden)
- 1 Prise Cayennepfeffer
- 1 TL Paprikapulver
- 1 Ei, leicht verquirlt, für die Eistreiche

1. Den Backofen auf 220 °C Ober-/Unterhitze (200 °C Umluft/Gas Stufe 7) vorheizen und ein Backblech mit Backpapier auslegen.
2. Den Teig zu einem langen, 3 mm dicken Rechteck ausrollen und in vier gleich große Rechtecke schneiden. Die Arbeitsfläche mit etwas Mehl bestauben, damit der Teig nicht haften bleibt.
3. Die Hälfte jedes Rechtecks der Länge nach mit einer gleichmäßigen Schicht Senf bestreichen. Den geriebenen Käse großzügig darüberstreuen und mit Cayennepfeffer und Paprikapulver bestauben. Die nicht mit Senf bestrichene Hälfte des Teiges über die Füllung klappen.
4. Die Teigstücke beliebig lang ausrollen und mit einem scharfen Messer oder Pizzaschneider jeweils in vier oder fünf lange Streifen teilen (je nachdem, wie lang Sie die Käsestangen haben möchten).
5. Die Teigstreifen mit dem Ei bestreichen. Dann die Streifen ein paar Mal in sich verdrehen und anschließend auf das Backblech legen. Es liegt an Ihnen, wie genau Sie hier vorgehen – ich denke dabei einfach immer daran, wie lecker sie nach Käse schmecken werden.
6. Die Käsestangen im heißen Ofen 10–15 Minuten backen, bis sie knusprig und goldbraun sind. Dann herausnehmen und auf einem Gitterrost abkühlen lassen. Keine Sorge, wenn die Stangen etwas zusammenkleben – wenn sie leicht abgekühlt sind, kann man sie problemlos mit einer Schere auseinanderschneiden.

PHILIPS

ECCLES CAKES

Nach der Offenbarung, die die Rosinen in den Next-Level Chelsea Buns (siehe Seite 225) für mich bedeuteten, wollte ich unbedingt die Welt der Trockenfrüchte weiter erkunden. Meine Mutter las von der ebenfalls von Vater und Tochter geführten Bäckerei Pump Street in der Grafschaft Suffolk, die die besten Eccles Cakes herstellt. Wir machten also eine Pilgerfahrt in das Örtchen Orford. Um sechs Uhr morgens saß ich vor der Bäckerei und hoffte, beim Backen zusehen zu dürfen. Nachdem ich der netten Dame, die den Laden aufsperrte, einen kleinen Schrecken eingejagt hatte, sagte sie mir, wo alles gebacken wurde. Ein paar Meilen die Straße hinunter zeigten mir die großartigen Bäcker, wie sie mit Keksausstechern die perfekte Eccles-Füllung formen, und verrieten mir ihr Geheimnis, wie sie die karamellisierte Kruste auf den Teig bekommen. Dies hier ist unsere Version. Wir fügen Garam Masala oder neuerdings auch Baharat (ein Gewürz aus dem Nahen Osten) hinzu. Es verleiht dem Trockenobst einen leicht rauchigen Geschmack, den wir sehr gut finden.

FÜR 9-12 ECCLES CAKES

FÜR DEN BLÄTTERTEIG

- 1 Portion Blätterteig (selbst gemacht siehe Seite 250 oder 500 g Fertigprodukt, aufgetaut, falls tiefgekühlt)
- etwas Mehl für die Arbeitsfläche
- 1 Ei, leicht verquirlt, für die Eistreiche
- 1 EL Demerara-Zucker (Rohrzuckerart)

FÜR DIE FÜLLUNG

- 250 g gemischte Trockenfrüchte (bei Bedarf zerkleinert) oder Rosinen
- Schalenabrieb und Saft von ½ unbehandelten Zitrone oder ½ unbehandelten Orange
- ½ TL Mixed Spice (engl. Gewürzmischung aus Zimt, Muskat und Piment; alternativ Pumpkin Pie Spice)
- ½ TL Garam Masala oder Baharat
- 125 g weiche ungesalzene Butter
- 150 g brauner Zucker

1. Den Backofen auf 220 °C Ober-/Unterhitze (200 °C Umluft/Gas Stufe 7) vorheizen und ein Backblech mit Backpapier auslegen.
2. Mit der Füllung beginnen. Dazu die Trockenfrüchte oder Rosinen in einer Schüssel mit dem Schalenabrieb sowie den Gewürzen mischen und den Zitronen- oder Orangensaft angießen. Die Butter und den Zucker dazugeben und mit den Händen einkneten – das sieht zwar nicht schön aus, ist aber seltsam zufriedenstellend. Die Schüssel zum Festwerden der Masse kühl stellen.
3. Den Teig auf einer leicht bemehlten Arbeitsfläche etwa 5 mm dick ausrollen. Mit einem Teigausstecher neun Kreise mit etwa 9 cm Durchmesser ausstechen. (Wenn Sie die Teigreste wiederverwenden, können Sie insgesamt zehn oder zwölf Kreise ausstechen.) Jeweils 1 gehäuften EL der Füllung in die Mitte der Teigkreise geben. Für besonders perfekte Eccles die Füllung vorher zu etwa walnussgroßen Kugeln rollen. Mit dem Finger oder einem Backpinsel die Ränder der Teigkreise mit Wasser einstreichen und in der Mitte zusammenführen und -drücken, um die Füllung einzuschließen.
4. Die Eccles mit dem Schluss nach unten auf dem vorbereiteten Backblech verteilen. Rundherum mit dem verquirlten Ei bestreichen und mit dem Zucker bestreuen. Mit einem scharfen Messer je zwei kleine parallele Schnitte in die Oberseite schneiden.
5. Die Teiglinge im heißen Ofen 20–25 Minuten backen, bis sie goldbraun, aufgeplustert und aufgegangen sind – die Fruchtfüllung wird durch die Einschnitte hindurch Blasen werfen. Herausnehmen und vor dem Verzehr 5 Minuten abkühlen lassen.

Serviervorschlag: Traditionell werden die Eccles Cakes mit Lancashire-Käse gegessen, aber eigentlich schmeckt dazu jeder Käse. Ich finde, dass sie warm mit einem Stück kräftigem Cheddar besonders lecker sind. Aber probieren Sie selbst, welche Kombination Ihnen am besten schmeckt.

PASTÉIS DE NATA (PUDDINGTÖRTCHEN)

Wir haben das Glück, dass wir in unserer Nähe eine fantastische Molkerei namens Lacey's haben. Sie beliefert uns mit Milch, die so cremig ist, dass man den Rahm oben in den Milchflaschen direkt zum Bestreichen von Scones verwenden könnte. Ihre Crème double ist beinahe senfgelb und unglaublich köstlich. In diesem Rezept verwenden wir sehr viel davon, aber es lohnt sich, für den Genuss dieser zarten kleinen Törtchen ein wenig Arterienverkalkung in Kauf zu nehmen.

FÜR 12 TÖRTCHEN

- Butter oder Öl für die Muffinform
- 400 g Crème double
- ¼ TL frisch geriebene Muskatnuss
- 1 Prise Garam Marsala
- 5 Eigelb (das Eiweiß für Baisers aufbewahren)
- 50 g feiner Zucker
- ein paar Tropfen Vanilleextrakt
- ½ Portion Blätterteig (selbst gemacht siehe Seite 250 oder 250 g Fertigprodukt, aufgetaut, falls tiefgekühlt)
- etwas Mehl für die Arbeitsfläche

1. Den Backofen auf 200 °C Ober-/Unterhitze (180 °C Umluft/ Gas Stufe 6) vorheizen und die Vertiefungen einer 12er-Muffinform mit Butter oder Öl einfetten.
2. In einem kleinen Topf bei niedriger Temperatur die Crème double mit den Gewürzen erwärmen, bis sie allmählich anfängt zu blubbern. Dann den Herd ausschalten und die Mischung ziehen lassen, während sie abkühlt.
3. In einer Schüssel die Eigelbe mit dem Zucker und dem Vanilleextrakt verrühren. Die abgekühlte Crème double dazugießen und alles gründlich vermischen.
4. Den Teig auf einer leicht bemehlten Arbeitsfläche etwa 3 mm dick ausrollen. Mit einem Teigausstecher zwölf Kreise ausstechen. Die Kreise müssen 1–2 cm größer sein als die Mulden in der Muffinform, damit ein kleiner Rand geformt werden kann. (Teigreste erneut ausrollen und ausstechen, damit es genügend Kreise werden.) Die Vertiefungen in der vorbereiteten Muffinform mit den Teigkreisen auskleiden und gleichmäßig mit der Eigelb-Mischung befüllen.
5. Die Törtchen im heißen Ofen 15–20 Minuten backen, bis der Teig goldbraun ist und die Füllung zu karamellisieren beginnt. Die Form herausnehmen, auf einen Gitterrost stellen und die Törtchen mindestens 10 Minuten abkühlen lassen. Anschließend vorsichtig aus der Form lösen.

BLUMENKOHL-KÄSE-TÖRTCHEN

Es hat lange gedauert, bis ich Blumenkohl mochte. Erst als ich entdeckte, wie er geröstet schmeckt, änderte ich meine Meinung über ihn. In diesem Rezept wird der Blumenkohl zweimal gebacken – zunächst für die Füllung und dann noch einmal zusammen mit einer reichhaltigen Käsesauce. Diese Törtchen sind eine gute Gelegenheit, die Béchamelsauce zu verwenden, die Sie vielleicht noch von den Frühstücks-Buns auf Seite 231 übrig haben.

FÜR 8 TÖRTCHEN

FÜR DIE TÖRTCHENBÖDEN

- ½ Portion Blätterteig (selbst gemacht siehe Seite 250 oder 250 g Fertigprodukt, aufgetaut, falls tiefgekühlt)
- Butter oder Pflanzenöl zum Einfetten
- etwas Mehl zum Arbeiten

FÜR DEN GERÖSTETEN BLUMENKOHL

- 1 kleiner Blumenkohl, in kleine Röschen zerteilt
- 1 TL gemahlener Kreuzkümmel, Paprikapulver oder getrockneter Oregano (verwenden Sie Ihr Lieblingsgewürz oder Ihre bevorzugten getrockneten Kräuter)
- Meersalz
- frisch gemahlener schwarzer Pfeffer
- 2 EL Oliven- oder Rapsöl

FÜR DIE KÄSESAUCE

- 50 g ungesalzene Butter
- 50 g Weizenmehl Type 405
- 500 ml Vollmilch
- 100 g kräftiger Cheddar, gerieben
- ½ TL feines Meersalz
- ½ TL gemahlener schwarzer Pfeffer
- ½ TL Dijonsenf (optional)

1. Den Backofen auf 200 °C Ober-/Unterhitze (180 °C Umluft/Gas Stufe 6) vorheizen und die Vertiefungen einer 8er-Muffinform mit Butter oder Öl einfetten.
2. Für den gerösteten Blumenkohl die Blumenkohlröschen auf einem Backblech verteilen. Mit dem gemahlenen Kreuzkümmel oder anderen Gewürzen beziehungsweise getrockneten Kräutern und mit Salz und Pfeffer würzen. Anschließend das Öl darüberträufeln. Den Blumenkohl 20–30 Minuten im heißen Ofen rösten, bis er anfängt zu bräunen, aber noch etwas Biss hat. Nach der Hälfte der Garzeit alles einmal gut durchmischen.
3. In der Zwischenzeit für die Käsesauce die Butter in einem Topf bei niedriger Temperatur schmelzen. Das Mehl hinzufügen und unterrühren, bis eine homogene Masse entsteht. Die Mehlmischung etwa 1 Minute anschwitzen, anschließend die Milch dazugießen. Die Mischung glatt rühren, am besten mit einem Schneebesen. Je heißer die Sauce wird, desto mehr dickt sie ein. Sobald sie eingedickt ist, den Käse, das Salz, den Pfeffer und (falls verwendet) den Senf unterrühren. Dann abkühlen lassen.
4. Den Teig auf einer leicht bemehlten Arbeitsfläche etwa 5 mm dick ausrollen. Mit einem Teigausstecher acht Kreise ausstechen. Die Kreise müssen deutlich größer sein als die Mulden in der Muffinform, damit der Teig etwas übersteht, da er sich beim Backen ein wenig zusammenzieht.
5. Die Vertiefungen in der vorbereiteten Muffinform mit den Teigkreisen auskleiden. Theoretisch sollten Sie den Teig zuerst blindbacken; wir haben jedoch festgestellt, dass man diesen Schritt überspringen kann, wenn der Teig sehr dünn und der Ofen heiß genug ist.
6. Die gerösteten Blumenkohlröschen zur Käsesauce geben und untermengen. (Sie können die Füllung auch im Voraus zubereiten und im Kühlschrank aufbewahren. Sie hält sich dort einige Tage.) Mit einem Esslöffel die Füllung in den mit Teig ausgekleideten Muffinmulden verteilen.
7. Die Törtchen im heißen Ofen 20–25 Minuten backen, bis der Teig goldfarben ist. Dann herausnehmen und 5 Minuten in der Form abkühlen lassen. Anschließend vorsichtig aus den Formen lösen.

ROWIES (ALIAS ROADKILL-CROISSANTS)

Obwohl ihr richtiger Name Rowies (oder manchmal Butteries, je nachdem, wo im Nordosten Schottlands man sich befindet) lautet, tragen diese Gebäcke den genialen Spitznamen Roadkill-Croissants. Sie haben die gleichen Butterschichten wie ihre klassischen französischen Verwandten und sind genauso lecker, nur nicht ganz so schön. Meine Urgroßmutter stammte aus Aberdeen – ebenso wie die Rowies. Sie war auch eine Kathleen, wie ich und meine Mutter. Ich stelle mir vor, dass sie sie als Mädchen gegessen hat und es gutheißen würde, wenn ich sie jetzt backen würde. Lassen Sie sich von dem Schmalz im Teig nicht abschrecken – es ist ein bisschen altmodisch, harmoniert aber sehr gut mit der Butter.

FÜR 16 ROWIES

- 500 g backstarkes Weizenmehl Type 550 plus etwas mehr zum Arbeiten
- 1 EL brauner Zucker
- 7 g Trockenhefe (2 TL oder 1 Pck.)
- 10 g feines Meersalz
- 250 g ungesalzene Butter
- 125 g Schweineschmalz

1. Das Mehl in eine große Schüssel sieben und mit dem Zucker vermischen. Die Hefe auf die eine Seite der Schüssel streuen, das Salz auf die andere Seite. (Es ist wichtig, Hefe und Salz zu diesem Zeitpunkt zu separieren, da das Salz die Hefe abtöten kann. Dann würde der Teig nicht aufgehen.)
2. In der Mitte des Mehles eine kleine Vertiefung bilden und 350 ml lauwarmes Wasser hineingießen. Alles mit den Händen grob verkneten, bis keine Mehlnester mehr zu sehen sind. Den Teig abgedeckt etwa 1 Stunde an einem gemütlichen Ort gehen lassen.
3. Inzwischen die Butter und das Schmalz in kleine Würfel schneiden. Mit einer Gabel zerdrücken und vermengen.
4. Sobald sich das Teigvolumen verdoppelt hat, den Teig abschlagen (so nennt man in der Bäckersprache das Herauspressen von Gasen, damit man den Teig formen kann). Dann auf einer leicht bemehlten Arbeitsfläche zu einem etwa 1 cm dicken Rechteck ausrollen.
5. Ein Drittel der Butter-Schmalz-Mischung auf zwei Drittel des Teiges verteilen. Das ungebutterte Drittel des Teiges in die Mitte klappen, dann das offen liegende gebutterte Drittel darüberschlagen, sodass ein dreistöckiges Butter-Teig-Sandwich entsteht. Dieses erneut zu einem etwa 1 cm dicken Rechteck ausrollen und auf ein mit einem Küchentuch bedecktes Backblech legen. Für 40 Minuten kühl stellen.
6. Anschließend das Teigstück wie zuvor mit einem Drittel der Butter-Schmalz-Mischung bestreichen und das Einschlagen wiederholen. Danach wie zuvor 1 cm dick ausrollen und für 40 Minuten kühl stellen. Anschließend den Vorgang mit der restlichen Butter-Schmalz-Mischung wiederholen.
7. Aus dem 1 cm dick ausgerollten Teig 16 Kreise mit 8 cm Durchmesser ausstechen. (Die Teigreste können wieder zusammengefasst und ausgerollt werden.) Die Teigkreise mit

etwas Abstand zueinander auf ein oder zwei mit Backpapier ausgelegte Backbleche verteilen und abgedeckt 40 Minuten gehen lassen.

8. Den Backofen auf 200 °C Ober-/Unterhitze (180 °C Umluft/ Gas Stufe 6) vorheizen.
9. Die Teiglinge im heißen Ofen etwa 15 Minuten backen, bis sie goldbraun sind, dann herausnehmen. Die Rowies sind recht fettig, daher legen viele sie zum Abkühlen auf einen Gitterrost, damit sie beim Abkühlen nicht im Fett sitzen. Damit spart man sich die Mühe, sie am Ende trockenzutupfen.

Serviervorschlag: Rowies schmecken hervorragend warm mit Butter und Konfitüre – stellen Sie sich aber darauf ein, dass die geschmolzene Butter auf Ihre Kleidung tropft.

CROISSANTTEIG

Ein gutes Croissant zu machen ist eine Fähigkeit, auf die ich enorm neidisch bin. Man sieht sie überall auf Instagram – zarte Bienenwaben aus hauchdünnen Teigschichten. Es gibt eine Menge Dinge, die man richtig machen muss, um das perfekte Croissant zu bekommen. Man braucht die richtige Butter, die richtige Balance zwischen der Temperatur von Teig und Butterplatten, die richtige Touriertechnik (Tourieren nennt man das schichtweise Einarbeiten von Butter in einen Teig) und vor allem den richtigen Ofen. Selbst wenn nicht alle diese Parameter zutreffen, können Sie zu Hause einen vielseitigen Croissantteig herstellen, der für die verschiedenen Gebäckrezepte im Folgenden verwendet werden kann.

FÜR 1 KG TEIG

- 50 g feiner Zucker
- 50 ml Vollmilch (so warm wie ein entspannendes Bad)
- 12 g Trockenhefe (etwa 3½ TL oder knapp 2 Pck. à 7 g)
- 250 g backstarkes Weizenmehl Type 550
- 250 g Weizenmehl Type 405 plus etwas mehr zum Arbeiten
- 10 g feines Meersalz
- 250 g zimmerwarme ungesalzene Butter (wenn Sie eine französische Butter wie Président mit hohem Fettgehalt bekommen können, wäre das ideal, aber normale Butter funktioniert auch sehr gut, vor allem für die nachfolgenden Varianten)

1. In einer Schüssel den Zucker, die Milch, die Hefe und 200 ml lauwarmes Wasser mit einem Schneebesen verrühren, bis sich die Hefe vollständig aufgelöst hat.
2. Beide Mehle in eine separate Schüssel sieben und mit dem Salz vermischen. In der Mitte der Mischung eine kleine Vertiefung bilden und das Hefe-Wasser-Gemisch hineingeben. Etwa 15 Minuten von Hand oder etwa 8 Minuten in der Küchenmaschine mit dem Knethaken verkneten, bis ein glatter und elastischer Teig entstanden ist. Den Teig zu einer Kugel formen, zurück in die Schüssel geben und, mit einem Küchentuch abgedeckt, 1 Stunde an einem gemütlichen Ort gehen lassen. Anschließend kühl stellen.
3. Den Butterblock waagerecht halbieren, sodass zwei flache Platten entstehen. Diese dicht nebeneinander auf eine Lage Backpapier legen. Mit einer weiteren Lage Backpapier bedecken und zu einem etwa 1 cm dicken Quadrat ausrollen. (Wenn Ihre Butter zu kalt ist, müssen Sie sie vor dem Ausrollen eventuell etwas temperieren.) Die Butterplatte zum Festwerden für mindestens 10 Minuten kühl stellen.
4. Den Teig auf eine leicht bemehlte Arbeitsfläche geben. Mit den Händen grob in Form eines Rechtecks drücken und dann ausrollen, bis das Teigrechteck etwas breiter ist als die Butterplatte und etwas mehr als doppelt so lang.
5. Die Butterplatte vom Papier lösen und in der Mitte des Teiges platzieren. Die Enden des Teiges über die Butter falten und die Teigränder zusammendrücken, sodass ein großes Butterpaket entsteht.
6. Das Paket so hinlegen, dass der Teigschluss senkrecht liegt, anschließend den Teig auf etwa dreifache Länge ausrollen. Die kurzen Seiten des Teigrechtecks einschlagen, sodass sie sich in der Mitte treffen. Dann noch einmal hälftig zu einem schmalen Rechteck zusammenlegen. Den Teig mit einem Küchentuch abdecken und für 20 Minuten kühl stellen. Trinken Sie in dieser Zeit eine Tasse Tee und checken Sie Insta-News.

1. Das Butterquadrat auf dem Teig platzieren 2. Die Teigenden über die Butter falten 3. Das Butterpaket ausrollen 4. Die schmalen Teigseiten zur Mitte falten

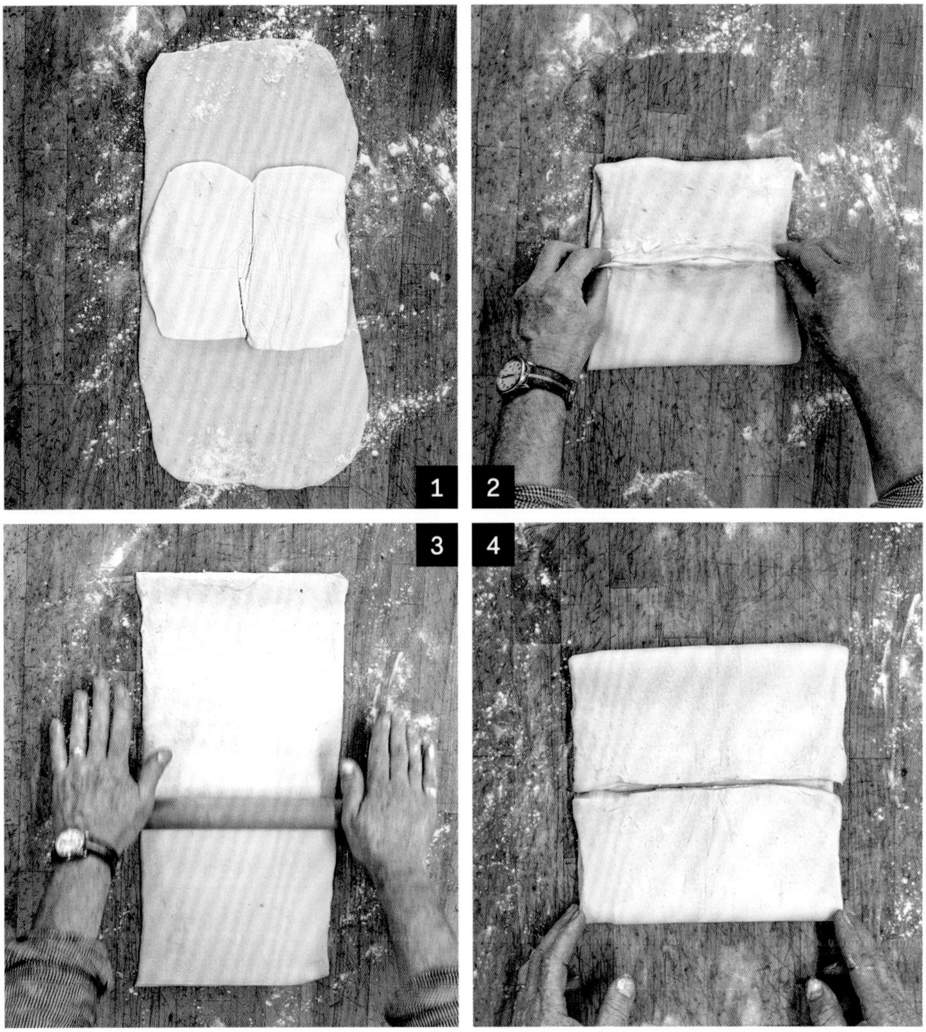

7. Nach der Kühlzeit das Ausrollen und Falten wie zuvor wiederholen. Den Teig anschließend wieder für 20 Minuten kühl stellen. Trinken Sie in der Wartezeit noch eine Tasse Tee (wenn Ihre Blase das zulässt). Wiederholen Sie das Ausrollen und Falten noch ein drittes Mal – und schon ist der Croissantteig bereit für ein Rezept Ihrer Wahl. Wenn Sie ihn nicht sofort verwenden wollen, wickeln Sie den Teig fest in Backpapier ein und lagern Sie ihn im Gefrierfach.

CROISSANTS

FÜR 9-10 CROISSANTS

- 1 Portion Croissantteig (siehe Seite 262, aufgetaut, falls tiefgekühlt)
- 1 Eigelb, leicht verquirlt, für die Eistreiche

1. Zwei Backbleche mit Backpapier auslegen.
2. Den Teig zu einem 60 × 20 cm großen Rechteck ausrollen. Mit einem scharfen Messer oder einem Pizzaschneider über die Länge der kurzen Seite des Rechtecks in neun Dreiecke mit einer 12 cm breiten Grundfläche schneiden. (Meine Mathekenntnisse reichen aus, um zu wissen, dass es sich um gleichschenklige Dreiecke handelt.) Für das zehnte Hörnchen können Sie die beiden halben Dreiecke, die an den Enden übrig bleiben, zusammenfügen, allerdings sieht das dann nicht mehr so schön aus.
3. Jedes Dreieck vorsichtig dehnen, sodass es sich in der Länge verdoppelt. Von der Basis die Dreiecke fest aufrollen – mit drei bis vier »Hügeln« – und halbmondförmig biegen.
4. Die gerollten Hörnchen mit einigen Zentimetern Abstand zueinander auf den vorbereiteten Backblechen verteilen. An einem warmen Ort 90–120 Minuten gehen lassen.
5. Den Backofen auf 200 °C Ober-/Unterhitze (180 °C Umluft/Gas Stufe 6) vorheizen.
6. Die Croissants rundherum mit dem verquirlten Ei bestreichen und nacheinander im heißen Ofen 15–20 Minuten backen, bis sie goldbraun, aufgeplustert und knusprig sind. Herausnehmen und noch warm mit reichlich Butter und Konfitüre genießen.

PAINS AU CHOCOLAT

FÜR 10 PAINS AU CHOCOLAT

- 1 Portion Croissantteig (siehe Seite 262, aufgetaut, falls tiefgekühlt)
- 100 g Zartbitterschokolade, in zehn Stifte geschnitten (dunkle Schokolade ist am besten, aber Sie können auch Snickers, Twirl, KitKat oder einen anderen Lieblingsschokoriegel verwenden)
- 1 Eigelb, leicht verquirlt, für die Eistreiche

1. Zwei Backbleche mit Backpapier auslegen.
2. Den Teig zu einem 60 × 20 cm großen Rechteck ausrollen. Mit einem scharfen Messer oder einem Pizzaschneider, von der Längsseite ausgehend, in zehn gleich große Rechtecke schneiden.
3. Die Schokoladenstifte quer an ein kurzes Ende jedes Rechtecks legen. Die Teigstücke aufrollen, wobei die Schokolade in der Mitte eingefasst wird.
4. Die gerollten Pains au Chocolat mit dem Schluss nach unten mit etwas Abstand zueinander auf den vorbereiteten Backblechen verteilen. An einem warmen Ort abgedeckt 1½–2 Stunden gehen lassen.
5. Den Backofen auf 200 °C Ober-/Unterhitze (180 °C Umluft/Gas Stufe 6) vorheizen.
6. Die Pains au Chocolat sind backfertig, wenn der Teig beim leichten Schütteln des Bleches zurückspringt. Dann die Teiglinge rundherum mit dem verquirlten Ei bestreichen und im heißen Ofen 15–20 Minuten backen, bis sie goldbraun, aufgeplustert und knusprig sind. Herausnehmen und noch warm zum Frühstück genießen.

BLÄTTERTEIGSCHNECKEN

Wir haben die Marmite-, Frühlingszwiebel- und Käseversion dieser Pinwheel-Pasteten bei Pophams in Islington entdeckt. Sie haben uns geradezu umgehauen. Dann stießen wir bei unserem Streifzug durch Pariser Bäckereien bei Du Pain et des Idées auf leuchtend grüne Pistazien-Schnecken. Unsere Varianten sind eine Hommage an diese beiden Vorbilder. Wir haben eine weitere, leicht orientalisch angehauchte Version hinzugefügt, damit Sie mehr Auswahl haben. Die Grundmethode ist bei allen Schnecken dieselbe, und sie machen alle süchtig – seien Sie gewarnt!

FÜR 10 BLÄTTERTEIG-SCHNECKEN

- 1 Portion Croissantteig (siehe Seite 262, aufgetaut, falls tiefgekühlt)

FÜR DIE MARMITE-KÄSE-SCHNECKEN

- 2 EL Marmite oder anderer Hefeextrakt-Brotaufstrich zum Bestreichen
- 150 g kräftiger Cheddar, gerieben

FÜR DIE FETA-WALNUSS-FENCHEL-SCHNECKEN

- 2 EL flüssiger Honig
- 200 g Feta, zerbröckelt
- 100 g geschälte Walnusskerne, grob gehackt
- ½ TL Fenchelsamen

FÜR DIE PISTAZIEN-APRIKOSEN-SCHNECKEN

- 2 EL flüssiger Honig
- 100 g geschälte Pistazienkerne, grob gehackt
- 8 frische oder getrocknete Aprikosen, gewürfelt
- 1 EL Aprikosenkonfitüre, mit 1 EL Wasser verrührt und erwärmt, für die Glasur nach dem Backen

1. Den Teig zu einem 40 × 30 cm großen und 5 mm dicken Rechteck ausrollen. Je nach gewählter Füllung die Oberfläche des Teiges mit Marmite oder Honig bestreichen.
2. Die übrigen Zutaten – Käse, Nüsse, Früchte – gleichmäßig auf dem Teig verteilen und dann, beginnend an einem der kurzen Enden, zu einem sehr dicken Paket aufrollen.
3. Zwei Backbleche mit Backpapier auslegen. Die Teigrolle in zehn gleich große Scheiben schneiden und diese mit genügend Abstand zueinander auf den vorbereiteten Backblechen verteilen. Die Bleche mit sauberen Küchentüchern abdecken und 1 Stunde an einem warmen Ort gehen lassen.
4. Den Backofen auf 200 °C Ober-/Unterhitze (180 °C Umluft/Gas Stufe 6) vorheizen.
5. Die Blätterteigschnecken nach der Teigruhe im heißen Ofen 15–20 Minuten backen, bis sie goldbraun und knusprig sind. Dann herausnehmen und auf dem Blech leicht abkühlen lassen. Pistazien-Aprikosen-Schnecken als Finish noch mit der Aprikosenglasur bestreichen. Die Schnecken noch warm zum Frühstück oder kalt als Vormittagssnack verzehren.

1

2

3

4

1. Unser ultimatives Sauerteigbrot → Seite 193 2. Etiketten-Chaos im Laden
3. Porridge-Brot → Seite 197 4. Der Schnäppchen-Korb mit den Broten vom Vortag

5. Mehr Etiketten-Chaos 6. Kitty mit unserem Ultimativen Sauerteigbrot
7. Sparky und Scout

KEKSE & KUCHEN

CHEDDARS

Dies ist Dads allerliebster Lieblingskeks. Er ist stolz darauf, dass er ein ganzes Exemplar (nicht die Miniversion) in seinem Mund um 360 Grad drehen kann, ohne dass es zerbricht. Klingt einfach, aber probieren Sie es aus, und Sie werden sehen, warum das sein Partytrick ist. Ich habe meine eigene Variante einmal zu seinem Geburtstag gemacht – und jetzt sind diese Kekse ein fester Bestandteil des Ladens.

FÜR 8-15 KEKSE, JE NACH GRÖSSE IHRER AUSSTECHFORM

- 100 g kräftiger Cheddar, gerieben
- 50 g weiche gesalzene Butter, gewürfelt
- 100 g Weizenmehl Type 405 plus etwas mehr zum Arbeiten
- ½ TL feines Meersalz
- 1 gehäufter TL geräuchertes Paprikapulver
- 1 kleine Prise Cayennepfeffer
- 1 TL Dijonsenf

1. Ein Backblech mit Backpapier auslegen.
2. In einer Küchenmaschine alle Zutaten miteinander vermischen, bis sie beginnen sich zu verbinden. Wenn der Teig nicht zusammenhält, etwas Wasser hinzufügen. Ohne Küchenmaschine die Butter per Hand in die anderen Zutaten einarbeiten (die Butter muss dafür weich sein).
3. Sobald sich ein krümeliger Teig gebildet hat, diesen auf einer leicht bemehlten Arbeitsfläche gleichmäßig 5 mm dick ausrollen.
4. Mit einer Ausstechform möglichst viele Teigkreise ausstechen. Die Größe der Kreise kann variiert werden (je nachdem, ob man Dads 360-Grad-Partytrick nachmachen möchte). Teigreste zusammenfassen, erneut ausrollen und ausstechen.
5. Mit einer Gabel in die Mitte der Teigkreise einstechen, um ein Muster zu erzeugen (z. B. ein Gesicht). Mit einem Abstand von 5 cm zueinander auf dem vorbereiteten Backblech verteilen. Im Kühlschrank für 30–40 Minuten kalt stellen (dadurch werden die Cheddars viel flockiger).
6. Den Backofen auf 180 °C Ober-/Unterhitze (160 °C Umluft/ Gas Stufe 4) vorheizen.
7. Die Cheddars im heißen Ofen 15–20 Minuten backen, bis sie goldgelb und knusprig sind. Je nach Ofen das Blech nach der Hälfte der Backzeit umwenden, damit die Kekse gleichmäßig gebacken werden. Die fertig gebackenen Cheddars herausnehmen und erst 5 Minuten auf dem Blech, dann weitere 10 Minuten auf einem Gitterrost abkühlen lassen. Anschließend sind sie verzehrfertig.

VARIANTEN

Für diese beiden Geschmacksvarianten die Cheddars, wie auf Seite 272 beschrieben, zubereiten, aber die Zutaten wie folgt abändern:

▸ **Käse und Marmite**

Salz, Paprikapulver, Cayennepfeffer und Senf weglassen, stattdessen 1 TL Marmite hinzufügen, je nach Geschmack auch mehr.

▸ **Stilton und Walnuss**
Den Cheddar durch je 50 g zerkleinerten Stilton und geriebenen Parmesan ersetzen. Zudem 50 g fein gehackte Walnüsse hinzufügen (am besten mit einer Küchenmaschine zerkleinern). Außerdem Salz, Paprikapulver und Senf weglassen. Nach Geschmack kann 1 Prise Cayennepfeffer hinzugefügt werden.

CODEG
MADE IN ENGLAND

GINGERNUTS

Wenn ich ein Keks sein müsste, wäre ich gerne ein Ingwerplätzchen. Gingernuts schmecken heimelig, aber auch erstaunlich würzig. Der perfekte Keks, um ihn in Tee zu tunken (er wird nicht so schnell matschig) oder um ein Eis-Sandwich zu machen.

FÜR 15 KEKSE

- 150 g Zuckerrohrsirup (alternativ Ahornsirup) oder flüssiger Honig
- 125 g brauner Zucker
- 2 EL in Sirup eingelegter oder kandierter Ingwer (optional, aber Ingwer verleiht Keksen eine ganz neue Note), fein gehackt
- 300 g Weizenmehl Type 405
- ½ Pck. Backpulver
- 1 TL Backnatron
- 1 TL feines Meersalz
- 2 TL gemahlener Ingwer
- 1 TL gemahlener Zimt
- 125 g weiche ungesalzene Butter

1. In einem Topf bei mittlerer Temperatur den Sirup oder Honig, den Zucker und (falls verwendet) den in Sirup eingelegten oder kandierten Ingwer verrühren. Sobald sich der Zucker aufgelöst hat, den Topf vom Herd nehmen und die Masse etwas abkühlen lassen. (Sie darf nicht so stark abkühlen, dass sie fest wird – man muss sie in das Mehl gießen können.)
2. In einer großen Schüssel das Mehl, das Backpulver, das Natron, das Salz und die Gewürze vermischen. Dann die Butter hinzufügen und mit den Fingern einarbeiten, sodass eine streuselige Mischung entsteht.
3. In die Mitte der Mehl-Butter-Mischung eine Vertiefung drücken und den Zuckersirup hineingießen. Die Zutaten verrühren, bis sie vollständig verbunden sind. Den Teig für 30–40 Minuten kühl stellen.
4. Den Backofen auf 190 °C Ober-/Unterhitze (170 °C Umluft/ Gas Stufe 5) vorheizen und ein Backblech mit Backpapier auslegen.
5. Den Keksteig in 15 gleich große Portionen teilen und diese zu Kugeln rollen. Die Kugeln mit einem Abstand von mindestens 5 cm zueinander auf dem vorbereiteten Backblech verteilen. Im heißen Ofen 15–20 Minuten backen, bis sie außen knusprig, aber in der Mitte noch ein wenig teigig und weich sind. Herausnehmen und erst 5 Minuten auf dem Blech, dann auf einem Gitterrost abkühlen lassen. Lauwarm verzehren.

ULTIMATIVE CHOCOLATE CHIP COOKIES MIT NUSSBUTTER

Es passiert mir schnell, dass ich von etwas richtig besessen bin. Als ich zehn Jahre alt war, waren es Käse-Toasties, die ich jeden Tag nach der Schule in Barbara, meinem Sandwichtoaster, zubereitete. Ich experimentierte mit verschiedenen Brotsorten, Käse, Butter, der Gartemperatur und der Zeit, die ich sie grillen oder braten musste.
Mit Keksen geht es mir ähnlich. Ich habe endlos Rezepte gelesen, alle meine Lieblingsbäckereien nach ihren Rezepten gefragt und jede Variable des perfekten Kekses genau analysiert: Weißer Zucker macht einen Keks eher blass und trocken, dunkler Zucker sorgt dafür, dass er auseinanderläuft und leichter verbrennt; Kekse, die sofort gebacken werden, werden krümeliger und überhaupt nicht teigig, während Kekse, die vor dem Backen ins Gefrierfach gelegt werden, am Rand zu schnell backen und in der Mitte noch leicht roh sind. Es hat Monate des Backens und eine Menge Schokoladenchips gebraucht, aber schließlich habe ich den perfekten Chocolate Chip Cookie gebacken – weich in der Mitte, mit knusprigem Rand und nussigem Karamellgeschmack, der von der braunen Butter stammt.

FÜR 12 KEKSE

- 125 g weiche ungesalzene Butter
- 140 g brauner Zucker
- 140 g Zucker
- 1 Ei
- 1 TL Vanilleextrakt
- 170 g Weizenmehl Type 405
- 1 TL Backpulver
- 1 TL feines Meersalz
- 150 g Schokoladentropfen
- einige Stücke süß-salziger Miso-Fudge (siehe Seite 282) (optional, aber eine hervorragende Ergänzung)
- grobe Meersalzflocken zum Bestreuen

1. Für die Nussbutter die Butter in einem Topf bei mittlerer Temperatur schmelzen. Rühren, bis sie anfängt zu bräunen und ein karamellartiges, nussiges Aroma verströmt. Das kann eine Weile dauern. Sobald die Butter zu schäumen beginnt, den Vorgang im Auge behalten, denn zwischen »braun« und »verbrannt« liegen Sekunden. Dann die braune Butter in eine kleine Schüssel umfüllen und für 30–40 Minuten in den Kühlschrank stellen. Am Boden der Schüssel können sich braune Stückchen bilden – diese machen den Geschmack der Kekse aus.
2. Als Nächstes für den Keksteig in einer großen Schüssel die braune Butter und beide Zuckerarten zu einer glatten Masse verrühren (aber nicht zu sehr aufschlagen, damit sie nicht zu fluffig wird). Anschließend das Ei sowie den Vanilleextrakt hinzufügen und die Zutaten zu einer seidigen Mischung verrühren.
3. Nun das Mehl, das Backpulver und das Salz dazugeben. Vermischen, bis alle trockenen Zutaten eingearbeitet sind. Zuletzt mit einem großen Holzlöffel die Schokoladenstückchen und (falls verwendet) das Miso-Fudge unterziehen.
4. Zwei Backbleche mit Backpapier auslegen.
5. Den Teig in zwölf etwa walnussgroße Portionen teilen, zu Kugeln formen und mit einem Abstand von mindestens 5 cm zueinander (die Kekse laufen breit auseinander) auf den vorbereiteten Backblechen verteilen. Die Bleche für mindestens 1 Stunde, oder über Nacht, kühl stellen (wie Sauerteig entwickeln diese Kekse den besten und intensivsten Geschmack, wenn sie kühl reifen können).

6. Den Backofen auf 180 °C Ober-/Unterhitze (160 °C Umluft/ Gas Stufe 4) vorheizen.
7. Die gekühlten Teigkugeln mit ein paar groben Meersalzflocken bestreuen und im heißen Ofen 15 Minuten backen, bis die Keksränder knusprig sind, die Mitte aber noch weich ist. Dann herausnehmen und 4–5 Minuten auf dem Blech abkühlen lassen – anschließend am besten sofort in den Mund schieben.

1. Dekonstruierte Karamell-Erdnuss-Kekse im Laden 2. Von Al entworfene orangefarbene Einkaufstasche
3. Mehllieferung in die Pfadfinderhütte 4. Kitty, immer in Latzhosen

DEKONSTRUIERTE KARAMELL-ERDNUSS-RIEGEL

Mein Dad beendet seine Samstagsschicht immer mit einem Snickers und hält danach auf dem Stuhl vor der alten Bäckerei (wenn es warm genug ist) ein Nickerchen. Das ist sein Ritual, und es hat mich zu diesem Rezept inspiriert – meine eigene Version eines Snickers, aber in Keksform. Ich finde, in Keksform ist alles besser.

FÜR 18-20 KEKSE

- 125 g weiche ungesalzene Butter
- 120 g brauner Zucker
- 100 g Zucker
- 1 gehäufter EL crunchy Erdnussbutter
- 1 Ei
- 1 TL Vanilleextrakt
- 150 g Weizenmehl Type 405
- 60 g Backkakao
- 1 TL Natron
- 1 EL Vollmilch
- 50 g dunkle Schokoladentropfen (optional)
- 50 g ungesalzene Erdnusskerne (optional)
- 18-20 Karamellen mit Schokoladenüberzug (z. B. Rolos)
- grobe Meersalzflocken zum Bestreuen

1. Die Butter, beide Zuckersorten und die Erdnussbutter in eine große Schüssel geben und aufschlagen, bis die Masse cremig und geschmeidig ist (aber nicht zu viel schlagen, da die Masse sonst zu fluffig wird; die Kekse werden dadurch sehr flach). Anschließend das Ei und den Vanilleextrakt einrühren.
2. Das Mehl, das Kakaopulver und das Natron in die Butter-Zucker-Mischung sieben und mit einem stabilen Holzlöffel untermengen. Dann die Milch und (falls verwendet) die Schokoladenstückchen sowie die Erdnüsse untermischen. Der Teig sollte klebrig und dickflüssig sein. Für 1–2 Stunden kühl stellen.
3. Den Backofen auf 190 °C Ober-/Unterhitze (170 °C Umluft/ Gas Stufe 5) vorheizen und zwei Backbleche mit Backpapier auslegen.
4. Jetzt kommt der lustige Teil: Den Keksteig in 18–20 Portionen teilen und jeweils 1 Karamelle in die Mitte einer Teigportion legen. Den Teig zu Kugeln rollen, sodass er das Karamellbonbon einschließt. Dann jeweils 1 kleine Prise Meersalzflocken auf jede Kugel streuen.
5. Die Teiglinge auf den vorbereiteten Backblechen verteilen. Reichlich Abstand dazwischen lassen, da die Kekse beim Backen auseinanderlaufen. Im heißen Ofen 16–20 Minuten backen, bis sie an den Rändern knusprig, aber in der Mitte noch weich sind.
6. Herausnehmen und ein paar Minuten auf dem Blech abkühlen lassen. Noch warm essen. Der Karamellkern ist dann noch flüssig und die Schokolade geschmolzen.

orange

SCHOKOLADE-TAHINA-HALVA-KEKSE

Diese Kekse sind inspiriert von einem Lieblingsrezept aus einem anderen, viel genutzten Buch, nämlich *Honey & Co. The Baking Book* von Sarit Packer und Itamar Srulovich. Wir beziehen das Halva aus dem schönen Maroc Deli in der Cowley Road in Oxford, wo es in großen Bechern verkauft wird. Wenn Sie keines in Ihrer Nähe finden, machen Sie sich keine Sorgen – die Kombination aus Tahina und Schokolade ist ohnehin hervorragend genug und verleiht den Keksen eine weiche, pudrige Textur, die auf der Zunge zergeht. Köstlich.

FÜR 16 KEKSE

- 200 g dunkle Schokolade (wir verwenden eine mit 60% Kakaoanteil)
- 70 g Weizenmehl Type 405
- 1 EL Kakaopulver
- ½ TL Backpulver
- 1 Prise Salz
- 60 g weiche ungesalzene Butter
- 150 g brauner Zucker
- 30 g Zucker
- 2 Eier
- 1 TL Vanilleextrakt
- 2 EL Tahina
- 100 g Halva, zerkrümelt
- 100 g dunkle Schokoladentropfen (optional)
- Sesamsamen zum Wälzen

1. In einer hitzebeständigen Schüssel die Schokolade schmelzen, entweder im Mikrowellengerät oder über einem Wasserbad, wobei der Boden der Schüssel die Wasseroberfläche nicht berühren sollte. Nach dem Schmelzen die Schokolade leicht abkühlen lassen.
2. In einer Schüssel das Mehl, das Kakaopulver, das Backpulver und das Salz vermischen. Zunächst beiseitestellen.
3. In der Rührschüssel der Küchenmaschine die Butter mit den beiden Zuckersorten aufschlagen. Sobald die Masse glatt und cremig (aber nicht luftig) ist, die Eier und den Vanilleextrakt einrühren. 1 Minute auf höchster Stufe weiterschlagen. Dann die geschmolzene Schokolade untermengen und weitere 2 Minuten rühren.
4. Anschließend die Mehl-Kakao-Mischung mit einem stabilen Löffel in die Schokoladenmasse einrühren. Wenn keine Mehlnester mehr zu sehen sind, das Tahina, die Halvakrümel und (falls verwendet) die Schokoladenstückchen vorsichtig unterheben.
5. Den Keksteig abgedeckt für 20 Minuten kühl stellen, damit er etwas fester wird. So haben Sie auch genügend Zeit, um den Löffel abzuschlecken.
6. Den Backofen auf 180 °C Ober-/Unterhitze (160 °C Umluft/Gas Stufe 4) vorheizen und zwei Backbleche mit Backpapier auslegen.
7. Den Teig in 16 Portionen teilen, zu golfballgroßen Kugeln formen und diese im Sesam wälzen. Die Teigkugeln mit etwas Abstand zueinander (die Kekse laufen beim Backen auseinander) auf den vorbereiteten Backblechen verteilen. Im heißen Ofen 10–12 Minuten backen, bis die Kekse in der Mitte richtig schön klebrig sind wie ein Brownie. Herausnehmen und 10 Minuten auf einem Gitterrost auskühlen lassen, dann genießen.

SÜSS-SALZIGER MISO-FUDGE

Miso ist ein regelmäßiger Hauptdarsteller in unseren Broten. Es wird aus fermentierter Sojabohnenpaste hergestellt und hat eine ganz andere Art von Salzigkeit, die ich sehr liebe. Nachdem ich im Film *Salt, Fat, Acid, Heat* von Samin Nosrat gesehen hatte, wie sie Salz auf Eiscreme streute, um den Geschmack zu intensivieren, war ich sofort besessen von Salz und habe auf der Stelle angefangen, alles damit zu würzen (am liebsten mag ich eine kleine Prise in einem Glas kalter Schokoladenmilch). Hier verleiht nun das rote Miso dem Fudge eine subtile Erdigkeit und verwandelt ihn in den leckersten Snack aller Zeiten. Er schmeckt auch in kleinen Stücken und gebacken in Keksen, Brownies und Bananenbrot fantastisch.

FÜR 12 GROSSE QUADRATE (ODER ALS GROSSE PLATTE AUFBEWAHREN UND JE NACH APPETIT IN STÜCKE BRECHEN)

- 400 g Kondensmilch
- 400 g brauner Zucker
- 120 g weiche ungesalzene Butter
- 150 ml Vollmilch
- 2 EL rote Misopaste
- 1 Prise grobe Meersalzflocken

1. Eine kleine Backform (15 × 20 cm) mit Backpapier auslegen. Die Ränder abschneiden, damit das Papier genau in die Form passt.
2. In einem Topf mit schwerem Boden bei niedriger Temperatur alle Zutaten bis auf die Meersalzflocken verrühren. Sobald sich der Zucker aufgelöst hat, die Temperatur auf mittlere Stufe erhöhen und die Mischung erhitzen, bis sie sprudelnd kocht. Dann 12–15 Minuten köcheln lassen, dabei immer wieder umrühren.
3. Sobald die Masse weich ist (bei etwa 115 °C), den Topf vom Herd nehmen und die Masse 5 Minuten abkühlen lassen.
4. Die Masse in die vorbereitete Form geben und mit der Rückseite eines Löffels oder Spatels bis in die Ecken verstreichen. Die Meersalzflocken darüberstreuen und mindestens 2–3 Stunden im Kühlschrank fest werden lassen.
5. Sobald die Masse fest ist, in Quadrate schneiden und entweder in einem luftdichten Behälter aufbewahren (verrückte Menschen) oder sofort essen (meine Art von Mensch).

VEGANE SCHOKO-BANANEN-KEKSE

Ich liebe es, diese Kekse zu backen, weil sie so einfach sind und immer köstlich schmecken, egal, wie sehr man das Rezept vermasselt.

FÜR 15 KEKSE

- 1 große oder 2 kleine Bananen, geschält und zerdrückt
- 125 g crunchy Erdnussbutter
- 125 g brauner Zucker
- 125 g Weizenmehl Type 405
- 1 TL Natron
- 1 TL Backpulver
- ½ TL feines Meersalz
- 80 g vegane dunkle Schokoladentropfen (optional)
- 1 Prise grobe Meersalzflocken

1. In einer großen Schüssel die Banane und die Erdnussbutter cremig aufschlagen – mit einem Handrührgerät oder in der Küchenmaschine mit dem Flachrührer. Dann den Zucker hinzufügen und erneut aufrühren, bis alles gut vermischt ist.
2. Das Mehl, das Natron und das Backpulver in eine zweite Schüssel sieben und mit dem Salz vermischen. Diese Mischung zur Bananen-Erdnussbutter-Masse geben und alles gut verrühren. Anschließend (falls verwendet) die Schokostückchen unterziehen. Den Teig vorsichtig zu einer Kugel rollen, in Frischhaltefolie einwickeln und für 1 Stunde kühl stellen.
3. Den Backofen auf 190 °C Ober-/Unterhitze (170 °C Umluft/Gas Stufe 5) vorheizen und zwei Backbleche mit Backpapier auslegen.
4. Den Teig in 15 gleich große Portionen teilen, zu Kugeln formen und mit einem Abstand von mindestens 5 cm zueinander auf den vorbereiteten Backblechen verteilen. Mit den Zinken einer Gabel auf jedem Keks ein Kreuzmuster einprägen und die Kekse dabei etwas flach drücken. Die Teiglinge mit groben Meersalzflocken bestreuen und im heißen Ofen 10–15 Minuten backen, bis die Ränder knusprig sind, die Mitte aber noch weich ist. Herausnehmen und ein paar Minuten abkühlen lassen, dann naschen.

A G N E S
A L B E R T
K I T T Y

BLONDIES MIT MARMITE-GLASUR

Auf unserer Reise nach Kopenhagen besuchten wir die Hart Bageri, die von einem Genie namens Richard Hart gegründet wurde (er ist in der Bäckereiwelt ein König). Sie waren dort so freundlich, uns einen Blick hinter die Kulissen zu gewähren, wo wir Talia kennenlernten. Bevor sie sich in einen Wikinger verliebte und nach Dänemark ging, hatte Talia als Konditorin im Claridge's gearbeitet. In der Hart Bageri ist sie für eine ganze Reihe von Backwaren zuständig – ihre Lieblingskreation ist ein Blondie mit Marmite-Glasur. Talias Mutter schickt ihr riesige Dosen Marmite aus England. Dieses Blondie-Rezept ist eine Hommage an Talia. Sie können die Marmite-Glasur auch weglassen, aber ich verspreche Ihnen, dass Sie etwas ganz Besonderes verpassen, wenn Sie das tun.

FÜR 10 BLONDIES

FÜR DIE BLONDIES

- 225 g brauner Zucker
- 115 g ungesalzene Butter, geschmolzen
- 1 Ei
- 1 TL Vanilleextrakt
- 150 g Weizenmehl Type 405
- ½ TL Backpulver
- ½ TL Natron
- 50 g Pekannusskerne (oder andere Nusskerne nach Wahl), grob gehackt
- 50 g Milchschokolade, grob gehackt

FÜR DIE MARMITE-GLASUR

- 1 TL Marmite oder anderer Hefeextrakt-Brotaufstrich

1. Den Backofen auf 180 °C Ober-/Unterhitze (160 °C Umluft/Gas Stufe 4) vorheizen und ein tiefes Backblech (etwa 30 × 20 cm) mit Backpapier auslegen, wobei das Papier etwas über den Rand des Bleches hinausragen sollte.
2. In einer großen Schüssel den Zucker und die geschmolzene Butter glatt rühren. (Sie können die Butter wie bei den Chocolate Chip Cookies auf Seite 276 anbräunen – das ist zwar nicht unbedingt notwendig, aber es gibt den Blondies ein zusätzliches Nussaroma.) Die Mischung etwas abkühlen lassen, dann das Ei sowie den Vanilleextrakt hinzufügen und alles zu einer seidig glänzenden Masse verrühren.
3. Das Mehl, das Backpulver und das Natron in eine zweite Schüssel sieben. Diese Mischung vorsichtig in die Zucker-Butter-Masse rühren. Sobald alles vollständig vermischt ist, die Nüsse und die Schokolade unterheben.
4. Den Teig in das vorbereitete Backblech geben und mit der Rückseite eines Löffels gleichmäßig bis in die Ecken verteilen. Im heißen Ofen 25–30 Minuten backen, bis der Teig goldbraun, aufgegangen und fest ist.
5. Das Blech aus dem Ofen nehmen und 5 Minuten abkühlen lassen, dann den Teig vorsichtig mithilfe des Backpapiers herausheben und zum vollständigen Abkühlen auf einen Gitterrost setzen. Anschließend in zehn gleich große Stücke schneiden.
6. Während die Blondies abkühlen, für die Glasur in einem kleinen Topf bei mittlerer Temperatur das Marmite (oder einen anderen Hefeextrakt-Brotaufstrich) mit 2 EL Wasser verquirlen, bis es sich vollständig aufgelöst hat. Die Glasur auf den Blondies verstreichen und vollständig abkühlen lassen. Der Kuchen wird in der Mitte ein wenig einsinken, aber das ist in Ordnung.

BANANENBROT MIT KARAMELL

Wir alle wissen, was mit dem Bananenbrot während des ersten Corona-Lockdowns passiert ist – es wurde so berühmt wie Beyoncé. Es ist einfach, es ist süß, ohne zu mächtig zu sein, und es ist eine großartige Möglichkeit, reife Bananen zu verwerten (man hat beinahe das Gefühl zu recyceln, wenn man es backt). Ich fand Bananenbrot dennoch immer ziemlich langweilig und habe versucht, es mit allem, was ich in den Küchenschränken finden konnte, aufzupeppen: Unter anderem stellte ich Versuche mit Erdnussbutter-Bananenbrot, Cornflakes-Bananenbrot und Marmite-Bananenbrot (letzteres Experiment wurde nicht wiederholt) an. Dann erinnerte ich mich wieder an eines meiner liebsten Wintergerichte – reife Bananenscheiben, die in brauner Butter und Honig gebraten werden, bis sie knusprig, goldbraun und karamellisiert sind. Auf dem Bananenbrot üben sie – genau wie Beyoncé – eine faszinierende Wirkung aus und machen ein wenig Lust auf Tanzen.

FÜR 1 LAIB À 10 SCHEIBEN

FÜR DEN TEIG

- 140 g weiche ungesalzene Butter plus etwas mehr für die Form
- Demerara-Zucker zum Ausstreuen der Form
- 150 g Weizenmehl Type 405
- 2 TL Backpulver
- 1 TL gemahlener Zimt
- 1 TL feines Meersalz
- 1 TL gemahlene Muskatnuss
- 150 g brauner Zucker
- 1 EL flüssiger Honig
- 2 Eier
- 2 große, sehr reife Bananen (300 g), geschält und zerdrückt
- Nusskerne (optional)
- Schokoladentropfen (optional)

FÜR DIE KARAMELLISIERTEN BANANENSCHEIBEN

- 2 EL Butter
- 1 EL flüssiger Honig oder Ahornsirup
- 2 reife Bananen, geschält und in Scheiben geschnitten

1. Für den Teig die Butter in einem Topf bei mittlerer Temperatur schmelzen. Sobald sie geschmolzen ist, die Butter so lange rühren, bis sie goldbraun wird und ein nussiges, karamellartiges Aroma verströmt. Anschließend für 30 Minuten zum Abkühlen beiseitestellen.
2. Den Backofen auf 180 °C Ober-/Unterhitze (160 °C Umluft/ Gas Stufe 4) vorheizen. Eine Kastenform (20 cm) mit etwas Butter einfetten und die Seiten mit etwas Demerara-Zucker bestreuen.
3. Das Mehl, das Backpulver und den Zimt in eine Schüssel sieben und mit dem Salz und dem Muskat verrühren.
4. Die braune Butter in eine große Schüssel gießen. Den Zucker, den Honig und die Eier hinzufügen und mit einem elektrischen Handrührgerät schaumig schlagen. Mit einem Metalllöffel oder einem Silikonspatel die Mehlmischung und die zerdrückten Bananen vorsichtig unterheben. Zuletzt (falls verwendet) die Nüsse und die Schokolade unterheben.
5. Für die karamellisierten Bananenscheiben in einem Topf bei mittlerer Temperatur die Butter schmelzen. Sobald sie zu karamellisieren beginnt und nussig und süß duftet, den Honig oder den Ahornsirup hinzufügen. Die Temperatur reduzieren und die Bananenscheiben dazugeben. 2–3 Minuten vorsichtig vermengen, ohne die Scheiben zu zerbrechen. Dann zum Abkühlen beiseitestellen.
6. Den Teig in die vorbereitete Form geben und mit zwei Dritteln der karamellisierten Bananenscheiben belegen. Im heißen Ofen etwa 50 Minuten backen, bis der Teig goldbraun und aufgegangen ist – zur Garprobe ein Holzstäbchen in die Mitte stechen, es soll beim Herausziehen teigfrei sein.
7. Das fertig gebackene Bananenbrot herausnehmen und 20 Minuten in der Form abkühlen lassen. Anschließend vorsichtig aus der Form lösen und mindestens weitere 10 Minuten auf einem Gitterrost abkühlen lassen. Das Brot in Scheiben schneiden und, solange es noch warm ist, mit den restlichen karamellisierten Bananen servieren.

VARIANTE

▶ **Zartbitterschokolade und Erdnussbutter**
1 Handvoll Schokoladentropfen und 1 großen Klecks Erdnussbutter unterrühren, nachdem die zerdrückten Bananen hinzugefügt wurden.

EVAS KUCHEN

Kurz nach der Eröffnung unserer Bäckerei kam Evas Mutter Carla zu uns. Eva ist eine unglaubliche Feinschmeckerin, die gerne backt und mit einer seltenen neurologischen Erkrankung geboren wurde. Ihre Familie hatte eine Wohltätigkeitsorganisation gegründet, und Carla fragte uns, ob wir bei der Erstellung von Broschüren für Spendenaktionen helfen könnten. Wir beschlossen, einen Schritt weiter zu gehen und etwas für Eva zu backen, das wir zugunsten der Wohltätigkeitsorganisation verkaufen würden. Carla gab uns eine Liste mit Evas Lieblingszutaten, und wir dachten sofort an Teekuchen. Wir haben in ein altes Teekuchen-Rezept einfach ein paar zusätzliche Lieblingszutaten von Eva hineingeschmuggelt. Evas Kuchen ist sehr einfach, aber absolut köstlich, und Eva mochte ihn sofort.

FÜR 2 KUCHEN
À 10 SCHEIBEN

- Fett für die Formen
- 250 g Trockenfrüchte (wir verwenden eine Mischung aus Feigen, Datteln, Aprikosen und Rosinen)
- 1 TL gemahlener Zimt
- 1 Teebeutel Earl Grey
- Schalenabrieb und Saft von 1 unbehandelten Orange
- 250 g Weizenmehl Type 450
- 7 g Backpulver
- 100 g brauner Zucker
- 100 g Müsli (wir verwenden eine Mischung aus Cornflakes und Müsli - wenn Sie es knusprig mögen)
- 1 großes Ei, verquirlt

1. Zwei kleine Kastenformen (à etwa 500 ml Fassungsvermögen) leicht einfetten. (Sie können auch eine Kastenform mit 1 l Fassungsvermögen verwenden, aber wir backen zwei kleinere Laibe, damit wir einen essen und einen verkaufen können.) Zwei lange Streifen Backpapier zuschneiden. Einen Papierstreifen über den Boden jeder Form legen und dann nach oben und über die Seiten knicken. (Die überhängenden Enden sind hilfreich, um das gebackene Brot aus der Form zu lösen.)
2. Die Trockenfrüchte klein schneiden und mit dem Zimt in eine große Schüssel geben. Den Teebeutel hinzufügen und mit 250 ml kochendem Wasser überbrühen. Einige Minuten ziehen lassen, dann die Orangenschale und den Orangensaft unterrühren und die Mischung abkühlen lassen.
3. Den Backofen auf 180 °C Ober-/Unterhitze (160 °C Umluft/ Gas Stufe 4) vorheizen.
4. Sobald die gemischten Früchte abgekühlt und mit dem Earl-Grey-Tee und der Orange vollgesogen sind, die Einweichflüssigkeit abgießen und den Teebeutel entsorgen. (Der Teebeutel kann im Obst untergehen, dann müssen Sie ihn suchen.)
5. Das Mehl und das Backpulver in die Schüssel zu den eingeweichten Früchten sieben. Den Zucker, das Müsli und das Ei hinzufügen und mit einem Holzlöffel verrühren, bis die Zutaten gut verbunden sind.
6. Die Kuchenmasse in die vorbereiteten Formen füllen und im heißen Ofen etwa 1 Stunde backen, bis der Teig aufgegangen und oben goldbraun ist – zur Garprobe ein Holzstäbchen in die Mitte stechen, es soll beim Herausziehen teigfrei sein. Wenn Sie den Kuchen in einer großen Form backen, muss er etwa 20 Minuten länger im Ofen bleiben. Wenn es dabei nach 1 Stunde so aussieht, als würde er oben zu dunkel werden, einfach eine Lage Alufolie über die Form legen.
7. Die fertig gebackenen Kuchen herausnehmen und 5 Minuten in den Formen abkühlen lassen. Anschließend mithilfe der Backpapierstreifen aus den Formen lösen und zum vollständigen Abkühlen auf einen Gitterrost setzen.

EASTMAN KODAK CO.

REGISTER

Kursive Seitenzahlen verweisen auf zusätzliche Abbildungen.

A

B

C

D

E

F

G

H

I

J

K

L

M

N

O

P

R

orange
bakery
pop up
OPEN TODAY

T

U

V

W

Z

WATLI

NGTON

AUTORENBIOGRAFIEN

Kitty Tait und ihr Vater Al leben in Watlington, Oxfordshire, und betreiben heute gemeinsam die Orange Bakery. Mit ihren originellen Sauerteigbroten (Miso und gerösteter Sesam, Feige und Walnuss) bis hin zu riesigen Stapeln von Zimtbrötchen und Marmite- und Käsestrudeln ist der Laden jeden Tag ausverkauft und die Schlangen reichen die Straße hinunter. Im Jahr 2018 ging Kitty noch zur Schule und Al arbeitete an der Universität Oxford, aber als Kitty so krank wurde, dass sie das Haus nicht mehr verlassen konnte, entdeckten die beiden das Backen und vor allem die Herstellung von Sauerteig. Auf Kittys Instagram @kittytaitbaker erzählen sie ihre Geschichte – wie sie sich innerhalb von zwei Jahren von einem kleinen Bestell-Service über Pop-Ups bis hin zu einem Ladengeschäft hocharbeiteten. Auf dem Weg dorthin wurde Kitty gesund, ein Corgi kam hinzu und Al erkannte, dass er jetzt Bäcker und nicht mehr Lehrer war.

DANKESCHÖN

AL

Ich habe diesen Teil des Buches schon lange geplant, denn so vieles wäre ohne so viele Menschen nicht möglich gewesen. Zuerst unsere Familien; Katie und ich sind beide eines von vier Kindern und haben viele Nichten und Neffen, also hatten wir von Beginn an ein großes Team an unserer Seite. Besonders erwähnen möchte ich Ben, meinen Bruder und wichtigsten Mann an Freitagen. Und auch Katies Mutter Patience, die dieses ganze Abenteuer geliebt hätte. Sie starb mitten im Lockdown und wird sehr vermisst. Mein Dank gilt all unseren Freunden und großzügigen Crowdfundern und natürlich Watlington – der Schule, den Geschäften, dem Memorial Club, unseren Kunden und unseren sehr geduldigen Nachbarn. Auch der Back-Community, weil sie uns erlaubt, Teil dieser wunderbaren Welt zu sein.

Ich danke Jane, die uns auch dann unterstützt und sanft geleitet hat, wenn wir ein Pop-up-Buch mit beweglichen Teilen wollten. Ich danke Rowan und Kitty von Bloomsbury, die uns wirklich verstanden haben, und Ellen und Don für die Umsetzung von Kits Marketingideen. Lisa danke ich für ihr brillantes Auge fürs Detail und Sandra dafür, dass sie die Freude an *Breadsong* in ihrem Design eingefangen hat.

Alle Fotos wurden von Mark geschossen, dem keine Idee zu verrückt war, und von Nicki gestylt, die durch unser Haus ging, um alle Requisiten zu finden.

Danke, Aggie und Albert, auf die ich in jeder Hinsicht sehr stolz bin.

Und schließlich danke ich meiner Frau Katie, die meine Stärke und meine Stütze ist – sie wird den Hinweis verstehen.

KITTY

Nichts von dem, was passiert ist, würde ich nicht noch einmal tun, aber ich weiß auch, dass ich mich unglaublich glücklich schätzen kann, die Familie zu haben, die ich habe. Hätten Mum und Dad weniger zugehört und mir mehr Vorschriften gemacht, hätte ich die letzten Jahre wohl unregelmäßig in der Schule und wahrscheinlich im Krankenhaus verbracht.

Ich erinnere mich, dass meine Mutter mir erzählte, dass sie bei einer unserer Therapiesitzungen zur Seite genommen und über verschiedene Erziehungstypen aufgeklärt wurde. Normalerweise war das etwas, das sie mit den Zähnen knirschen ließ, aber sie hörte zu. Da war der Vogel Strauß, der alle Probleme ignoriert und hofft, dass sie verschwinden, das Känguru, das einen aufhebt und in seinen Beutel steckt, sodass man sicher ist, aber keine Bewegungsfreiheit hat, das Nashorn, das sich mit Gewalt und Logik seinen Weg bahnt, und die Qualle, die ihre offensichtliche Angst vor der Not, in der man sich befindet, nicht verbergen kann. Da ist auch der Terrier, der ständig gleichzeitig nörgelt und schmeichelt (Sparky war nicht glücklich mit ihm). Das ideale Elterntier, das du sein sollst, ist eine Mischung aus Delfin und Bernhardiner. Ersterer schwimmt mit dir, manchmal vor dir, um dir den Weg zu zeigen, oft neben dir, um dich anzustupsen, und manchmal hinter dir, weil er weiß, dass du es schaffen kannst. Der Bernhardiner ist dazu da, dir Hoffnung und Mitgefühl, Wärme und Gelassenheit zu geben. Und unerschütterlich da ist.

Danke, Mum und Dad, dass ihr ein Delfin namens Bernhard seid.

IMPRESSUM

Titel der Originalausgabe:
Breadsong. How baking changed our lives.

Erschienen bei:
BLOOMSBURY PUBLISHING Bloomsbury Publishing Plc
50 Bedford Square, London, WC1B 3DP, UK
29 Earlsfort Terrace, Dublin 2, Ireland

BLOOMSBURY, BLOOMSBURY PUBLISHING und das Diana Logo sind Marken von Bloomsbury Publishing Plc.

Erstmals erschienen 2022 in Großbritannien

Lektorat: Lisa Pendreigh
Design: Sandra Zellmer
Illustration: Al Tait
Fotografie: Mark Lord

Für die deutsche Ausgabe:

Verantwortlich: Susanne Caesar
Lektorat: Monika Judä, München
Produktion und Satz:
Akademischer Verlagsservice Gunnar Musan
Übersetzung aus dem Englischen:
Seite 1-147: Susen Truffel-Reiff,
Seite 148-304: Christian Verlag GmbH
Umschlagadaption: Regina Degenkolbe
Korrektorat: Asta Machat, München

Printed in Turkey
Elma Basim Yayin ve Iletisim Hizmetleri

Unser komplettes Programm finden Sie unter:

www.christian-verlag.de

Sind Sie mit diesem Titel zufrieden? Dann würden wir uns über Ihre Weiterempfehlung freuen. Erzählen Sie es im Freundeskreis, berichten Sie Ihrem Buchhändler oder bewerten Sie bei Onlinekauf. Und wenn Sie Kritik, Korrekturen, Aktualisierungen haben, freuen wir uns über Ihre Nachricht an:

Christian Verlag GmbH
Postfach 40 02 09
D-80702 München

oder per E-Mail an:

lektorat@verlagshaus.de

In diesem Buch wird aus Gründen der besseren Lesbarkeit das generische Maskulinum verwendet. Weibliche und anderweitige Geschlechteridentitäten werden dabei ausdrücklich mitgemeint, soweit es für die Aussage erforderlich ist.

Die Deutsche Nationalbibliothek verzeichnet diese Publikation in der Deutschen Nationalbibliografie; detaillierte bibliografische Daten sind im Internet über http://dnb.de abrufbar.

ISBN 978-3-95961-809-0

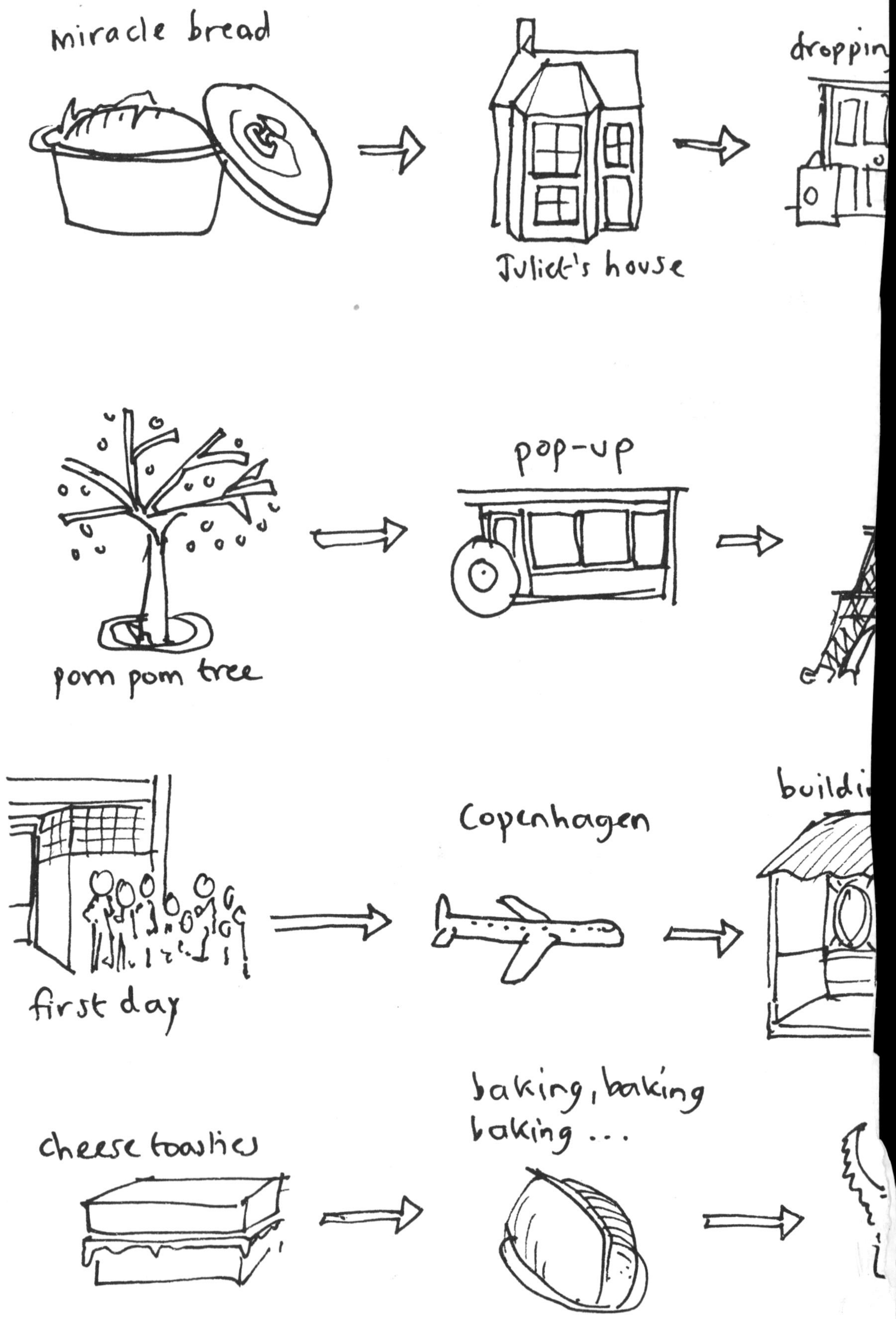
miracle bread
Juliet's house
pom pom tree
pop-up
first day
Copenhagen
cheese toasties
baking, baking
baking ...